MONUMENTS
DES
ANCIENS IDIOMES GAULOIS

PAR H. MONIN
ANCIEN ÉLÈVE DE L'ÉCOLE NORMALE

TEXTES — LINGUISTIQUE

PARIS
A. DURAND, Libraire
Rue des Grès-Sorbonne, 7

BESANÇON
Chez l'Auteur
Rue Neuve, 24

1861

MONUMENTS

ANCIENS IDIOMES GAULOIS

MONVMENTS DES IDIOMES GAVLOIS.

DOLMEN DE LOC-MARIAKER.

ƐRMƐ
ᛒOᚾYO

ÞOΨX⊂
ÞΨNⵀAÞTO.ΓXΛSΛᗡ

FVLVIA LINTEARIA

Autel de Tarragone.　　Tombeau de Tarragone.
Lettres grecques altérées.　*Lettres celtibériennes.*

MONUMENTS

DES

ANCIENS IDIOMES GAULOIS

PAR H. MONIN

ANCIEN ÉLÈVE DE L'ÉCOLE NORMALE

TEXTES — LINGUISTIQUE

PARIS | BESANÇON
A. DURAND, Libraire | Chez l'auteur
Rue des Grès-Sorbonne, 7 | Rue Neuve, 24

1861

A MON AMI ET COLLÈGUE

H. WEIL.

C'est à vous, mon cher Collègue, que je veux dédier cet ouvrage. Sans vous, il n'eût jamais vu le jour; car vous seul m'avez donné le courage de le finir et les moyens de le rendre plus digne de paraître sous vos auspices. C'est près de vous, mon cher WEIL, que je me suis retrempé dans les vrais principes de la grammaire comparative, et c'est vous qui m'avez retenu sur la pente où je glissais, de regarder comme gaulois tout ce qui m'était inconnu dans les langues et les antiquités grecques et latines. C'est à vous enfin que je dois l'indication, et souvent la communication des meilleurs travaux de l'érudition allemande.

C'est un devoir pour moi de dédier aussi cette brochure à la mémoire de deux morts illustres, Eugène Burnouf et Raynouard, qui m'ont honoré, bien jeune encore, de leur amitié, de leurs leçons inestimables et de leurs conseils affectueux; ma principale ambition, depuis trente ans, a été de me rendre digne d'avoir eu de tels maîtres.

Vous savez que je voulais faire paraître en même temps un dictionnaire aussi complet que possible de tous les anciens mots gaulois, contenant aussi les noms propres. Vous savez aussi quelles raisons ont interrompu cette troisième partie indispensable à mon livre. Tous les antiquaires anglais manquent ici; et bien que ce soit une ancienne ville impériale du Saint-Empire germanique, les livres allemands y sont, je crois, beaucoup plus rares qu'à Tobolsk. Il me fallait un séjour de quelques semaines à Paris, et, l'an dernier, cela me fut impossible. J'espère pourtant, après les vacances, avoir tout-à-fait terminé.

Le principal objet de cette lettre est de vous communiquer la lecture que M. Protat fait, en langue latine, de plusieurs inscriptions qui vous ont paru, comme à moi, ne pouvoir être que gauloises. Si vous en avez le temps, comparez ce qui suit avec mes conjectures, qui sont en partie celles de MM. Jacob Grimm, Adolphe Pictet et de Belloguet.

Inscription d'Alise : Martialis deorum anno Alisiæ ievrum. Huc veteres. Sospites in cella, hic non. Et hic gobernatori dicatus bis. Duci optimo novi templi Jovi. Huc vetus inferiorum. In urbe Alisiia.

Inscription d'Autun : Lapides hic nos contextos (posuerunt), ievrum Anvallonnacum. Candidati facienda cœraverunt sedilia longa.

Inscription de la source de la Cave : Hic Cavus. Optimo patri Jano hic nos (lapides) ievrum (sumus). Brig in donum cantharon.

Inscription de Nevers : Andecavo Camulo sanctissimo fortissimo hic nos (lapides) ievrum (sumus).

Inscription du Vieux-Poitiers, au confluent de la Vienne et du Clain : Ratio (lapides) in fronte quinta. Privatim Jovi optimo maximo Beleno hic nos (lapides) ievrum sumus.

Veuillez me dire votre avis. — Adoptez-vous ces

lectures? Ne craignez point de me blesser en vous déclarant contre les résultats que je crois avoir obtenus; car, vous le savez, je ne cherche que la vérité, ou, à son défaut, la probabilité. Vous avez préféré la conjecture de d'Anville à celle de votre ami, au sujet d'*Andecamulenses*. M'en suis-je offensé?

Vous avez ma profession de foi en fait d'étymologies. Je ne suis pas parfaitement certain que *arbre* vienne de *arbor*, et pourtant je ne doute pas que, dans toute cette classe de mots, *re* ne soit le latin *or*, qui ne lui ressemble guère. Ainsi donc, trouver un mot d'une langue perdue dans ses filles ou ses cousines, c'est scabreux, et gare l'*étymologomanie*. J'ai fait tous mes efforts pour éviter ce malheur, et je vous livre mon travail pour être jugé, comme à MM. Zeusz et Bopp, Hersart de la Villemarqué, Cardin, Adolphe Pictet, Morin et tous les celtistes. Si mes idées ne sont pas justes, elles pourront du moins servir à trouver mieux, et faire sortir le *gaulois* des limbes où il est toujours. C'est un système, il est vrai; mais j'ose encore espérer que ce sera à la manière de la *Grammaire des langues de l'Europe latine*, de la *Grammatica celtica*, des *Dialectes de l'Italie inférieure*, des admirables leçons du maître de la grammaire générale, et non pas à la façon de Pezron, Lebrigant et Bullet. Quel malheur si vous alliez décider que les lectures de M. Protat sont les bonnes! Il faudra donc vendre à l'épicier les feuilles déjà tirées de ma brochure. Ou bien encore, si je m'obstine à publier, je n'oserai plus vous la dédier.

Vale et me ama.

E. MONIN.

Besançon, le 25 juin 1861.

SIGNES CONVENTIONNELS.

Les capitales droites sont du gaulois ou du grec.
Les capitales penchées, du latin.
Y cambrien = *eu*, presqu'un *e* muet.
C'H bas-breton = K aspiré, ou X grec, ou CH allemand.
C irlandais = K.
F irlandais = V.
D. = Duchalais, *Description des médailles gauloises.*
B. = M. Roget de Belloguet, *Glossaire gaulois.*
Z. = M. Zeusz, *Grammatica celtica.*
I. S. = Orelli, *Inscriptiones latinæ selectæ.*
Suppl. = Supplément.
i. e. = c'est-à-dire.

Dans la seconde partie (Linguistique), les mots gaulois sont écrits avec l'orthographe française, sans garantir que mes transcriptions donnent la vraie prononciation.

Les voyelles qui n'ont point l'accent circonflexe sont brèves ou de quantité à moi inconnue; *é* a pu quelquefois se prononcer soit *è bref* soit *eu*.

MONUMENTS
DES ANCIENS IDIOMES GAULOIS.

TEXTES.

CHAPITRE PREMIER.

GRANDE-BRETAGNE.

D'après les noms d'hommes et de lieux, je considère les *Britones* comme ayant parlé un idiome ou plusieurs idiomes gaulois. Tout au plus y avait-il parmi eux deux ou trois clans d'une autre race.

Je ne vois rien en fait de médailles bretonnes antiques qui puisse passer pour un texte. J'aimerais mieux placer ici : ΑΛΩΡΟΥ ΦΙΛΑΤΟΥ ΧΗΝ, surnom à l'accusatif du dieu Claude, comme il semble par ce passage de Sénèque, *Apolokyntôsis*, 8 : *Hunc barbari colunt, et ut deum orant,* ἀλωρουξιλατουγήιν. Ainsi portent, dit-on, les manuscrits. C'est peut-être un mot gaulois. Gronovius, d'après une autre leçon, a conjecturé une allusion à un proverbe grec : Μωρότερον Μωρύχου, plus fou que

Morychus. Je m'en tiendrai au texte de Gronovius; c'est tout ce qu'on peut faire de mieux. Les médailles bretonnes que je connais sont encore plus concises que Sénèque. J'épargne donc au lecteur les médailles d'Albion ou de Grande-Bretagne. Pour tous les mots ou demi-mots isolés, il suffit d'un dictionnaire.

Mais le texte qui suit me paraît fort important. C'est une inscription de Rookby, district de Richemont, comté d'York. Je la donne entre deux autres inscriptions latines. La première est d'un village tout voisin de Rookby, l'autre est de Bradley, un peu plus éloigné, mais encore du comté d'York. Je les tire toutes les trois du Recueil des inscriptions latines choisies d'Orelli.

Greatna-Bridge, n° 2036	Rookby, n° 2037	Bradley, n° 1989
DEAE NVM	DEAI NIMPAI deæ Nimpæ,	DVICI. BRIG.
ERIAE NV	NEINBRICA XET Numeria Bricæque	ET NVM. AVGG. FL. AVR. AVRELIAN
MINI BR	IANVARIA XET Januaria que	VS D. D. PRO SE
IGæ ET	IBINVS MV Ibinós vo	ET SVIS M. A. G. S. — ANTONI
IANuaria	IOSONIRVN ce dominantur	III ET GETA COS.

La comparaison de ces trois inscriptions nous fait entrevoir qu'il s'agit de trois déesses qui vont toujours ensemble. Ce sont probablement les mêmes qui sont appelées *Du. Nymphæ* dans une inscription de la Bavière rhénane (Orelli, n° 180); et *Dominæ Nymphæ Pue(llæ)* dans une inscription de Séville (Orelli, n° 1527).

On retrouve *Brig.* en Espagne, à Mérida (*Emerita Augusta*), dans une inscription également latine encastrée dans le mur de soutènement de la grande piscine, ou lac artificiel.

Je ne cite que les quatre premières lignes; le reste est incompréhensible, du moins sur le *fac simile,* qui indique une pierre bien usée (Delaborde, *Voyage pittoresque en Espagne,* t. II, Ire part., p. 125).

> DEA ATAEGINA. TVIR (lettres liées, *g i, i r*).
> BRIG. PROSERPINA
> PERPETVAM MAIESTATEM
> TE ROGO ORO OBSECRO, etc.

On la retrouve également peut-être en Belgique sous la forme *Bricca.* D. n° 646 : BRICCA. Type : une tête de Pallas. ꝶ COMA. Type : un dioscure. S'il est douteux que ce soit un nom de déesse, nous avons plusieurs exemples certains que les Gaulois portaient parfois des noms identiques à ceux de leurs divinités.

On trouve *Brigantia* (autre déesse ou la même?) à Middleby, en Ecosse (Orelli, *Suppl. Henzen,* n° 5881) : BRIGANTIAE Sacrum AMANDVS ARCITECTVS EX IMPERIO IMPensa Ipsius (ou IMPeratum Fecit).

Je conjecture que *Brica, Briga,* doit être commune à toutes les nations gauloises, tandis que *Brigantia* est seulement la déesse éponyme des Brigantes.

Quelles sont au juste ces déesses? Je crois que ce sont les Parques gauloises, représentées à Metz sur un bas-relief gallo-romain. On trouvera plus loin, dans les formules de Marcellus Empiricus (article *Bituriges Vivisci*), une description latine de ces déesses, qui filent au fond de la mer au lieu de filer dans l'enfer.

Je ne distingue aucune différence entre la langue de cette inscription et la langue des inscriptions poitevines, éduennes, lixoviennes, parisiennes, voconces, etc. Il est vrai que l'ancien gaulois n'a pas encore assez de termes de comparaison à offrir, pour que je voie les dialectes. Quant aux motifs qui me font traduire d'une façon plutôt que d'une autre, ce ne sont que des conjectures; je demande la permission de les renvoyer à un dictionnaire qui paraîtra très prochainement, et de les supprimer ici où elles feraient double emploi.

Le sens de ce premier texte me paraît être très probablement : « Les déesses parques, Non et Forte et » Januaria rendent leurs oracles sous ces ifs. » Je conjecture que le mot gallo-briton *nimpai* se retrouve dans le bas-breton *ninv* (tristesse, chagrin). Mais je n'oserais affirmer que ce soit le sens primitif. La ressemblance entre ce mot et celui qui signifie en grec *jeune mariée* et *nymphe* allait peut-être plus loin que le son, et a bien pu s'étendre jusqu'au sens. Nous trouverons des indices continuels de la très proche parenté entre le grec, le latin et les idiomes gaulois.

Beaucoup d'érudits (entre lesquels de vrais insensés), ont comparé ce qui nous reste des idiomes gaulois, soit avec les idiomes néo-celtiques, soit avec d'autres langues, surtout les japhétiques ou indo-européennes, moins avec le basque, moins encore avec le finnois. Il y a à peine cinq ans qu'on a commencé à comparer le finnois et l'irlandais. Ce n'est point précisément mon objet; je veux essayer seulement l'interprétation des textes.

Je ne me dissimule en aucune façon que la plupart

de mes traductions sont plutôt des conjectures que des inductions légitimes ; il n'en est pas de même, à mon avis, de plusieurs interprétations données vers l'an 1600 par Camden, vers 1840 par MM. de Longpérier et de la Saussaye, et depuis 1850 par MM. Zeusz, Jacob Grimm, Adolphe Pictet, Cardin et Roget de Belloguet. Aussi le lecteur en trouvera une bonne partie plus loin. L'inscription de Rookby n'a pas été, je crois, expliquée. Ce qui me donne un peu de confiance dans la bonté de ma méthode, c'est qu'avant nulle connaissance des travaux de mes contemporains, je me trouvais le plus souvent avoir traduit les mêmes mots exactement de la même manière. Cela ne veut pas dire que quelquefois (et justement pour les mots les plus importants) je n'aie donné tout-à-fait à gauche avant d'être redressé.

Cette concordance exempte de tout concert d'une part, cette facilité de l'autre part à reconnaître, malgré l'amour-propre celtomane, que je m'étais grossièrement trompé, n'est-il pas un indice à peu près sûr qu'il y a dans ces travaux autre chose que des jeux de patience et d'imagination vagabonde?

La pénurie de textes d'Albion doit tenir surtout, je pense, à ma faute. Il doit y avoir des inscriptions bretonnes formant une suite non interrompue depuis le premier siècle de notre ère jusqu'au vocabulaire dit de 882, où la langue est devenue presque identique à celle qui se parle de nos jours à Saint-Pol-de-Léon, à Morlaix et en Galles. Mais je n'ai pas su les trouver.

CHAPITRE II.

BELGIQUE ROMAINE.

TOXANDRI.

D. n° 568 :   TOGIRIX ℞ TOGIRI
    Toghirix   à Toghira.

D'après toute probabilité, les Ménapiens et les Toxandres étaient Germains. Je n'affirme point que cette médaille soit toxandre; mais la langue employée est gauloise. Togirix est un nom propre signifiant : *Roi des bataillons* (Z.).

Quant à cette forme votive : *A la déesse Toghiré*, éponyme de Togirix, je la trouve continuellement sur les médailles. Elle est conforme au texte de Strabon (IV, page 188), qui nous apprend que les Gaulois vouaient des lingots à leurs dieux, et au texte d'Arrien (*Cynégétic.*, fin.), que les chasseurs de chaque canton devaient, chez certaines nations celtiques, un tribut fixe à leur Diane par chaque pièce de gibier, et selon l'importance de la bête. Ce qui peut encore faire croire à la multiplicité des monnaies votives chez nos ancêtres, c'est qu'on dirait presque toujours que les lettres ont été frappées une à une.

Un coin identique se retrouve orné, plus souvent enlaidi, par les légendes les plus diverses. Je conjecture qu'il y avait des marchands de médailles toutes nues qui se chargeaient d'ajouter les légendes. On aura bientôt des exemples de variantes plus que bizarres. Lettres oubliées, transposées, couchées ou la tête en bas, trônent dans cette numismatique. On est toujours disposé à la croire plus vieille que César. Les plus vieilles monnaies datées ne sont pourtant que du règne de Tibère, et je crois qu'il peut y en avoir de postérieures à Constantin.

EBURONES.

D. n° 526 : DVRNACOS ℞ AVSCRO
Gusseme, *Diccionario numismat.* : DVRNAC ℞ DONNUS.

La première médaille a une légende en langue gauloise; la seconde, je crois, en langue latine. Donnus nous transporte bien loin du comté de Namur, où habitaient les Eburons. En effet, le seul Donnus qui soit historiquement connu est le père de Cottius, auquel Auguste donna le gouvernement des Alpes, qui, de son nom, s'appellent encore *cottiennes* (voy. l'inscription de l'arc-de-triomphe de Suze, chap. VI de ce livre).

Ces deux médailles ont pourtant le même type : au droit, une tête de Minerve casquée, imitée d'un type romain; au revers, un cavalier nu. On trouve de plus sur des pièces toutes semblables, ou ne différant que par le revers :

D. nos 528, 529, 530 : ...AMBILO EBVRO...
  DVRNACVS
  DVRNACO
  RICAN.

Au n° 527, il n'y a pour toute légende que la contre-marque *E*. Duchalais y voit la lettre initiale d'*Eburones*; et c'est là une de ces conjectures pour lesquelles il est difficile de trouver mieux. *Dournacos* est peut-être le nom d'un chef; mais, d'après tous les dialectes néo-celtiques, il peut à toute force se traduire par *Minerve*, car il signifie *adroit de la main*. Il est vrai qu'il faut supposer que l'affixe *os*, ordinairement masculin, comme nous le verrons sur tous ces textes, peut être aussi féminin.

Je traduis *Rican* par le datif duel : *Aux deux reines*, bien entendu, s. g. d. q., et je ne prendrai point de brevet d'invention pour cette découverte. Mais je soupçonne qu'il s'agit encore de la Minerve gauloise, *Bel-samé* et de *Rosmerta*, épouse de *Tooutis* ou *Teutatès*. *Cambilus l'Eburon* est peut-être une épithète de ce dernier; mais c'est également un nom d'homme.

ATREBATES.

On trouve sur des médailles gauloises, à texte latin, un *Eppilus*, fils de *Com...* et un *Eppi... rex Calle*. Commius l'Atrébate est connu par César. On trouve ce nom avec sa forme gauloise sur deux médailles :

D. n°s 45 et 298 : CARSICIOS ℞ coMMIOS
     Camoulos-Mars? Commius

     CARMANO ℞ COMIOS
  des Germains (vainqueur) Commius

Je lis *Garmanô*, ce qui est autorisé, je crois, en numismatique.

D. n° 295 : ANDOB ꝶ GARMANO (ou CARMANO)
   aux vainqueurs des Germains.

Il s'agit peut-être, dans toutes ces médailles, de la famille du personnage historique.

Quant à la part que les Belges ont pu prendre dans les guerres des Romains contre les Germains, je lis dans l'*Epitome* du livre CXXXIX de Tite-Live que ce furent deux Nerviens, Senectius et Anectius, qui se distinguèrent le plus dans la campagne de Drusus.

NEMETES.

Les Némètes sont comptés par les anciens au nombre des Germains reçus en Gaule par les premiers empereurs. Leur nom me paraît tout gaulois. Il en est de même pour leur capitale, Noviomagus, et pour leurs relais de poste, Saletio et Tribunci. Les autres, Altaripa, Vicus Julius, Concordia, Tabernæ, sont latins. Or, aux environs de Tabernæ, aujourd'hui Rheinzabern (Bavière rhénane), on a trouvé une certaine quantité de médaillons en terre cuite. On y voit un dieu combattant un monstre marin. Est-ce la bête de Neptune de Frédégaire (*Epitome* de Grégoire de Tours), qui viola la femme de Clodion occupée à sa lessive comme la belle Nausicaa? De là les Mérovingiens et le nom de *Mérovée* (*Méroviges*, en dialecte franc, *le Guerrier de la mer*). Quoi qu'il en soit de ce rapprochement, autour des terres cuites némètes on lit l'inscription qui suit :

SILVANO TETEO SERVS FITAGITI EX VOTOR
Variantes :   Tetto. Fitagit. Fitacit. Fitaciti.

L'interprétation la plus simple et la plus conforme aux lois de la grammaire serait : *A Silvain Lascif Serus esclave* (ou affranchi) *de Fitacitus d'après un vœu a rendu.* Ce qui n'a pas un sens très clair, mais peut être rapproché d'autres médaillons en terre cuite (de Rome) offerts aussi à Sylvain (Orelli, *I. S.*, n° 1619).

Mais *Fitagiti* peut être un accusatif neutre, et signifier en gaulois : *Tribut de chasse;* il est possible que *Teteo* soit un nominatif comme *Nero. Serus,* au lieu d'être un nom propre, signifie peut-être *tardivement.*

M. Mommsen, doutant fort que ces monuments soient authentiques, on pourrait les regarder comme une de ces plaisanteries dont on berne les antiquaires. Mais M. Henzen n'ayant pas chassé cette inscription de son *Supplément* d'Orelli, MM. Roget de Belloguet et Léon Renier la croyant bonne, j'ai voulu en dire quelques mots; non sans la suspecter. Autrefois j'ai donné en plein dans les inscriptions de Nérac, qui nous donnaient tant de renseignements officiels sur Postumus, sur Tétricus et leur famille, et sur le caractère moitié gaulois de leur empire.

LEUCI.

(*Société des Antiquaires de France*, t. VIII, p. 207.)

NAMANDEI
A Namandéé

DENTEEL A
sculpture A-

RIVIIA MOAI
rivéa

. . . . I

PPPIIS..... SC
tres principes? senatusconsulto?

Par conséquent, la dernière ligne serait latine.

Le mémoire d'où je tire cette inscription de *Scarpona* (sur la Moselle, dernière ville des Leuces, vers les Médiomatrices) avertit qu'elle est en si bon état, qu'il n'en garantit point la transcription. La pierre est un piédestal-cylindre, comme on en trouve un grand nombre dans les temples gallo-romains. Je n'ai fait qu'un seul changement : ARIVIIA, à la place d'une monstruosité en épigraphie : ARMIA, changement d'ailleurs autorisé par la médaille ARIVOS ꝶ SANTONOS. Si la dernière ligne est du latin, je crois ma traduction bonne. Mais quant aux trois premières lignes, je ne suis sûr de rien du tout. *Namandéé*, qui signifie peut-être : *Au ciel antérieure, plus ancienne que le ciel*, est peut-être une épithète de la femme de *Hésus*, le *Dispater* de César, le *Duv-Heuz* des bardes gallois, la *Hyde* de nos chansons de geste, espèce de fantôme épouvantable.

On attribue aux Leuces des médailles où on lit :

ΑΥΚ (et où je lirais plutôt ΚΑΛ, *i. e. Caleti,* les Cauchois, autre peuple belge). A la même famille appartient une médaille :

D. n° 542 :   CONA
                 S

Je pense avec Duchalais que *Conas* ou *Cona* doit signifier *confluent.*

Ce qui suit est tout conjectural, et s'appuie uniquement sur Orelli (*I. S.*) :

N° 3274 :	et n° 5239 (Henzen) :
PATRICIVS NASIENSIS	*DEAE EPONAE*
CVRATORIBVS ET MINISTRIS	*ET GENIO LEVCorum*
IVVENTIDIO FIRMO ET	*TIB. IVSTINIVS*
ATEVLA. SOLLI Filiæ	*LEG. XXII*
HVIVS FANI FACIENDI.	*ANTONIANAE*
	EX VOTO.

Ces deux inscriptions de *Nasium* (aujourd'hui Naix), chez les Leuci, nous donnent donc un clan des Nasienses, ou *pagus nasiensis,* un chef Sollius, sa fille et unique héritière Atéoula. Nous allons maintenant, dans les médailles gauloises, voir un *Sollos,* une *Atéoula,* un *Diaoulos,* un *Oulatos,* et enfin un *Oulos* douteux. Peut-on conjecturer qu'en l'honneur de la construction de ce temple de Naix, on ait fait frapper autant de monnaies différentes?

D. n°s 248, 249 ;   SOLLOS
                      Tout.

Type marseillais. Le dieu éponyme de Sollius.

D. n° 361 :   ATEVLA ꝝ VLATOS
              Atéoula   le taureau divin.

Atéoula serait-il Attila, roi des Huns, comme l'avait conjecturé le Dʳ Chifflet? Qu'il me soit permis d'en douter. Le type n'est plus marseillais, il est indescriptiblement barbare. Qui est cet *Oulatos,* qui a l'air d'un adjectif verbal? C'est notre *Tarvos trigaranvs* de Paris, si l'on s'en rapporte à ce que Duchalais voit représenté sous vlatos. Il doit y avoir un rapport entre *Atéoula* (mot composé comme *Atépomaros*) et *Oulatos.*

N° 459 :   ꝝ OYΛIO?
           de Hésus?

Après *Oulatos* vient le génitif d'*Oulos.* Air de famille avec les précédentes. Duchalais hésite entre plusieurs lectures : oino? oilio? onio?

Nᵒˢ 359, 360 :   ꝝ DIAVLOS.

Ici *Oulos* revient encore, triomphant, incontestable. Duchalais conjecture les Diablintes (*Aulerci Diablintes*); ce qui certainement n'est point impossible.

Nᵒˢ 361, 363 :   SENODON ꝝ CALEDV
                 le sénat   à Calédos.

Reproduction d'*Atéoula* et de *Diaoulos,* à l'exception de la légende. Il y a un Caledunum dans le voisinage Jublains, ancienne capitale des Diablintes; ce qui donne beaucoup de force à la conjecture de Duchalais. Mais *Calédounon* (*gaillard* ou *gaulois-mont*) a

— 14 —

pu exister ailleurs, et *Caledou* peut être un mot complet au datif.

L'inscription gauloise la plus singulière (si je parviens à la déchiffrer et si elle est vraiment gauloise) existe inédite au cabinet Pâris, bibliothèque publique de Besançon. D'après la correspondance de son premier possesseur, il est presque certain qu'elle provient des ruines de Nasium. M. Castan a eu l'obligeance de m'en céder la primeur. C'est un cachet d'oculiste. Les tranches portent des inscriptions latines de collyres et d'opobalsames (pommades); mais les plats ont aux quatre coins et dans le milieu les lignes qui suivent, en caractères inconnus, que j'ai essayé de déchiffrer au moyen des lettres grecques cursives. C'est un vrai gribouillage d'enfant ou d'apprenti apothicaire. Je serais plus content que surpris (et je le serais beaucoup) si ce texte était important. Je n'essaie point de traduire.

οολυ (La dernière lettre énorme et presque ronde. Sous ce mot deux entailles grossières qui sont, je crois: 1° une divinité (*Solimara??*) ailée et diadémée de quatre pointes, rayons ou cornes; 2° une espèce de *menhir* ou obélisque gaulois.)

οοοοοο ?

Δο οδδοσο

ϛουλλολχολσου

ο θρο ωνχ

οοροποθα

οποθα

ρδααν

ΟΔοσο (Plus un carré entre deux ronds, et quelque chose qui est peut-être une feuille de nénuphar.)

οσαυδοινϛα

ϛομοσοιτοο

Il y a là, pour sûr, de quoi aux *Saumaises futurs préparer des tortures*.

Opoba deux fois répété me semble se lier à *rdaan*. Le tout peut signifier *pommade très bonne*. Mais ne trouvant qu'incertitude dans la lecture, j'ose à peine confier ce commencement de traduction à l'indulgence du lecteur.

REMI.

D. nos 544, 550 : ATISIOS REMOS.
Atisios le Rémois.

Traduction à peu près certaine, sans que rien vienne déterminer si *Atisios* est un homme ou un dieu. Le type est celui d'un dieu : « Tête imberbe, le cou orné » d'un collier, derrière la tête un *S* couché semblant » représenter un serpent. »

REMO ŋ REMO.

Légende qui peut être latine pour *Remorum*. Type : « Trois bustes de profil, accolés et tournés à gauche. »

On a trouvé à Dennevy (Saône-et-Loire) un bas-relief représentant trois dieux, dont l'un est à trois têtes. Ce monument a été publié dans *Autun archéologique*, p. 227. Ces trois têtes se retrouvent également en Bretagne, sous le dolmen de Sainte-Pazanne, et *Mémoires des Antiquaires de France*, t. XVIII, pl. 4. C'est un monstre hideux, et celui du dolmen surtout est à faire reculer d'épouvante. Entre autres conjectures anciennes, on a imaginé que les médailles gauloises de Reims représentaient Antoine, Octavien et Lépide, autre *tricipitinum* bien digne d'être confondu avec un dieu buveur de sang. C'est plus probablement le dieu des trois cercles de l'existence, dogme que malheureusement nous ne connaissons guère que par les allusions des bardes cambriens, et par un résumé très moderne de l'enseignement philosophique, qui se mêlait chez eux aux leçons de musique et de poésie. J'ai pleine confiance dans l'antiquité de cette croyance des trois cercles; je crois que les druides enseignaient que l'individu, ainsi que le monde, était éternel; qu'il était d'abord chenille, puis homme, enfin ombre dans les enfers, où il était purifié, pour devenir encore chenille, et ainsi de suite à l'infini. Il n'en est point de la tradition des dogmes comme de la tradition des faits historiques. Le dogme des trois cercles n'étant ni chrétien, ni emprunté à rien que nous connaissions dans les religions, ni même dans les philosophies antiques, ne peut guère être que gaulois.

VEROMANDVI.

D. nos 641, 643 :   VIROS ꟼ VIROOS
                    VOVERC ꟼ VER

L'attribution aux Véromanduens proposée par M. de Lagoy, approuvée par Duchalais, me semble à peu près certaine. Seulement, je crois que *Viros* est le dieu ethnique; *Viroos*, un nom d'homme dérivé du précédent. Il est possible que pour l'autre médaille il faille lire tout bonnement un texte latin *Vover*(*unt*), *Ver*(*omandui*).

CHAPITRE III.

VOLCÆ.

Les Volces, Arécomiques et Tectosages, sont très probablement des Belges.

En 1742, on découvrit à Nîmes, en faisant des réparations à la fontaine de cette ville, l'inscription suivante, qui est conservée dans le monument ancien connu sous le nom de *temple de Diane* (*Revue archéologique*, avril 1858, p. 44) :

IAPTAI ... ΑΛΑΝΟΙΤΑΚΟΣΔΕΔΕ
Jartais?   Allanoitacus?   dedit?

ΜΑΤΡΕΒΟΝΑΜΑΥΣΙΚΑΒΟΒΡΑΤΟΥΔΕ
Matribus   Nemausicensibus

A l'exception de ϐρατουδε, que je ne sais comment expliquer (*agrandissement??*), le reste de ce texte m'offre une ressemblance si grande avec le latin, que je me demande si cette inscription n'est pas osque, des premiers colons de Nîmes, plutôt que gauloise du dialecte volce-arécomique. Je remarque en outre l'absence des voyelles longues et des consonnes aspirées; ce qui peut faire croire, il me semble, que l'idiome dans lequel elle est écrite ne connaissait que l'alphabet grec primitif. Il est au contraire certain que les Gaulois se servaient de l'*éta*, de l'*oméga*, du *chi* et du *théta*, comme on peut le voir sur leurs monnaies et sur l'inscription de Vaison.

D'un autre côté, il y a les deux rimes *dede* et *bratoude* qui ne sont peut-être point là par un pur effet du hasard, et je ne connais rien dans l'antiquité que des textes gaulois dans lesquels on retrouve soit la rime soit l'assonance.

Je ne dissimule pas non plus que *Matrebo* a une bien grande ressemblance avec *Matrabus* d'un assez grand nombre d'inscriptions latines, déesses essentiellement gauloises, et de plus déesses des fontaines, sinon toutes, du moins la plupart.

D'un autre côté, je trouve bien en gaulois des datifs pluriels en *eb*, *ab* et *ob*, mais je n'en connais point, excepté sur cette inscription, en *ebo* et *abo*. On peut conjecturer, il est vrai, d'après la grammaire comparée des langues indo-européennes, que les formes en *b* sont écourtées, et que les Gaulois de Nîmes peuvent avoir eu une déclinaison un peu plus complète.

La pierre ne donne aucune division, si ce n'est en deux lignes inégales. C'est une obscurité de plus.

M. Germer-Durand a vu dans cette inscription une simple liste de noms de lieux, comme dans l'inscription d'Anduze. Ce qui m'empêche d'admettre sa traduction, c'est la place dans laquelle se trouverait le nom de Nîmes, qui, en qualité de ville capitale, devrait être en tête de la liste. Je donne en regard les deux conjectures :

ΓΑΡΤΑΙ, Gardies.   ΙΑΡΤΑΙ... Nom propre.
ΒΔΙΛΛΑΝΟ, Védelène.   ...ΛΛΑΝΟΙΤΑΚΟΣ, nom de clan? ou du pays natal?
ΙΤΑCO, Uzez.
ΣΔΕΔΕΜΑ, Seynes.   ΔΕΔΕ, a donné

ΤΡΕΒΟ, Trèves.   ΜΑΤΡΕΒΟ, aux *matræ* (nymphes, fées des eaux.)
ΝΑΜΑΥΣ, Nîmes.   ΝΑΜΑΣΥιCΑΒΟ, nîmoises
ΙCΑΒΟ, Huchau.
ΒΡΑΤΟΥΔΕ, Bretenus.   ΒΡΑΤΟΥΔΕ, un agrandissement??

Je regrette bien vivement de n'avoir point pu me procurer la *Numismatique de la Gaule narbonnaise*, par M. de la Saussaie, ouvrage où j'aurais peut-être trouvé l'éclaircissement de tous mes doutes.

Il y a dans cette inscription un seul point qui me semble certain, c'est que les habitants du pays devaient appeler Nîmes *Namausos* ou *Namaus*, à la différence des Latins et des Grecs, qui ont changé le premier *a* en *e*. Le même changement se retrouve dans deux monnaies universellement considérées comme les plus anciennes de Nîmes, antérieures à la colonie romaine, et par conséquent volces-arécomiques.

D. n° 255 :   ↯) ΝΑΜΑΣΑΤ.

D. n° 292 :   ΑΡΗΤΟΙΛΜΟΣ ↯) ΝΑΜΥ·

D'après l'inscription de Vaison, on peut être à peu près certain qu'il faut lire : *Namaousatis* (les Nîmois), comme un peu plus loin : ΒΗΤΑΡΡΑΤΙΣ (les habitants de Béziers). Le type d'*Arétoilmos* est un Mars; au revers un bouc.

D. n° 304 :   ΒΩΚΙΟΣ ↯) ΛΟΓΓΟΣΤΑΛΗΤΩΝ

Cette légende nous donne, en langue grecque, le nom d'un peuple inconnu, peut-être un petit clan voisin de Marseille.

Le type du droit est une bonne tête de Mercure. Examinons si *Bôkios* peut se traduire par *Mercure*.

Nous avons un dieu *Focius* sur une inscription latine, qui, à la vérité, ne provient point d'un pays gaulois, car elle est des bords du lac Fucin, dans les Abruzzes. Mais la première inscription de *Camulus* a bien été trouvée dans la Sabine (Orelli, *Suppl.* Henzen, n° 5887) :

TITIDIA. TIT. F
BOCIO
D.D.D D. L
M

Il me semble à peu près certain qu'il faut lire : *Bocio d(eo) d(edit) d(onavit) d(edicavit)*, etc.

Je conjecture que *Bôkios* signifie en gaulois : « Celui » au BOUC, » d'après le cambrien et le bas-breton, *bouc'h*. Il y a encore l'allemand, *bock*, et l'italien, *becco*. A en juger d'après un bas-relief du musée de Lyon, ce doit être une épithète de Mercure-Teutatès, bien que nous trouvions le bouc au revers de la médaille immédiatement précédente, laquelle semble consacrée à un Mars gaulois.

Il semble que le bouc de Teutatès était adoré aussi. On lit sur un des autels votifs du musée de Toulouse (*Revue archéologique*, t. XVI, p. 489) :

BOCCO
HARAVSON
M. VALERIVS
FVSCINIVS
V. S. L. M

Le bouc du sabbat des sorcières pourrait bien être celui du dieu gaulois.

On a trouvé à Anduze (Gard) un piédestal qui porte les noms de lieux suivants, probablement ceux qui avaient contribué à la dépense du monument. Il est conservé au musée de Nîmes (Orelli, *Suppl. Henzen*, n° 5230) :

    ANDVSI
  A Andousa?? ou les Andusiens??

    BRVGETIA
    Brugnières?   (Ménard.)

    TEDVSIA
  la Tède, en patois la Taida.   (Walckenaer.)

    VATRVTE
    Cruviers?   (Ménard.)

    ·VGERNI·
Les Beaucairiens? ou à Ougerna??? éponyme de Beaucaire.

    SEXTANTI
  Les Substantionnais.

    BRIGINN
    Brignon?   (Ménard.)

    STATVMAE
    Sumène?   (Walckenaer.)

    VIRINN
  Luc ou Vissac, sur la Virinque.   (Walckenaer.)

    ·VGETIAE·
Les dames d'Uzès? ou à Ougétia?? éponyme d'Uzès.

    SEGVSION
  Suze en Piémont?

Si l'inscription est latine, les désinences sont singulières et bizarrement mélangées. On ne s'explique pas trop non plus pourquoi *Ugerni* et *Ugetiæ* sont en lettres plus grandes.

Un des principaux dieux de Toulouse était Mars *Leherennus*, comme le prouvent les inscriptions latines qui suivent :

MARTI	LEHEREN	LEHEREN	LEHERENNO
LEHEREN	MARTI	MARTI	DEO
INGENVS	TITVLVS A	BAMBIX	MANDATVS
SIRICONISF	MOENI FIL	PVBL. LIB.	MASVETIF
V. S. L. M	V. S. L. M	V. S. L. M	V. S. L. M

Ces quatre inscriptions se lisent au musée de Toulouse, sur des autels (Orelli, *Suppl. Henzen*, n°˙ 5894, 5895, et *Revue archéologique*, t. XVI, p. 488).

On pourrait encore en donner deux autres (*Revue archéologique*, t. XVI, p. 488, et t. I, p. 252) :

LEHEREN	LEHEREN
MARTI	MARTI
BAMBIX	RVMEIX
PVRI LIB	PVBLIC
V. S. L. M	V. S. L. M

Je pense que ces deux nouveaux textes ne sont que des variantes de *Leheren* n° 3. Ils sont pourtant donnés par des hommes qui les ont vus, et qui sont très compétents.

Ce même dieu se retrouve à Saint-Bertrand-de-Comminges : *Leherenno Domesticus Rufi f. v. s. l. m.*

Il y a un bas-relief de Leherennus à la bibliothèque de Strasbourg, monument trouvé en Alsace, mais probablement élevé par quelque centurion ou tribun de la nation des Tectosages. Le dieu tient de la main droite une lance ou un étendard. Le coq, symbole grec peut-être plutôt que gaulois, est perché à peu près à la hauteur de l'épaule. Il y a une inscription au-dessus, mais on n'y lit plus que les lettres :

LE . . . . . NHVS.

Parmi les noms propres d'hommes qui nous sont donnés par ces inscriptions de Mars Leherennus, il y a *Ingenus*, qui me semble pouvoir être disputé à la langue latine par le gaulois. On trouve dans Orelli, n° 3041, ce même nom écrit de même sur une inscription allobroge de Vienne. Notre ville d'Avranches s'appelait autrefois *Ingena*, d'après Ptolémée et son ancien traducteur. ΊΝΓΕΝΑ (ainsi porte le texte) est identique à une très ancienne glose irlandaise, *ingen, i. e. filia*. On y retrouve jusqu'à l'*E* bref indiqué par Ptolémée; car, sur le manuscrit, les longues sont marquées par un accent aigu. *Ingena* devait être le surnom de quelque déesse gauloise; de là le nom de la ville, comme *Solimara* en Berry; de là aussi le nom d'homme *Ingenus*, comme *Moritasgus* et tant d'autres.

Une autre inscription du musée de Toulouse (Orelli, *Suppl. Henzen*, n° 5872) mérite de nous arrêter un instant : *Arpenino deo Belex Belexconis f(ilius) v. s. l. m.* Il est impossible de ne pas être frappé de la ressemblance de ce nom de divinité avec notre mot ARPENT. Nous savons d'ailleurs, par Columelle (V, 2), que les Gaulois appelaient leur mesure de terre AREPENNIS.

Un autre dieu, bien certainement adoré par les Volces-Tectosages, mais probablement d'origine aquitaine, *Abellion*, le dieu des troupeaux, d'après M. Cénac-Moncaut (*abéje* veut dire en basque *troup au*), nous est révélé par plusieurs inscriptions de Toulouse et des Pyrénées occidentales.

Aux deux autels connus de Scaliger et de Millin, M. Cénac en ajoute quatre autres (*Revue archéologique*, t. XVI, p. 484).

De ces six monuments, un seul provient du département des Basses-Pyrénées, Saint-Béat; deux autres sont de Saint-Bertrand-de-Comminges, l'ancien *Lugdunum des Convenæ*; le reste est au musée de Toulouse; je n'ai aucun renseignement sur le lieu où ils ont été découverts. Le nom du dieu est écrit : *ABELIONI*, *ABELLIONI* et *ABELLIONNI* (*ABLLIONI*, dans Millin, *Monum. antiq. inédits*, t. I, p. 101). Ci-joint les textes, bien qu'ils ne me paraissent offrir aucun renseignement sur l'origine et les attributions d'Abellion; mais quelqu'un de mes lecteurs sera peut-être plus heureux.

1. *Abelioni deo Ro... Borko...onil f(ilius) v. s. l. m.*
— Saint-Béat. (Variante de Millin : *Borroconicus*.)
2. *Deo Abelloni M nicia Justa v. s. l. m.* — Saint-Bertrand.
3. *Ab llioni d o Taurinus Bone Co..ise v. s. l. m.* — Saint-Bertrand.
4. *Abellioni deo Fortis Sulpici..... v. s. l. m.*
5. *Abellioni deo Sabinus Barhosis v. s. l. m.*
6. *Abellionni ceso niens son bonnis fil(ius) v s l m.*

Si les ressemblances de noms n'étaient point un indice presque toujours trompeur, on pourrait aller rechercher Abellion dans une divinité du Nord, conservée sous le nom d'*Abel* par les superstitions du moyen-âge. Dans le Sleswic chasse le roi Abel. On l'entend sonner du cor autour du tombeau d'un évêque. Cypræus raconte que les veilleurs de nuit de Gottorp l'entendent souvent, qu'il a apparu à beaucoup de ses contemporains, tout noir de corps et de figure, monté sur un cheval nain, et précédé de trois chiens de chasse, tous trois ordinairement en feu. Tels sont les renseignements que je trouve dans la *Mythologie allema* de de M. J. Grimm; mais avant de faire d'Abellion un dieu de la chasse, il faudrait au moins quelque indice qui l'annonçât comme gaulois. Quant à l'Abel du Nord, c'est le Chasseur Sauvage d'Allemagne et le Chasseur Noir de France, deux vieilles légendes répandues dans une multitude de localités.

On trouve dans le pays des Hirpins, non loin de Naples, les deux villes antiques d'*Abella* (Avella) et *Abellinum* (Avellino), dont il reste quelques inscriptions latines. Ces deux mots ont une grande ressemblance avec le dieu Abellion. Je ne connais rien des pays gaulois, soit en noms d'hommes, soit en noms de dieux; mais il y a *Abillunum*, au nord du Danube, bien près des Noriques, dans Ptolémée.

Nous trouvons ensuite dans les Pyrénées orientales plusieurs inscriptions sur lames de plomb que la source thermale d'Amélie-les-Bains a rejetées avec des médailles rongées, une fibule en forme de bouton et un petit coffret, lorsqu'on a coupé le rocher pour augmenter le volume de la source. Bien que ce lieu soit probablement hors des limites de la population gauloise, bien que la lecture soit en grande partie incertaine, quelques indices me font croire que je dois faire tous mes efforts pour les présenter ici.

(*Revue archéologique*, t. IV, pl. 71, n° 8) : COAOS. Titre d'un rouleau de plomb qui n'était écrit que d'un côté, probablement le n° 1 :

KANTAS. NISKAT... LIKIE...

ROSAMOSET DE... KILITIVSI

PEGAMVKIGSOT NILTAT

SAIATENON VLATENI

LERANI... DE..... KRVET

DXNESOA PETEIA PESOI (la 2° lettre serait-elle un Y ou U franç.?)

O LETE LETP.........

NELOA VLAT... etc, (le reste presque effacé.)

Je n'ai point la prétention d'expliquer ce que je ne suis point sûr d'avoir lu. Je crois pourtant : 1° que c'est du gaulois; 2° que c'est une prière en vers rimés sur l'assonnance I. — *Ulat* fort lisible, deux fois répété, reproduit la légende VLATOS que nous avons vue à l'article *Leuci*. Je soupçonne que quelques-unes des lettres que j'ai lues *T* doivent se lire *B*; mais il m'a été impossible de trouver aucun signe distinctif. On peut soupçonner aussi, d'après le n° 7, que la première ligne doit se lire comme il suit :

KANTAS. NISKAS ALA-LIKIEV

Les lettres du n° 7 se lisent toutes, mais les lignes ne sont point complètes, et la transcription est incertaine.

DOMXSLA

NICFASROS
Niscas   Rosa-

MOSETDE
mosque

TAMVS

DINNO

NIV

Je retrouve ici NISKAT..... ROSAMOSET de la première inscription.

N°ˢ 5 et 4, *recto* et *verso* de la même feuille : En admettant que les lettres et les lignes grimpent les unes sur les autres, on peut y lire à toute force : *Mansueta uxor Voafas.* νισκος αλαλικιου ινετυ δαας μοτις..... et la première ligne du *verso,* Δεμετι.

N° 6. De trois lignes très courtes, la dernière seule AXSONIS, est lisible pour ma science.

Le résultat, comme on voit, est à peu près nul pour moi. Je désire que mon lecteur soit plus heureux. La seule confidence que je puisse encore lui faire, à condition de me garder le secret, c'est que *Niscas* et *Rosamos* sont peut-être le dieu et la déesse d'Amélie-les-Bains.

Reste une longue inscription latine écrite des deux côtés; je conjecture que c'est une liste de noms propres, suivis pour la plupart de l'expression d'un vœu; mais je n'ai pu y déchiffrer qu'un bien petit nombre de mots.

Nos 3 et 4 :   GENULLENE MAXIMI

ILLIVSSI

QUAII quæ)

QUID

NIKASA QUID

ROSAMUS

NUQUAM (numquam?)

CHAPITRE IV.

CELTIQUE DE CÉSAR.

CARNUTES. (En gaulois : *CARNUTOS?*)

D. n° 371 :   ΕΛΚΕΣΟΟΥΙΞ ἤ TASGIITIOC.

Le type du droit, qui est fort beau pour une médaille gauloise, est une tête d'Apollon. Les *Commentaires* de César nous parlent d'un *Tasgetius*, roi des Carnutes, puni de mort comme rebelle. Quant à *Elkésovix*, la terminaison *vix* semble indiquer un adjectif analogue à *Eburovice*, *Ordovice*, etc. Ce serait donc Tasgétius l'Elkésovice. Je penche à croire que c'est un dieu plutôt qu'un homme. Si c'est un dieu, ce ne peut être que Bilinos ou Belin, l'Apollon gaulois. Quant aux Elkésovices, il faut les chercher dans l'étendue de pays attribué aux Carnutes; car MM. de la Saussaie, de Lagoy et Duchalais ne font aucun doute, d'après plusieurs indices qui me semblent très probants, que cette médaille ou monnaie est chartraine.

D. n° 370 :   KAPNYTOC
les Carnutes

Duchalais lit *Carnutos*, en avertissant qu'on peut lire aussi *Cariitos* ou *Carontos*. Quant à l'attribution aux Carnutes, elle est certaine. En attendant des connaissances plus sûres de la langue, je pense qu'il est bon de s'en tenir à la traduction ancienne et unique, *les Carnutes*.

PARISII
(Dans Grégoire de Tours, *Paris*, au nominatif singulier, *Parisius*.)

J'omets une longue dissertation sur l'étymologie de *Paris*. *Parisien*. Je remarque seulement que *Parisius*, de Grégoire de Tours, est bien proche de *Parisiis*, que je crois le nominatif pluriel gaulois, et identique à l'accusatif pluriel *Parisious*, que je crois également la forme gauloise, comme on a vu pour l'inscription brigante au mot *Ikinus*.

J'ai hâte d'appliquer ma méthode au groupe d'autels des nautes parisiens qui sont conservés au musée des Thermes. On peut voir un splendide et très exact *fac simile* de l'état actuel de ces monuments dans la *Statistique monumentale de Paris*, par A. Lenoir. Pour la lecture, je suis aveuglément (car bien des lettres sont effacées) les transcriptions les plus anciennes qui sont dans Leibniz et Montfaucon. Je ne change point une lettre à Leibniz.

Voici d'abord l'inscription latine. Mes suppléments sont, selon l'usage, *en petit italique*.

TIB. CAESARE
AVG. IOVI OPTVMO
MAXVMO *et eso*
NAVTAE PARISIACI
PVBLICE POSIERVNT
. . . . A. N.

Caesare pour *Caesari* est précisément l'un des datifs

gaulois les mieux établis par une multitude d'inscriptions latines donnant le nom d'un dieu gaulois au datif.

Selon moi, le sujet, rendu clair par les bas-reliefs, est le suivant : « Les nautes parisiens ont fourni des » hommes à la flotte de Germanicus ; ils font des vœux » et des sacrifices druidiques pour la victoire de leur » contingent. »

Un bas-relief nous représente des vieillards couronnés de feuilles (chêne ou gui de chêne). Ils sont immobiles. Tout indique des druides ; il faut donc retrouver le sens de druides dans l'inscription qui est au-dessus.

SENANIE^vEILOM

Je divise : *Senanié* (sénat, assemblée de vieux) ; *ouveilom* (des druides), ou plus littéralement : *De ceux à l'œuf*. L'œuf, dit *de serpent*, était, comme on sait, l'insigne distinctif des druides. C'était tout bonnement un oursin de mer pétrifié. J'en ai vu deux provenant des tombes gauloises d'Alaise.

Le second bas-relief nous donne des guerriers casqués, armés, marchant au pas accéléré. L'inscription est effacée : *Soldats de marine*.

Le troisième, des rameurs avec leurs rames, marchant au même pas que les guerriers, en sens contraire, avec l'inscription :

EVRISES
matelots (mot à mot : *ouvriers*).

Le quatrième bas-relief représente, dans une forêt, un vieillard armé d'une faux. C'est un dieu cueillant le gui de chêne pour son peuple. Une inscription encore très intacte nous donne son nom ainsi : *ESVS*.

C'est le *Hesus* ou *Hœsus* des manuscrits de Lucain, Lactance. Arnobe. (Je ne pense point qu'il faut mépriser cette orthographe ; car *H* étant absent des textes gaulois, il me paraît évident qu'ils supprimaient cette lettre dans l'écriture.) *Hésous* est, je crois, le même que *Dis Pater* de César, le principal dieu des Gaulois, et le père de toutes leurs nations. Je le vois encore dans *Duv-Heuz* des bardes, père de *Manogan*, grand-père de *Beli*. La terminaison *VS*, au lieu de *OS*, pourra paraître latine. Mais je la crois très gauloise. C'est, à mon sens, un suffixe adjectival donnant *VNTIA* au féminin. D'après nos deux mots *hyde* et *hideux*, d'après le cambrien *heuz*, notre inscription doit se traduire littéralement : *le Hideux* (voy. la grammaire).

Le cinquième bas-relief représente un guerrier dans la force de l'âge, combattant un énorme serpent à une seule tête.

L'inscription est : SE..VI..R.OS. *Le serpentaire??*

J'ose suppléer : SEuVIviRiOS, d'après un mot breton *siléj* (serpent). Comme il y a dans Aneurin : *Sarph*, traduit : *serpent*, par M. de la Villemarqué, j'aurais pu lire aussi : *Serpuivirios*.

Quoi qu'il en soit de ces restitutions arbitraires, quel est le dieu représenté? Je ne puis penser à Ôgmios, l'Hercule gaulois, qui est vieux et chauve dans Lucien, dans la médaille ségusiave et sur les cariatides de Basse-Bretagne. Teutatès a, je crois, sur les monuments figurés, une maigreur et une longueur que je ne trouve point à *se...vi.r.os* Enfin il me semble que le mythe du serpent doit partout, de l'Inde à l'Islande, se rapporter au soleil. En conséquence, je propose d'appeler ce serpentaire *Belenus* en latin, *Belin* en français, d'après une foule de noms de lieux et traditions populaires, *Bilinos* en gaulois, d'après une médaille gauloise, D. n° 8 : Biinos.

Le sixième bas-relief représente une tête hideuse et chauve, ornée d'une paire de cornes d'élan, avec deux anneaux pendus aux andouillers, et l'inscription :

CERNVNNOS
le cornu.

Dom Martin assure que c'est le dieu de la fidélité conjugale. Les preuves qu'il donne me semblant faibles, j'incline à penser que c'est le Silvain gaulois, le même dieu trouvé aux environs de Beaune, sur un bas-relief représentant trois divinités. J'ai comparé les deux monuments. Mais n'ayant vu en original que le *Kernounnos* de Paris, je renvoie mon lecteur, sans insister sur ma conjecture, à l'*Histoire de Beaune*, par M. Rossignol.

Au septième bas-relief, un vieillard avec l'inscription : IOVIS. J'ai vu une fois *Jovis* au nominatif sur une inscription latine d'Italie. Je crois pourtant que c'est encore un mot gaulois; peut-être faut-il prononcer : *Joouis*. En nommant Jupiter le dernier dans sa liste des dieux gaulois, César ne nous apprend-il pas qu'il a été guidé par la ressemblance des sons, pour donner à une divinité barbare le nom de son Jupiter *optimus maximus, rex hominumque deumque*.

Au huitième bas-relief nous voyons un taureau sur lequel sont posées trois grues, ou cigognes, ou tels autres échassiers qu'il conviendra aux lecteurs. Car aujourd'hui on ne voit plus à leur place que des traits assez informes. Mais l'inscription est très nette :

TARVOS TRIGARANVS
le taureau aux 3 grues.

Trigaranous est un adjectif comme *Esous;* génitif : *Trigaranountous?* Si l'on admet pour l'ancien gaulois la règle néo-celtique des mutes, qui adoucit les consonnes initiales, on pourrait peut-être traduire : *le Taureau aux trois cornes* (*tri*, trois, *karnou* ou *karnon*, corne). Il y a une statuette en bronze de taureau, à Autun, qui justifie cette interprétation. Mais je ne pense point qu'il y ait eu jamais trois cornes sur le Trigaranous de Paris. La principale idole des Cimbres était un taureau, au dire de Plutarque (*Vie de Marius*).

Quant à *Tarvos*, je réclame toute l'indulgence du lecteur. Selon les bardes et les triades, un dragon ou un castor noir rompit la digue qui entourait la terre et qui retenait les eaux. Heureusement, les dieux du bien, protecteurs des tribus de Bryt, avaient pour labourer leurs champs un taureau et une vache d'une force divine. Ils attelèrent ces deux bonnes bêtes à la terre, et elles la remirent en place. La vache mourut de fatigue, mais son mâle survécut. Je n'ai vu nulle part, mais je soupçonne que les dieux envoyèrent trois grues pour enlever le taureau au ciel. Du moins son char est au ciel, selon tous les bardes, et c'est pour cela que nos paysans disent, au lieu de la *Grande-Ourse*, le *Charior*, prononciation que j'ai remarquée en Normandie et en Franche-Comté, extrémités ouest et est de la France. Du reste, je l'avoue, les bardes sont une source à laquelle il n'est pas sûr de se fier, et encore moins aux triades, encore moins à nos laboureurs.

Une tradition analogue existe en Océanie. Un grand-prêtre de Tonga, pour prouver à un naufragé anglais que son île avait été tirée des eaux par son Neptune, qui pêchait à la ligne, et avait cru, au lieu de Tonga, attraper un gros poisson, mena l'étranger sur le plus haut sommet de son pays, pic finissant par un rocher recourbé.

« Voici encore le hameçon; je pense que vous ne douterez plus. — Comment une ligne peut-elle être assez forte pour tirer toute une île du fond de la mer. — C'est que c'était la ligne d'un dieu. — Si c'était la ligne d'un dieu, elle n'aurait pas dû casser. — Sans doute elle était très forte; mais elle n'était pas assez forte. »

Le chrétien a l'idée de l'infini, tout au moins dès qu'il s'agit des attributs de Dieu, ou de la nature, ou du néant; le polythéiste ne l'a pas. Je doute que la vraie mythologie des druides se soit beaucoup élevée au-dessus de celle de l'île de Tonga.

Sur plusieurs autres bas-reliefs ou fragments, on trouve : V... IO... VOLKANVS. CASTOR. Diodore de Sicile, IV, 56 : « Les Celtes voisins de la mer adorent » Castor et Pollux. » Je regarde, avec tout le monde, *Volcanus* et *Castor* comme latins. Une figure sans inscription offre une forme triangulaire qui ressemble, à s'y méprendre, à un bas-relief, non moins altéré, d'Autun, portant l'inscription : CAMMV. C'est peut-être le dieu de la guerre.

SENONES.

Festus et Servius, qui ne paraissent point s'être copiés, s'accordent à nous donner pour ce mot le sens d'*hôtes*, très voisin du grec ξενός, et pour lequel je ne trouve rien à rapprocher dans les idiomes néoceltiques.

Outre la médaille ΔHΓΛ, qui leur est confirmée par Duchalais, et sur laquelle on trouve *Aged...* (*Agedincum*) en lisant à rebours, je suis tenté d'attribuer à ce peuple les deux médailles qui suivent :

D. nos 617, 618 : GIAMILO ℞ SIINVI
GIAMILO ℞ GIAMILOS

Je traduis : *A Sénoué*, déesse éponyme des Sénones. J'ai fait en vain des recherches pour trouver des rapprochements avec *Giamilos*. *Giamilo* peut être un datif latin, un ablatif singulier gaulois, un génitif pluriel gaulois. Le radical *MIL* se trouve sur une autre médaille d'origine également incertaine.

D. no 305 : ΙΙΡΟΜΙΙΛΟS

Mais grâce à l'hésitation des monétaires gaulois entre leur gauche et leur droite, il faut lire peut-être SOLEMORE, mot pour lequel je n'ai aucune conjecture à donner.

HEDUI ou ÆDUI. (En gaulois : *Édouis* ou *Hédouis*.)

D. n° 348 :   EDVIS
              les Eduens.

C'est donc le nom écrit en gaulois, et le plus authentique possible.

ORGETORIX ↻ EDVIS
Orgétorix   les Eduens

Cette médaille a été publiée par M. de la Saussaie. (*Institut archéologique de Rome*, t. XV.)

Gusseme, *Diccion. num.* : DVBNDCON ↻ DVBNOREIX.

Types : tête de femme; au revers, figure en pied tenant de chaque main une tête d'homme.

Il s'agit, à n'en point douter, d'un Dumnorix.

Autun archéolog., p. 98 :   LICNOS CON
                              Licnos   Con-

TEXTOS. IEVRV
textes   a fait

ANVALLONACV
à Anvallonacos

CANECOSEDLON
de   butin chapelle.

Anvallonacos est pour moi le dieu des plantations de pommiers, et l'éponyme d'Avallon, petite ville de la Bourgogne.

Près de Saulieu (*Sidolocus*), village de Pierre-Ecrite, sur la grande route de Saulieu à Autun, existait ou existe encore un bas-relief à inscription indéchiffrable. *Sujet* : Quatre personnages nus, deux grands derrière, deux petits devant. Le grand, à droite du spectateur, tient une cognée ou un marteau ; le petit, à gauche, un tour. Travail affreusement grossier, nullement hideux. On a imaginé, entre autres, que c'était le tombeau de toute une famille. C'est possible ; mais pourquoi sont-ils nus ? honneur le plus habituellement réservé aux divinités. Est-ce gaulois ? est-ce burgonde ? (Voy. Courtépée, *Description de la Bourgogne*, t. VI.)

Il y a une médaille à apparence éduenne qui porte ces quatre lettres : sial (n° 565 de Duchalais).

Duchalais cite une conjecture de M. Maynaerts qui me paraît bien séduisante. C'est d'y voir les Sèdles, clan des Eduens, mais inconnu, chef-lieu *Sidolocus* (Saulieu). Cette formation contracte au lieu de *Sidlolocus*, pourrait s'appuyer sur ce qui se voit à chaque instant dans les bardes les plus anciens.

On a trouvé à Marmagne, au sud d'Autun, village qui maintenant ne fait qu'un avec le Creuzot, un bas-relief représentant grossièrement deux bustes de nymphes, têtes nues, épaules nues, chacune une pomme à la main. Sous ce monument se trouve une inscription que l'auteur d'*Autun archéologique* lit : IVLIO MELLOB.

Millin, qui l'a publié le premier (pl. 28 du *Voyage dans le midi de la France*), donne un *fac simile* sur lequel j'ai cru lire en lettres cursives : *Rivos magom*.

Ce n'est point un tombeau, selon toute apparence.

Je n'ai rien à dire sur la traduction, le texte étant tout-à-fait douteux. Je me contente d'appeler l'attention sur cette singulière inscription.

D. n° 346 :   AVALLO.

Latin ou gaulois? Il s'agit d'Avalon, ou du dieu d'Avalon, ou du clan Avallonique, ou du dieu Anvallonicos (voy. l'inscription *Licnos*, p. 37).

Nous arrivons à l'inscription trouvée près de Volnay (Côte-d'Or), non loin d'une source intermittente.

M. ROGET DE BELLOGUET, *Glossaire gaulois*, p. 204 :

ICCAVOS. OP
Iccavos   d'Op-

PIANICNOSIEV
ianus fils   a fa-

RV BRIGINDONa
it   à Brighindona

CANTABOIXet.
chants sacrés et bœuf.

J'interprète : *Brigind-ona* (montante-fontaine). Dans la dernière ligne, B, IX. sont fortement endommagées; par conséquent, la traduction peut se définir : *Conjectures entées sur une conjecture*. Néanmoins, provisoirement, je divise cette ligne en trois mots : CANTA, *accusatif pluriel neutre* (chants); XET, *enclitique*, et; BOI, *accusatif singulier neutre*, signifiant littéralement : *sacrifice d'un bœuf*, comme *taurile* latin dans le mot *suovetaurilia*. Ce n'est point ma faute si les radicaux *can* et *bo* ou *bû* n'ont point d'autre sens que *chanter* et *bœuf* dans tous les idiomes néo-celtiques.

Je joins ici l'inscription de Nevers.

Sainte-Marie, *Recherches historiques sur Nevers*, p. 8 :

AN DE
CAMV
LOSTOITI
SSICNOS
IEVRV

Lisez : *Andecamoulos* (nom propre); *Toitissicnos* (fils de Toitissès); *ieourou* (a fait). M. Née de la Rochelle (*Mémoires pour servir à l'histoire du département de la Nièvre*) cite une autre traduction qui, si elle n'est point exacte, a au moins le mérite d'être beaucoup plus intéressante : « Nous étions voués à Mars victo- » rieux et saint. Que Jésus nous protége maintenant! » Cette inscription a été trouvée à Nevers en 1492; elle y était encore vers 1820, dans la cave d'un pharmacien.

Andecamoulos est composé du préfixe *andé*, qui signifie *en avant*, et par extension, *vainqueur*; et du mot *camoulos*, dont je ne cherche point ici l'étymologie, mais qui, comme nom propre, signifie le *Mars gaulois*. C'est donc quelque chose comme *Louis, Ludovic, Clovis* ou *Hlutowiges*, dont Ermoldus Nigellus, poète souabe du temps de Charlemagne, a donné l'explication :

Nempe *Hluto* præclare sonat, *Wiges* quoque Mars est.

Ce nom d'*Andecamoulos* doit être rapproché aussi de l'inscription latine d'Orelli, n° 1804 : *Numinibus Augusti fanum Plutonis* ANDECAMULENSES *de suo po-*

suerunt. Je crois que ce mot peut signifier : « Les
» guerriers victorieux, les auxiliaires gaulois de retour
» dans leurs foyers. » D'Anville y a vu, peut-être avec
vérité, les habitants d'une bourgade inconnue, *Andecamulum,* qui a été fixée depuis lors sur toutes les
cartes des Gaules, à l'endroit où l'on a trouvé cette
inscription, dix lieues environ au nord de Limoges.

Toitissicnos est peut-être mal écrit, ou mal lu, ou
dialectique pour *Toutissicnos. Tooutissès* aurait l'avantage d'avoir un sens à peu près sûr, celui d'adorateur
de Teutatès.

J'ai placé un peu au hasard Nevers sur le territoire
éduen. J'aimerais à pouvoir me persuader que son
inscription est en dialecte boïen. On sait par César
qu'il avait établi entre les Éduens et les Arvernes, sur
les terres des premiers, les débris de ce peuple errant,
qui venait en dernier lieu des environs de Saltzbourg
et Innspruck. Mais j'avoue que l'on peut hésiter pour
Nevers entre les Boïens, les Eduens, les Sénones et
les Bituriges-Cubi. De plus, dans le cas où Strabon ne
se serait point grossièrement trompé en faisant les
Mandubiens limitrophes des Arvernes, il faudrait attribuer Nevers à l'un ou l'autre de ces deux peuples.

D. nos 460 à 469 :   PIXTILOS ñ PIXTILOS

Attribuées aux Éduens, vu leur provenance, leur type,
leur extérieur. Le type constant est une Vénus. Il est
possible que *Pixtilos* soit un des noms ou surnoms de
la Vénus gauloise; il est possible aussi que ce soit
un nom propre d'homme. Témoin Gruter, p. 90, a :
PISTILLVS a QVINTVS a MALAXVS, etc.

On trouve encore en assez grand nombre des médailles gauloises ayant aussi pour type une Vénus avec l'inscription : ROVECA ῆ POOYIKA. J'incline à y voir un mot composé de *rho* (trop, très); *ouica* écrit VICCA sur des médailles pannoniennes; mais je ne vois point quel sens on peut donner à *ouica*. S'il fallait prendre un parti, je renoncerais à plusieurs mots néo-celtiques où l'on peut présumer le radical gaulois VIC. J'irais en chercher un autre qui est précédé d'une très forte gutturale aspirée, en bas-breton *c'houéz*, et qui signifie *suave, doux;* car je crois que les Gaulois évitaient de représenter par l'écriture les aspirations de leur idiome. On aurait ainsi une famille de trois mots :

VICCA, prononcez χουικκα, *douce.*
SVICCA, *bien douce.*
ROVICA, *très douce.*

Sur un vase de bronze trouvé à Conchey, près de Dijon. M. de Belloguet, *Ethnogénie gauloise,* p. 198, identique à plusieurs autres copies publiées et non publiées, texte certain :

DOIROS	SEGOMARI	IEVRV	ALISANV
les esclaves?	de Ségomar	ont fait	à l'Alisien.

Ce qui veut dire *au dieu d'Alésia,* incontestablement l'Hercule gaulois; car il est impossible que tout soit inexact dans le curieux passage de Diodore de Sicile sur cette ville.

Il peut sembler étonnant que je traduise *i euru* tantôt par le singulier et tantôt par le pluriel. Je crois que cela tient à l'existence, chez les Gaulois comme dans tous les idiomes néo-celtiques, d'une espèce de conjugaison sur laquelle je m'expliquerai plus au long dans la deuxième partie de cet ouvrage. Il y a dans nos textes gaulois un nombre suffisant d'exemples pour prouver qu'il ne faut point traduire : *Doiros, fils de Ségomar*. Notre texte porterait SEGOMARICNOS. D'un autre côté, *doir*, qui signifie *esclave* en très vieil irlandais, est de la déclinaison imparissyllabique, dont le pluriel nominatif est toujours en *os*, comme le montrent un grand nombre d'exemples.

Je ferais un article à part pour les Mandubiens, et j'y placerais la célèbre inscription d'Alise-Sainte-Reine, si j'avais la conviction qu'Alise est bien l'emplacement d'Alésia. Il y a certainement quelques probabilités pour cette attribution ; mais ce n'est point ici le lieu de traiter cette question, qui me semble devenir plus obscure à mesure qu'on travaille à l'éclaircir. Il y a un *fac simile* dans les Mémoires de la Commission d'archéologie de la Côte-d'Or et dans la dissertation de M. Rossignol, intitulée l'*Alésia de César*. La lecture est certaine, bien qu'il s'y trouve des lettres liées et un défaut de la pierre entre les deux derniers mots.

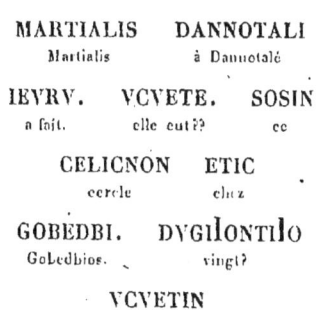

C'est-à-dire : « Martial a érigé ce tombeau à Danno-
» talé. Elle fut prêtresse de ce temple de Gobedbios.
» Vingt le furent avant elle, à Aliséa. »

Quoiqu'il semble au premier abord qu'Aliséa ne puisse guère être le même lieu qu'Alésia, il faut dire que les voyelles *I* et *E* se permutent d'une manière inextricable dans une foule de mots gaulois qui nous sont donnés par les anciens. Entre autres, Bilinos des médailles devient *Bélěnus* dans Ausone.

Quel est ce dieu Gobedbios? Ce mot me semble signifier *forgeron*. C'est peut-être Teutatès, plus difficilement Ogmios. Les Gaulois, d'ailleurs, avaient un Vulcain comme les Romains, auquel il est plus naturel de rapporter ce nom, si je l'ai bien interprété. Il n'est point défendu non plus d'y voir quelque chose d'analogue au Thor scandinave, un dieu du tonnerre forgeron. En conscience, on ne peut faire que des conjectures très hasardées.

On connaît, par une inscription latine, l'existence à Alise d'un portique dédié au dieu Moritasgus.

On peut conjecturer, d'après le sens bien connu du mot gaulois *mori* (mer), que c'était le Neptune gaulois, et on pourrait se tromper. Le mot de Lucien, que l'Hercule gaulois est noir et hâlé comme un vieux matelot, peut être apporté comme indice que Lucien faisait allusion à quelque nom de ce dieu, dans lequel pouvait entrer l'idée de mer. J'ai essayé de trouver dans *tasgos* quelque sens indiquant un rapport de parenté. Il y a bien le bas-breton *tad-koz* (père vieux, *i. e.* aïeul). Mais j'ai peine à croire que le mot gaulois signifiant *aïeul* n'ait pas été plus long d'une désinence tout au moins. *Taskos* signifiait *pieu* chez les Galates d'Asie, ressemblance très grande et probablement trompeuse. Je ne nie point absolument que le dieu Moritasgus ne puisse être le même qu'Ogmios. Bornons-nous, pour le moment, à dire que c'est aussi un nom d'homme connu par César. Rappelons un mot de la même famille, Tasgetios d'une médaille chartraine, et *Tasgetius*, chef chartrain connu aussi par César. Et surtout recueillons le texte relatif au dieu Moritasgus.

Orelli, *I. S.*, n° 2028 : *Ti(berius) Cl(audius) Professus Niger omnibus honoribus apud Aeduos et Lingonas functus deo Moritasgo porticum testamento poni jussit suo nomine, Juliae Virgulinae uxoris, et filiarum Juliae Professae et Julianae Virgulae.*

Si l'inscription gauloise et l'inscription latine avaient été trouvées à peu près au même lieu, on pourrait conjecturer que Moritasgus et Gobedbios sont le même dieu ; mais il paraît que les deux endroits sont au contraire aux deux extrémités des ruines antiques.

Si Alise-Sainte-Reine était vraiment la capitale des Mandubiens, pourquoi ce Professus Niger a-t-il été élevé aux honneurs dans les deux cités voisines et non dans la sienne? Il est facile de répondre que ce petit peuple était, ou très peu important, ou réduit à la condition d'un *pagus* démembré entre deux cités.

LINGONES.

Mémoires de la Commission des antiquités du département de la Côte-d'Or, t. II, pl. 10 :

DEAE SEQVANA RVFVS DONAVIT

Sur un vase en terre cuite, dans les ruines du temple de la Seine, bâti sur la principale source de cette rivière.

Je ne crois pas qu'il faille attribuer ce datif en *A* long à une faute de l'écrivain. On le retrouve sur plusieurs inscriptions latines ; et, à ma connaissance, ce sont toujours des noms propres gaulois. De plus, ici, la quantité est marquée, et l'exemple me paraît décisif.

DAE se lit au-dessus de l'épaule droite de la Seine, représentée en bas-relief. M. H. Baudot, l'auteur du rapport, pense que sur l'épaule gauche il y avait la suite de cette inscription.

DA ... IQVANAE nous est donné par l'inscription d'un autel offert à la déesse par une MARLOSAMA IVMILEI FILIA.

Bien que cette inscription soit en partie effacée, et que les caractères qui restent ne soient pas faciles à déchiffrer, j'y vois une preuve que la déesse s'appelait *Daé Sequana* ou *Siquana*. *Daé* me paraît un adjectif féminin qui, d'après les idiomes néo-celtiques, ne peut signifier que *bonne*. Le dieu Daeus Arardus est de même le bon Arardus. Je crois qu'il ne faut plus songer à y voir une faute d'orthographe pour *Deus*.

SEQUANI. (En gaulois : *Séquouanis.*)

D. nos 434, 435 :   ῇ) SEQVANO ... OS (*var.* : SEQNOIO TVOS)
des Séquanes conservateur.

Si j'ai entendu *tuos*, peut-être s'agit-il de Marc-Aurèle, qui avait mis fin à des troubles de Séquanie invétérés et sérieux. Voyez l'*Histoire d'Auguste* et l'inscription latine qui suit (*Origines de la commune de Besançon,* par Auguste Castan, p. 6) :

IMP. CAES. AVG
M. AVR. ANTONI
NO. ET. L. AVR. VERO
CIVES. VE

L'inscription qui suit, quoique latine, ne manque point d'intérêt à cause des noms de *Vesonté,* déesse éponyme de Besançon, et de *Catulle,* qui se trouve être à la fois *Séquane* et *Véronais,* c'est-à-dire *celtique* et *cisalpin.* Cette inscription paraît perdue ; Orelli doute un peu de son authenticité, à tort, selon moi.

VESONTI. CODDACATVS CATVLLI FIL. V. S. L. M.

Remarquez le radical κατν, qui commence le nom du fils et finit celui du père. M. Zeusz, après beaucoup d'autres, y voit une racine gauloise qui signifie *bataille.* Je ne pense même point qu'il soit possible de conjecturer un autre sens. Cette famille de mots est très riche dans les noms de lieux, de peuples, d'hommes et de dieux gaulois. Elle ne l'est guère moins en mots signifiant *bataille* et *se battre* dans les idiomes néo-celtiques. Je citerai seulement le bas-breton : *kâd* (combat), *kâdarn* (brave), *kâdir* (champ de bataille), *kâdlann* (idem), *kâdour* (guerrier). Tout cela forme un ensemble d'indices que je trouve équivaloir à la presque certitude.

HELVETII.

D. n° 373 : ATPILI. II ℞ ORGETIRix
à Atépilé (déesse? Orgétorix (*orgétos*, aimé ; *rix*, roi).

Au droit : tête jeune, imberbe, diadémée… le cou est entouré d'une draperie.

D. n° 494 : ATPILi ℞ Point de légende.
Au droit : tête jeune, imberbe.

D. n° 448 : TOVTOBOCIO ℞ ATEPILOS
de Tooutobocos Atépilos (dieu?)

Au droit : tête imberbe; au revers : lion marchant.

Dans *Atpila* et *Atepilos*, je vois le préfixe *até* parfaitement établi par M. Zeusz, comme réduplicatif et intensitif; j'ignore si le second élément est *épilos*, diminutif d'*épos* (cheval). *Tooutobocio* est beaucoup plus curieux. C'est le génitif à peu près certain de *Tooutobocos*, en latin *Teutobocchus*, nom propre bien connu pour être celui du roi des Teutons, traîné en triomphe par Marius. Celui de la médaille est probablement tout autre. Mais il n'en est pas moins curieux de trouver un nom presque identique chez les Teutons et chez les Gaulois. *Atpilé* est, je pense, une déesse; il est possible que l'initiale *II* soit celle d'*Épona*, la déesse gauloise des chevaux et des écuries. *Atépilos* me paraît un nom de dieu.

D. n° 374 :   COIOS ꝃ   ORCITIRIX
  le dieu du pays   Orgétorix.

Coïos me semble un adjectif formé du préfixe co. CON. COM. C'est le nom bien connu d'*Orgétorix*, chef des Helvètes, dans César, celui qui voulait renouveler la migration des Cimbres, qui fait attribuer toutes ces pièces aux ancêtres des Suisses.

Une des superstitions gauloises les plus attestées par les pierres est celle des divinités locales. On trouve une définition très claire, quoique concise de leurs attributions dans une inscription du pays de Vaud, provenant du bois de Vaux, près de Vidy, aujourd'hui au musée de Lausanne. Plus un texte semblable est important, et plus il faut se défier d'être la dupe de quelque fraude. Celui-ci, malgré ses obscurités, semble parfaitement authentique. Je le donne d'après M. Mommsen (*Inscriptiones Confœderationis Helveticæ,* n° 134) :

BANIRA. ET. DONINDA. I...
DAEDALVS. ET. TATO. ICARI. FIL.
I. SVLEIS SVIS QVI CVRAM
VESTRA AGVNT IDEN
·CAPPO   ICARI I

« *Descripsi; sincera omnino.* — I... *potest fuisse* ET.
» — SVLFIS *priores; mihi visum est* SVLEIS *i. e.*

» sulevis. — *Fin*. I *fuerit* L *potius quam quod priores*
» *habent* F, *quam litteram lapis non admittit.* »

Je ne réponds pas que *Banira* et *Doninda* soient ici
deux datifs gaulois; mais je trouve que la traduction
la plus naturelle est celle qui suit : « A Banira et à
» Doninda, d'Idène. Dédale et Tato, fils d'Icare, à
» leurs Sulées (ou *Sulèves*) qui ont soin de vous, gens
» d'Idène; et Cappo affranchi d'Icare. »

Cette inscription a eu, dans son temps, une espèce
de célébrité. Elle a été souvent citée, souvent commentée, et, pour ce qu'elle a d'important, toujours
comprise de la même manière. Ce sont bien les divinités à la fois locales et domestiques, les *Suleviæ* des
bords du Rhin, les *Elfes* de la mythologie scandinave et
allemande, analogues aux *matræ*, *matronæ*, etc., et
néanmoins distinctes. Il est même probable que c'est
cette inscription qui a fourni aux rose-croix leurs
sylphes et leurs sylphides; car, avant M. Mommsen,
tout le monde y avait lu SVLFIS.

Il faut supprimer Mercure *Maponus* ou *Marunus*
de la liste des dieux gaulois, et lire *Matutinus* avec
M. Mommsen (nos 243 et 246 de ses *Inscriptions de la
Suisse*). *Matutinus* est du reste un de ces mots nombreux qui peuvent avoir été à la fois latins et gaulois.
En effet, notre mot *matin* est écrit *matin* dans une ancienne glose irlandaise. Un Mercure *matinal* me semble
tout ce qu'il y a de plus naturel et de plus simple; je
m'étais pourtant imaginé avoir deviné le véritable sens
de *Marunus*, et j'ai vivement regretté que ce mot ne
fût pas écrit sur l'inscription de Zurich, où on croyait
l'avoir lu.

ALLOBROGES. (En gaulois : *Alabrogheos?*)

D. nos 32-34 :   NIDE ꝶ ALABbOΔIIOS
                ...IDOI-XO ꝶ .... VBbOΔ...

Ce sont tout-à-fait les mêmes médailles. L'explication des revers : *les Allobroges*, est de M. de la Saussaye. Le mélange bizarre des deux alphabets, grec et latin, semble ici indiquer un système d'écriture ayant pour but de rendre tous les sons de la langue gauloise.

Quant à *Nidé*, le type du droit étant une tête féminine, il est possible que ce soit le nom d'une déesse. Je trouve NID. sur une inscription latine d'Orelli (*Suppl. Henzen*, n° 5242), qui ne me semble pas beaucoup plus claire que la légende allobroge. Cette inscription provient de Cassel, faubourg de Mayence. Elle est sur le socle d'une statuette de Junon en bronze, conservée au musée de Wiesbaden. Du même endroit provient un autre socle dédié à Jupiter, sur lequel on distingue quelques lettres ; il est au musée de Mayence. Voici les deux textes l'un sous l'autre :

Jun(oni) reg(inæ) plat(ea) dex(tra) eunti Nid... etc.
J(ovi) O(ptimo) M(aximo) plat(ea) dext(ra) e. n. N. etc.

N'est-il pas permis, en attendant des renseignements plus complets, de conjecturer qu'il y avait à Cassel un temple de Nidé.

Est-il possible de deviner, d'après le sens probable de ce mot, les attributions de cette divinité inconnue?

Sans aucun doute on le peut, mais à la condition de s'exposer à se tromper. D'après l'analogie des idiomes néo-celtiques, *nidos* pouvait signifier *nid* en gaulois. On peut, si l'on veut, y voir la Léda grecque, d'autant plus que Tacite nous assure que la fable entière de Castor et Pollux se retrouvait de son temps dans le cœur de la Germanie; nous savons encore par les monuments, et par Diodore de Sicile, que les divins gémeaux étaient très adorés en Gaule. Mais affirmer que *nidé* voulait dire *couveuse*, me semble dépasser les bornes que doit toujours s'imposer une saine critique. Il faudrait même oublier que ce mot peut bien être incomplet sur la médaille, comme il l'est sur les statuettes de Cassel. D'ailleurs, nous n'avons aucune certitude que *nidé* de la médaille soit un nominatif féminin; ce peut être aussi un datif masculin. L'un et l'autre me semblent indiqués par un nombre à peu près égal d'exemples.

Toutes les étymologies sont, à mon avis, plus ou moins incertaines. Pourtant, je ne puis quitter notre Dauphiné sans donner celle de *dauphin*. Ducange a établi que le titre existait avant qu'il y eût des armoiries; c'est déjà avoir démontré que les dauphins n'ont point tiré leur nom des dauphins peints sur leur écu. *Dadl* nous est donné par les gloses cambriennes d'Oxford et par la comparaison d'une foule de mots de cette famille comme signifiant *curia* (sénat municipal); *penn* signifie *tête, sommet* (identique au latin *penna, pinna?*) dans le plus ancien cambrien. *Dal-phenn?* est le composé possible de ces deux mots, d'après des règles indubitables, et signifie *chef de sénat*. Ce mot, qui ne se trouve pas en Grande-Bretagne, existe comme nom propre en Gaule, à une époque assez reculée. *Dalphinus,* archevêque de Lyon, est mort en l'an 661.

On peut choisir entre cette étymologie et une autre, qui nous est donnée par un chroniqueur du moyen-âge. Je n'ai point pu remonter à une source plus ancienne. C'est bien certainement copié, comme tout le reste. L'auteur de ce renseignement, que je trouve à la fois curieux et inexact (c'est peut-être le contraire), est Ipérius, compilateur forcené, comme presque tous ses semblables : « A cette occasion, dit-il, notez que » vers la Bourgogne il y a des princes qui se nomment » Dauphins (*Dalphini*), comme le Dauphin de Vienne, » le comte Dauphin d'Auvergne, dits ainsi parce que » leurs prédécesseurs ont été rois. Car *Dauphin* c'est » *roi détroné* et *Dauphins* ce sont *rois détronés.* » (D. Bouquet, t. X, p. 299, D.)

SEGUSIAVI. (En gaulois : *Ségousiaous?*)

D. n° 377 :   SEGVSIAV S Ŗ ARVS

Il manque peut-être une lettre au droit; pourtant, je n'en crois rien. J'expliquerai un peu plus loin pourquoi je conjecture que ce nom de peuple peut se traduire par *ardents à la poursuite,* ou peut-être *victorieux.*

Les additions à la loi *gombette* nomment deux espèces de chiens : *segutii* et *veltrai.*

On peut rapprocher le passage suivant du *Traité de la chasse* d'Arrien : « (Les chiens courants) se nom-

» ment Egousiai (Ségousiai) du nom d'un peuple Gau-
» lois, où, à mon sens, on a commencé à les élever et
» à les éprouver (1)... Quant à leurs chiens aux pieds
» légers (lévriers) les Gaulois les nomment Vertragoi,
» non point d'aucun peuple, comme nous disons les
» chiens Crétois, les Cariens, les Laconiens, mais de
» leur qualité distinctive, de même que nous distin-
» guons les Crétois en travailleurs, en rapides, et
» entre-deux, de même les Vertragoi sont ainsi nom-
» més de leur agilité (2). »

Ver et *trag*, les deux éléments de ce mot, se retrouvent dans tous les idiomes néo-celtiques. M. Zeusz a établi d'une manière qui me semble presque certaine que *ver* veut dire *excellent*, et *tragoi*, *pieds*. On trouve *Vertragus* dans Martial (XIV, 200).

« Non sibi sed domino venatur Vertragus acer. » *Vertraha* dans Gratius; *Veltrai* dans les additions à la loi gombette; *Veltris* dans la *Vie de Charlemagne*, par le moine de Saint-Gall, etc.; *Vaultre, Veaultre, Viaultre*, etc., en langue d'oïl; *Guilter*, d'après une permutation constante dans le vocabulaire breton de 882. Les deux éléments de ce mot se retrouvent dans les idiomes tudesques. Il y a mieux; ils sont presque identiques dans le gothique d'Ulphilas; et du gothique

---

(1) Καλοῦνται δὲ Ἐγούσιαι (Σεγούσιαι?) αἵδε αἱ κύνες, ἀπὸ ἔθνους Κελτικοῦ τὴν ἐπωνυμίαν ἔχουσαι, οὗ πρῶτον, ὥς γέ μοι δοκεῖ, ἔφυσάν τε καὶ εὐδοκίμησαν.

(2) Αἱ δὲ ποδώκεις κύνες αἱ Κελτικαὶ καλοῦνται μὲν οὐέρτραγοι φωνῇ τῇ Κελτῶν, οὐκ ἀπὸ ἔθνους οὐδενός, καθάπερ αἱ Κρητικαὶ ἢ Καρικαὶ ἢ Λάκαιναι, ἀλλ' ὡς τῶν Κρητικῶν αἱ διάπονοι ἀπὸ τοῦ φιλοπονεῖν καὶ αἱ ἰταμαὶ ἀπὸ τῆς ὀξέος καὶ αἱ μικταὶ ἀφ' ἀμφοῖν, οὕτω δὲ καὶ αὗται ἀπὸ τῆς ὠκύτητος.

(Ces deux citations sont tirées de l'édition Taubner, *Arriani scripta minora*, Κυνηγετικός, 3, 4.)

à l'allemand (*thragjan, treten*), il y a le même changement que de l'irlandais au cambrien (*traig, traed*).

Pour en revenir aux Ségusiaves, appelés vulgairement *Ségusiens*, c'est M. A. Bernard qui leur a rendu leur véritable nom. Je me contente de renvoyer à une dissertation très importante et très remarquable, que ce savant a insérée au tome XVIII des *Mémoires de la Société des antiquaires de France*, après y avoir puisé, comme Duchalais et M. Henzen, tout ce qui était de mon sujet.

Le revers de la médaille ou monnaie ségusiave représente indubitablement l'Hercule gaulois ou Ogmios, tel qu'il est décrit par Lucien, sauf les chaînes qui sortent de sa bouche pour s'attacher aux oreilles de ses auditeurs, chaînes que M. Hucher (*Revue de numismatique*, 1850, pl. 3) reconnaît sur d'autres médailles. La légende ARVS, dont la désinence ressemble à ESVS de Paris, est peut-être une épithète de ce dieu. Les anciens nous ont donné l'explication de plusieurs mots gaulois commençant par *ar*.

1° *Arar*. La Saône tire son nom de sa jonction avec le Rhône (1). M. Zeusz repousse cette étymologie. Néanmoins, le radical *ar* (ajuster, réunir), n'est pas moins celtique que grec et latin. *Arous* peut signifier *celui qui réunit, orateur*. Mais, loin de garantir ce sens, je le trouve excessivement douteux.

2° *Ar* et *aré*. Le petit appendix à l'*Itinéraire de Bordeaux à Jérusalem* nous dit expressément que ces deux

---

(1) Τὴν προσηγορίαν δὲ εἰληφὼς παρὰ τὸ ἡρμόσθαι τῷ Ῥοδάνῳ (Callisthènes, cité dans le *Traité des fleuves* attribué faussement à Plutarque par les manuscrits).

mots signifient *devant*. Je donne ces textes dans leur entier à la fin des peuples gaulois.

3° *Arepennis*. Columelle nous apprend que c'est le nom d'une mesure de terre chez les Gaulois. C'est de là que nous vient notre mot ARPENT, qui ne se retrouve dans aucun des dialectes néo-celtiques. Je n'ai pu parvenir à décomposer ce mot d'une manière supportable, et j'ignore si d'autres ont été plus heureux.

Dans les noms gaulois de divinités et d'hommes, et dans les sources rassemblées méthodiquement par M. Zeusz, je n'ai trouvé de même, pour expliquer *Arous*, que l'incertitude qui provient de l'embarras des richesses.

Il y a une divinité gauloise qui paraît avoir été assez populaire dans tout l'est de la France actuelle, à en juger par le nombre des inscriptions qui nous font connaître son existence. Elles proviennent de Culoz (Ain), Arinthod (Jura), Nuits (Côte-d'Or), Lyon et Contes (Alpes-Maritimes).

Inscription de Culoz, dans *Revue archéologique*, t. IX, p. 315 :

N. AVG	
DEOMAR	N(umini) aug(usto)
TI. SEGOM	deo Marti
ONIDVN	Segomoni Dunati
ATICASSI	Cassia Saturnina?
ASATVR	ex voto
MINAEXVOTO	v(otum)s (olvit) l(ubens) m(erito)
VS. L. M	

Inscription d'Arinthod, dans *Annuaire du Jura pour l'an* 1852, pl. 1 :

>   MARTI SEGO
>   MONI SACR
>   VM PATERNVS
>   DAGVSAE F.
>   V. S. L. M

Inscription de Nuits, dans *Autun archéologique*, page 262 :

>   GALLIOL
>   MATVRCI
>   V. S. L. M. DEO
>   SEGOMONI DONAVI

Gravée au pointillé sur le socle en bronze d'une statuette d'âne, cheval ou mulet, d'un travail barbare. Cette offrande à Ségomon a été rapprochée par M. Léon Renier d'une inscription de Craon, département de la Mayenne, donnant à Mars le surnom unique de *muletier* : *Aug(usto) Marti Mulion(i) Tauricus*, etc. (B. n° 306).

Inscription de Lyon restituée d'après une autre inscription du même personnage. Je copie presque entièrement le texte proposé par M. Léon Renier.

>   *Roma et Augusto et* marRTI. SEGOMONI. SACRVM
>   ex stipe   ANNVA
>   q. adginnius   urBICI. FIL. MARTINVS
>   Sequanus   sacERDOS. ROMAE. ET. AVG
>   . . . . et m.   nerATIO. PANSA. COS
>   postulante   ciVITATE. SEQVANORVM
>   tres   provinciaE GALLIAE. HONORES
>   *propugnatoribus*   SVIS DECREVERVNT

Borghesi a prouvé par d'autres inscriptions qu'un M. Nératius Pansa a été consul subrogé sous le règne de Vespasien. C'est, je crois, le seul exemple historique du surnom de *Pansa* sous l'empire. M. Léon Renier voit dans cette inscription (et cette conjecture peut passer pour une presque certitude) un souvenir de la victoire des Séquanes sur le Lingon Julius Sabinus, aujourd'hui moins connu que sa femme Eponine, bien qu'il ait eu l'ambition de transférer aux Gaulois l'empire des Romains. Adginnius eut l'honneur de mettre son nom à ce monument parce que ses compatriotes avaient arrêté Sabinus au début de son entreprise. On trouvera de nombreuses variantes dans les diverses éditions de ce fragment d'inscription. Le texte que je donne est celui de la plus ancienne copie. Aujourd'hui la pierre ne se trouve plus. L'autre inscription d'Adginnius, également égarée, n'a qu'un seul texte : *Jovi o(ptimo) m(aximo) Q(uintus) Adginnius Urbici fil(ius) Martinuo Seq(uanus) sacerdos Romæ et Aug(usti) ad aram ad Confluentes Araris et Rhodani, flamen, duumvir in civitate Sequanorum.*

Je me suis servi de la nouvelle édition de Spon (*Ville de Lyon*), où se trouvent les additions de M. Renier, et des *Origines de la commune de Besançon*, par M. Auguste Castan.

Inscription de Contes, dans les *Mémoires de la Société des antiquaires de France*, t. XX, p. 58 :

SEGOMONI	EGOMONI
CVNCTINO	CVNTINO
VIC. CVR.	VIC. CVN.
P.	P.

Telles sont les deux lectures reproduites par M. F. Bourquelot. Les *Cunctini* étaient-ils Gaulois ou Ligures? Leur habitation semble indiquer des Ligures, leur dieu Ségomon, des Gaulois. Dans tous les cas, cette épithète est bien certainement locale, et il doit en être de même de *Dunas* à Culoz. Bien est-il vrai en même temps que *Dunas* peut avoir eu un sens plus général. Il semble dérivé de *Doûnon* (lieu élevé), selon l'auteur ancien du *Traité des fleuves*. Il est presque identique à l'irlandais ancien *Dunattae, castrensis,* de *dun, castrum,* cité par M. Zeusz.

Il n'y a que des indices du sens probable que nous pouvons conjecturer pour l'épithète *Ségomon*. En très ancien irlandais, le radical *sech* signifie *suivre*, comme *sequ* en latin (*sechitir*, glose de *sequuntur*. Z.). Dans l'*Ane d'or* d'Apulée (liv. VII), des brigands de Thessalie sacrifient un bouc à Mars Poursuiveur et Compagnon. *Unde prælectum grandem hircum, annosum et horriconem, Marti* Secutori *Comitique victimant.* Ces deux rapprochements pouvant être trompeurs, et n'ayant point ensemble la valeur d'une preuve, voyons si le même sens peut se retrouver dans les mots assez nombreux qui nous offrent le même radical gaulois *ségo*.

Le nom propre de deux inscriptions gauloises, *Ségomâros*, au génitif *Ségomâri*, nous donne le sens *en poursuites-grand*. *Mâros* (grand), bien qu'il ne soit pas donné par les anciens, offre néanmoins tous les caractères réunis d'une probabilité approchant de la certitude.

Sigovesus de Tite-Live signifiera *en poursuites-sage*; le second élément, conjectural comme le premier, néanmoins assez probable, est adopté par M. Zeusz.

Segonax de César s'explique moins facilement.

Segusiavi des inscriptions latines, *Segusiavs* de la médaille gauloise, *les poursuiveurs*.

Segovii et *Segusini* de l'arc triomphal de Suze, même sens. Leur capitale, *Segusio* (Suze en Piémont), mot dérivé du nom du peuple.

Segovellauni, ou *Ségovellani*, ou *Sagalauni?*

Poursuité et *Victoire* ayant à peu près le même sens, on peut traduire les *victorieux* avec une probabilité presque égale. Et ce sens dérivé conviendra seul à plusieurs noms de villes.

Segubia (victorieuse).

Segesta (victorieuse).

Segustero (Sisteron de Provence, victorieuse).

Segortia lacta.

Segontia paramica.

Segobriga (en victoires-puissante).

Segorigia (des victoires-demeure royale).

Segodunum (des victoires-mont).

Segisama (de la victoire-dame ou déesse), et *Segisamunculum*, diminutif? du précédent.

Ce radical est presque identique à *sigo, sig, sieg* (victoire) de tous les idiomes tudesques, mot de la plus haute antiquité, comme le montrent le nom propre *Sigurd* en Scandinavie, et *Sigfrit* en Germanie.

Chacun de ces rapprochements, pris à part, est douteux; je ne fais aucune difficulté de l'avouer. Ensemble, ils forment un faisceau dont la force de résistance me semble considérable. J'ai d'ailleurs eu soin de rassembler tous les mots, sans exception, qui sont parvenus à ma connaissance. Il faut que ces sortes de listes soient aussi complètes que possible, sans quoi elles ne sont plus qu'un jeu d'enfant ou une tromperie volontaire.

On trouve, principalement dans l'est de la France, des médailles qui ont pour type un œil au droit. Quelques-unes ont des légendes.

D. nos 490, 503 : VOCARAN ι̃) VOCARANA
LVCCOTINA

Luccotina peut signifier en gaulois *lumineuse*. C'est peut-être un nom de femme. Il n'est pas impossible non plus que ce soit la divinité présidant à la vue, ou la justice divine (une Némésis gauloise?), plus difficilement la providence ou la conscience, idées peut-être trop relevées pour nos ancêtres païens. On lit *LVC. DIVINAE* sur deux inscriptions de Placencia, en Estramadure, données par Orelli, et qui ne peuvent guère se traduire par *Lucina*.

L'autre légende peut se traduire : *Aux deux déesses Vocara, Vocarana*. Mais c'est peut-être le même nom propre de femme répété deux fois : *Vocarana, Vocarana*. Je ne trouve rien à rapprocher de ce mot, dont la racine m'échappe tout-à-fait, soit dans les langues néo-celtiques, soit dans les renseignements donnés par les anciens.

Une autre médaille *à l'œil* porte au revers ces deux lignes :

SELISV
C

Selisu signifie peut-être *au voyant*, ce qui rentre dans le sens que j'ai trouvé à *Luccotina*. Malheureusement, la lecture n'est point certaine. Duchalais hésite entre *Gelisu* et *Selisu*. Les lettres sont gravées en creux ; ce qui indique très probablement qu'elles ont été ajoutées au burin.

VOCONTII. (En gaulois : *VOCVNT...*)

D. n° 647 :   ROVV   ꝶ   VOCVNT *(variante :* RAVV   ꝶ   CNVOI*)*

La légende *Vocunt,* découverte par M. de la Saussaye, est le nom du peuple avec deux ou trois lettres de moins. Quant à *raw* ou *rovv,* je ne crois point qu'il faille l'identifier aux légendes de certaines médailles gauloises qui se trouvent en abondance dans presque toute la France, et qui a uniformément pour type une Vénus : ΡΟΟΥΙΚΑ ꝶ ROVECA. Déjà, sans aucune preuve, on peut traduire le premier mot par le grec *Aphrodite,* et le second par le latin *Vénus.* En effet, Duchalais donne onze médailles différentes (n°ˢ 473 à 484) qui se rapportent toutes à cette légende. D'autres sont encore figurées ou décrites ailleurs. La légende *Roveca* a déjà été expliquée ci-dessus (p. 42). Dans toutes les mythologies indo-germaniques, la déesse de la Beauté est encore plus celle de la Fertilité et de l'Amour. D'après les deux alphabets comparés, les Gaulois devaient prononcer d'une manière intermédiaire entre *Roouica* et *Rovéca,* quel que soit le sens du mot.

Spon, dans ses *Autels des dieux inconnus* (Gronovius, *Thesaur. antiquit.,* t. VII, p. 253), donne la description d'un autel antique du dieu inconnu *Dulovios,* adoré à

Vaison. De face est le bas-relief d'une divinité mâle, entourée de palmes triomphales. Les trois autres côtés présentent les inscriptions qui suivent :

INO DVLOVI VIVOS	DVLLOVI	DVLOVIO
	M. LICINIVS	
	GOAS	
	V. S. L. M	

Il me paraît probable que la première est gauloise, douteux pour la troisième. *Dulovio* a la forme d'un génitif gaulois. L'autre texte signifie peut-être : *Sauvenous, Dallovios*, ou quelque chose de semblable. Car ce doit être une invocation ou le commencement d'un hymne. Je n'ai aucun indice philologique pour expliquer *ino*, ni *vivos*, si ce n'est que *N* affixe en irlandais, suffixe en ancien cambrien, signifie *nous*, et *biu*, *vie*, en ancien irlandais, racine commune à tous les dialectes néo-celtiques, au latin, au grec, etc. Pour la désinence, comparez *Cecos du Cécos César* (*dimitte Cæsarem*) que nous verrons plus loin.

On a découvert de notre temps, à Vaison, une inscription gauloise écrite en lettres grecques. Elle a été souvent publiée. MM. de la Saussaye et Roget de Belloguet ont proposé quelques conjectures que l'auteur de cet ouvrage a presque entièrement adoptées. Si ma traduction paraît plausible, j'avoue que l'honneur en appartient tout entier à mes devanciers. Je prends le texte de M. Mommsen (*Histoire romaine*, V, 7) et la disposition des lignes dans l'*Ethnogénie gauloise*.

ϹΕΓΟΜΑΡΟϹ
Ségomaros,

ΟΥΙΛΛΟΝΕΟϹ
prêtre

ΤΟΟΥΤΙΟΥϹ
de Teutatès

ΝΑΜΑΥϹΑΤΙΟ
Nîmois,

ΕΙΩΡΟΥΒΗΛΗ
a fait   à Bêlê-

ϹΑΜΙϹΟΕΙΝ
-samé   ce

ΝΕΜΕΤΟΝ
temple.

D'après le texte de M. Belloguet, ce serait Ségomar qui serait Nîmois. Il n'y aurait point d'autre changement à faire.

Bêlêsamé est incontestablement une Minerve gauloise, comme le prouvent les deux textes latins qui suivent, l'un de Couserans, l'autre de Saint-Bertrand-de-Comminges, d'après Orelli (*I. S.*, nᵒˢ 1431 et 1965).

MINERVAE	MINERVAE
BELISAMAE	BELISANAE
SACRVM	SACRVM
Q. VALERIVS	Q. VALERIVS
MONIM.....	MONTANVS

Je pense que c'est la même pierre qui aura été transportée d'un lieu à un autre; car il n'y a pas loin de Couserans à Saint-Bertrand. Lisez donc : *Minervæ Belisamæ sacrum Quintus Valerius Montanus.*

La fin de *Bélésami* se trouve sur une médaille gauloise qui semble belge à Duchalais, n° 566 : Q. DOCI ᴿ SAMI. J'ai conjecturé longtemps que ce dernier mot signifiait : *A la Dame* (*Dominæ*). Je n'ai rien trouvé qui appuyât cette idée, rien non plus qui donnât ouverture à une traduction différente. On ose penser que le sens *de la guerre-dame* pourrait convenir à cette déesse des Voconces et des Convènes, sur laquelle l'antiquité n'a pas laissé d'autres renseignements.

Il n'en est pas ainsi du Mercure gaulois, que je crois retrouver dans ΤΟΟΥΤΙΟΥϹ.

« Les Gaulois, nous dit César, adorent Mercure par
» dessus tous les autres dieux. Ses idoles sont innom-
» brables. Ils le regardent comme l'inventeur de tous
» les arts, le guide des routes et des voyages. Ils lui
» attribuent le plus grand pouvoir sur les gains et le
» commerce. »

Les monuments de ce Mercure, statues, statuettes, bas-reliefs, inscriptions, sont en effet les plus fréquents parmi les objets consacrés que l'on a découverts jusqu'ici dans tous les pays de langue gauloise. Il est quelquefois représenté avec la maigreur excessive de quelques statues du moyen-âge ; et il y a peut-être là autre chose qu'une incapacité des artistes, car la plupart des dieux considérés comme gaulois sont, au contraire, trapus et larges d'épaules. Jusqu'à présent, on n'a retrouvé sur aucune inscription ancienne ni la forme donnée par Lucain, ni la forme donnée par notre inscription gauloise. Nous avons mieux ; c'est une inscription de Thornburn en Angleterre, qui ne peut s'appliquer qu'à Teutatès, et qui ajoute quelque chose à la notice bien courte de César. Elle est datée de l'an 191 de notre ère, et se trouve dans Orelli (n° 2073). *Deo qui vias et semitas commentus est T. Irdas - s. c. f. v. s. l. l. m. Q. Varius Vitalis Etecos aram sacram restituit. Aproniano et Bradua cos.*

Je lis dans les *Gesta treverorum,* chronique du douzième siècle, au chapitre 3 : « Ils firent en l'honneur
» de Mercure, qu'ils regardaient comme leur dieu
» principal, médiateur entre les hommes et les dieux,
» *et auquel ils donnaient des ailes* (1), une voûte d'une
» hauteur immense, où ils suspendirent une grande
» idole de fer paraissant voler dans l'air avec cette
» inscription :

Ferreus in vacuis pendet caducifer alis.

» Or il y avait une grosse pierre d'aimant en clé de
» voûte et un autel sur le pavé. La force naturelle de
» l'aimant enleva l'idole et la fit comme pendre in-
» certaine dans les airs. »

Autre rédaction. *Pertz. monum.,* t. X, p. 146 : « Ils
» construisirent dans le quartier occidental un temple
» tout doré par dedans et par dehors, le dédièrent à
» une foule de faux dieux dont on peut voir encore
» les images ainsi que les inscriptions qui sont contre
» les murailles. C'est à cause de ce grand nombre que
» son nom, encore vulgaire aujourd'hui, est *Centi-*

---

(1) Les ailes de Hermès sont aux pieds. Je connais plusieurs figures trouvées en Gaule attribuées à Eros adulte et à Apollon Pythien, qui pourraient bien être Tooutis, ou le Mercure gaulois. On pourrait peut-être trouver un indice de certains dieux gaulois dans la longueur et la conformation des ailes, qui ne me semblent pas orthodoxes. Je vois à Besançon, sur un camée, un Mars devant un trophée gaulois ; il a des ailes extravagantes. C'est, selon moi, un Camoulos, mais embelli.

» *fanum.* Dans le vestibule une voûte élevée accro-
» chait la statue en fer de Mercure ; chose merveilleuse
» elle volait dans l'air. A côté se trouvait un Jupiter
» tenant une patelle d'or dans ses mains ; il n'y avait
» point de feu dessous et pourtant l'encens qu'on y
» plaçait fumait et embaumait tous les assistants. On
» va s'imaginer peut-être que j'invente toute cette
» histoire et on refusera de me croire. Eh bien ! qu'on
» s'en rapporte au moins au livre de Galba le voyageur
» addressé au sophiste Licinius, et dont je cite les
» propres paroles :

« Voici une chose admirable. Trèves est une ville
» fameuse des Gaules, où un certain Sénécion qui m'a
» donné l'hospitalité pendant douze jours, m'a fait voir
» dans le fauxbourg une statue en fer qui vole, de
» Mercure. Il y avait une grande pierre d'aimant (mon
» hôte lui-même me l'a montrée) au-dessus de la voûte
» et une autre également forte au *pavimentum,* de sorte
» que la statue, comme en doute, est restée au milieu
» des airs. En outre j'ai vu dans cette ville immense un
» Jupiter en marbre précieux qui tient dans sa main
» une écuelle de fer de la largeur de deux pieds, sur
» laquelle il est écrit : A Jupiter le *vindex* des Trévires,
» des tributs refusés pendant trente ans par cinq villes
» du Rhin, mais arrachés à elles par la foudre et la
» terreur céleste. Cette écuelle est faite par art méca-
» nique. Car si l'on y place de l'encens, il sent comme
» s'il était sur des charbons ardents, et de plus il ne
» diminue pas. Ce que j'ai examiné et trouvé vrai. »

Ce Galba n'est point très croyable ; mais il ne me
parait pas qu'un tel texte ait pu avoir été forgé au
moyen-âge. Il doit être vraiment ancien. Je crois qu'il

y a dans Lucien, ou ailleurs, une histoire à peu près semblable.

Est-il certain que *Tooutious*, de l'inscription de Vaison, signifie le *Mercure gaulois*? Je n'oserais l'affirmer sans rougir. Cela me paraît seulement probable. Les Bas-Bretons appellent *Teûz* une espèce de fantôme ou de lutin. Les bardes cambriens donnent quelquefois au roi Manogan le nom de *Teutaut*; et ce roi Manogan, fils de Duv-Heus (Hésus), père de Béli (Bilinos), est visiblement, à mon sens, le même que le Teutatès de Lucain. C'est du reste l'opinion commune, depuis le seizième siècle, des érudits et des antiquaires. *Manogan* peut signifier en cambrien *des hommes-engendreur*; Teutatès a l'air de vouloir *du peuple-père*; mais il faut avouer que *Teutaut* est un peu plus éloigné des innombrables exemples néo-celtiques auxquels on peut comparer Teutatès. *Tooutis?* au contraire (nominatif probable de *tooutious*), sera plus rapproché du *tuaîth* (peuple), des plus anciennes gloses irlandaises, et du bas-breton *TUD* (les hommes, les gens), qui se retrouvent dans les plus vieux monuments des dialectes de la Grande-Bretagne; il aura eu très probablement le sens de *national* ou *populaire*, ce qui répondra au mot de César : *Deum maxime Mercurium colunt*. La légende ϹΟΝΤΟΥΤΟΣ d'une médaille gauloise signifiera *le peuple ensemble, tout le peuple*.

De même *Tooutio-rix* signifierait *roi du peuple* dans Orelli, n° 2059 :

...APOLLINI TOV
TIORIGI   etc.

Cette inscription de Wiesbaden peut se traduire de

deux manières : *A Apollon et à Tooutiorix,* ou bien : *A Apollon, roi du peuple.* Il n'est point absolument nécessaire d'opter entre les deux. On conçoit que le père ait porté le nom de *père* et le fils celui de *roi,* ou que le dieu de la médecine ait été invoqué le premier dans une inscription d'eaux minérales.

Je lis *Toutissia* au lieu de *Ioutissia,* dans Steiner (*Inscriptions du Rhin et du Danube*), et je rapproche ce mot de *Toitissicnos,* que nous avons vu à Nevers. Je trouve *Toutia* dans Orelli (n° 1501), *Toutela* dans Gruter (p. 856, 2). *Toutillus* dans Muratori (p. 1281, 6) est presque identique au nom du chef irlandais *Tuathal* (Z., p. 730), *Toutonis* au génitif dans Gruter (p. 807, 11), doivent être également relevés. Tous ces noms de femme et d'homme semblent dérivés de *Tooutis.*

Toutus, qui se trouve plusieurs fois : dans Orelli (n° 402), dans Muratori deux fois, et le féminin *Touta,* femme ségusiave, dans M. de Boissieu, sont également deux noms d'homme et de femme plus difficiles à expliquer. Il faut supposer que c'est un dérivé du mot gaulois signifiant *peuple* (*Toout??* peuple ; *Tooutos,* chef du peuple? ami du peuple?) Un clan galate, qui se nommait les *Ambitouti,* semble appartenir à cette même famille de mots. Enfin je rappelle, pour mémoire, le *Tooutobocio* des médailles.

J'ai rapproché de *Tooutis* le *Teuz* des Bas-Bretons. M. J. Grimm retrouve de même *Wodan,* l'Odin des Souabes, dans le *Vout* des paysans de la Lorraine et de la Bourgogne. Je ne connais pas ce mot ; mais, en Franche-Comté, j'ai entendu dire *Vou-Vou* pour signifier une espèce de *Croquemitaine.*

On a souvent remarqué qu'il y a presque identité de

nom entre le *Mercure* gaulois et le *Mercure* égyptien (*Teutatès*, *Thoth*). Elle est encore plus grande avec *Tooutis*. Néanmoins, elle peut très bien être fortuite.

Le *Tuisco* des Germains, père du genre humain dans la *Germanie* de Tacite, a plus de chance pour nous présenter le mot gaulois contracté et augmenté d'un suffixe. Pourtant, les ressemblances d'idées, que je crois très grandes entre les deux mythologies, mais communes aux Indous, aux Grecs, aux Italiens, aux Slaves, sont rares et incertaines pour les noms de dieux. *Bilinos* ressemble un peu à *Balder*, *Taranis* et *Tanarus* à *Thor*, et je crois que c'est tout. Il faudrait au moins dix noms semblables pour avoir autre chose que des doutes.

L'importance du sujet doit me faire pardonner les détails dans lesquels je viens d'entrer.

ARVERNI.

D. n° 4 :   verCINGETORIX

Médaille d'or fourré, unique avec la légende. Le type nu, au contraire, est reproduit dans quelques exemplaires. Duchalais ne l'a point admise comme authentique sans l'avoir examinée de près.

CADURCI.

D. n° 24 :   ΔΕΙΟΥΙΝ

On n'a jamais donné une autre explication à cette pièce que *Divona*, aujourd'hui *Cahors*. Je n'ai point de conjecture nouvelle à donner, et néanmoins cette traduction me choque. J'ai essayé de la réformer, mais vainement. D'autres seront peut-être plus heureux.

BITURIGES CUBI.

Revue archéologique, t. VI, p. 555 :

BVSCILLASOSIOLEGASITINALIXIEMAGALV

Cette inscription est tracée à la pointe sur le col d'un vase de terre noire à large ouverture, une marmite, que son style paraît faire remonter au quatrième siècle de notre ère. Cette poterie, déterrée aux environs de Bourges, était en la possession de M. de Girardot, secrétaire général de la préfecture du Cher.

Les lettres sont parfaitement lisibles et identiques aux demi-cursives des murs de Pompéi. Je ne change absolument rien à la lecture de M. Adrien de Longpérier; mais je ne puis me persuader qu'il soit possible d'y voir du latin.

Après examen très long et très attentif, je conjecture qu'il faut séparer les mots et traduire à peu près ainsi :

Buscilla, nom propre de femme au nominatif;

Sosio, nom propre d'homme au génitif;

legas, place? verbe à l'indicatif présent, troisième personne sing., comme *catalases* de Poitiers;

itin, nourriture? à l'accusatif singulier;

Alixié Magalou, nom et surnom au datif masculin.

Le sens très conjectural, je l'avoue, serait donc : « Bouskilla (femme) de Sosios place (cette) nourriture » à Alixis Magalos. » On a d'ailleurs la certitude que les Gallo-Romains enterraient dans des vases de terre des aliments pour leurs morts.

Il n'est pas impossible que MAGALOS soit un adjectif signifiant *grand,* et ALIXIS un substantif signifiant *conseiller.* Mais dans les inscriptions il ne faut pas avoir peur de multiplier les noms propres. Il y a d'ailleurs dans Tite-Live un *Magalus* de Cisalpine. Je n'ai pas besoin de dire au lecteur que l'autre nom peut très bien être le grec *Alexis. Sosius* est un nom latin historique. J'ignore s'il est gaulois ou italique.

M. E. Tudot, *Collection des figurines en argile, œuvres premières de l'art gaulois,* p. 32 et 33 :

PESTIKAMA ou PESTIKA

Sur les épaules d'une femme nue debout. M. Tudot croit que ce mot est expliqué par la légende d'une autre figurine assise :

TXSIA POSTIKA DA

Cette seconde figurine est de deux mains et de deux âges différents. On aura, selon M. Tudot, défiguré le nom de l'artiste (une femme?), *Pesticama* en *Posticada.*

Plutarque nous donne l'histoire d'une héroïne galate appelée *Kamma*. Mais je crains bien que ce rapprochement ne soit complètement trompeur.

Quant à *Txsia* (*Tasia? Tysia? Taousia* ou *Tavsia?*), c'est, je crois, le nom de la déesse. Elle a d'une main la corne d'abondance et de l'autre le gobelet, attributs incontestables d'une des trois parques gauloises, comme on peut voir sur plusieurs bas-reliefs de Bourgogne, dans *Autun archéologique* et ailleurs. *Tav* signifie *silence* dans toutes les langues néo-celtiques, seule raison qui me fasse préférer *Tausia*.

Postika da est écrit bien lisiblement en deux mots et séparé de *Tausia*. Si c'est ainsi qu'il faut lire, on a deux mots latins dont le sens est très obscur ou trop clair. Il est possible aussi, à toute force, que ce soient deux mots gaulois; mais je n'ai absolument rien trouvé pour les expliquer d'une façon vraisemblable. D'ailleurs il faut s'imposer sévèrement, pour première règle de critique, de ne point croire à l'existence d'un texte gaulois avec trop de facilité. Ici, le mieux est de s'abstenir provisoirement de présenter un essai de traduction. On a en pierre, en bronze, en argile un grand nombre de figures semblables à *Pestikama* et à *Tausia*, mais sans inscriptions. Il est possible qu'un nouveau texte, sorti des entrailles de la terre, nous donne le mot de cette énigme.

D. nos 9, 10 : AVARICO
..ARICI

C'est l'ancien nom de Bourges. Les deux pièces sont uniques, et la première légende, bien que complète, est très difficile à lire. Il n'y a de certain, pour Duchalais, que les deux premières lettres et la dernière. Il est probable que c'est un nominatif singulier, incomplet pour *Avaricon*. La seconde légende peut être considérée indifféremment comme un génitif latin ou comme un génitif gaulois.

D. n° 1 :   EPAD
D. n° 5 :   CICIIDV . BI ꞃ HPAD

Je considère *Epad* et *Hpad* comme le même mot. J'y trouve le radical qui signifiait *cheval* en gaulois, et un suffixe néo-celtique identique au suffixe français ADE. Il y a là quelque chose comme *cavalcade*.

Cicedu Bi (à Kikédos le Biturige). Les remarques de Duchalais sur cette médaille ne laissent aucun doute quant à la traduction littérale. S'agit-il d'un homme ou d'un dieu? C'est ce qui me paraît difficile à décider.

Quant à la conjecture qui faisait d'*Epad* une abréviation d'Epasnactus, chef arverne nommé par César, je la regarde, toute ingénieuse qu'elle est, comme entièrement inadmissible.

D. n° 11 :   CAMBOTRE

Je conjecture, un peu arbitrairement, que cette médaille est dédiée à *Cambotir?* c'est-à-dire au Mercure gaulois, le dieu du *change* ou des *échanges*. Il y a en effet une grande obscurité sur l'histoire de cette famille de mots très riche dans les langues néo-celtiques et les langues néo-latines. *Cambire* (échanger) se trouve dans

Columelle; *cambiare* (changer) est du latin barbare. La légende *Cambotre* nous donne la certitude que ce radical est gaulois. Quel sens avait-il en gaulois? Je trouve qu'il en a deux dans les idiomes néo-celtiques : *commerce* et *courber*. En était-il ainsi du temps de l'empire romain? Il faut avouer humblement que nous ne le savons pas.

Comme on a cru voir un Mercure *Cambus* sur une inscription latine, je regarde comme indispensable de citer ici ce texte : *Deo Mercurio Cambo Justi v. s. l. l. m.* (Orelli, *Suppl. Henzen,* n° 5690). Comme le fait remarquer M. Henzen, l'interprétation la plus naturelle, la seule conforme aux règles est : « Au dieu Mercure, » Cambo esclave de Justus, etc. »

Les deux médailles suivantes sont peut-être également du Berry.

D. nos 486, 489 :   ℞   VIRICIV

J'y trouve le datif gaulois, dont le nominatif, *Virikios,* me paraît certain. Cette forme votive m'indique un dieu ; le radical me donne le sens de *Véridique*.

D. n° 531 :   SOLIMA   ℞   COAIMA

Il est possible que ce mot soit en abrégé pour *Solimara,* déesse connue par une inscription trouvée dans l'intérieur de Bourges. Il est possible aussi que le mot soit complet. Dans cette incertitude, bornons-nous à étudier le mot certain *Solimara*. J'y distingue par conjecture deux éléments : 1° *soli,* qui, entre autre sens, nous donne celui d'*aire à battre le blé ;* 2° *mâra,* féminin de *mâros*, adopté généralement comme signifiant *grand*. Cette déesse avait un temple à Bourges : *Solimaræ sacrum. Ædem cum suis ornamentis Firmana C(aii) Obricii f(ilio) mater de suo dedit* (Orelli, *I. S.*, n° 2050). De plus, il y a en Berry un village de Soulosse, dont les habitants s'appelaient, du temps des Romains, *Solimarienses vikani*, comme le prouve une inscription citée par Duchalais. Mais il y a aussi un autre nom de lieu, *Solimariacum*, dans l'*Itinéraire* d'Antonin, vers les sources de la Meuse. Enfin on trouve le nom d'homme, *Solimarius* ou *Solimabius*, dans Steiner (*Inscriptiones Danuvii et Rheni*, n° 324). Cette même déesse se retrouve peut-être à Bath en Angleterre, sous le nom de *Sulismara : C(aius) Protacius deæ Sulism.* (Orelli, *I. S.*, n° 2052). Mais il est plus naturel de lire : *C(aius) Protacius deæ Suli s(olvit) m(erito)*. La Minerve Soulé de Bath nous est connue par une inscription souvent commentée : *Deæ Suli Minervæ Sulinus Maturi fil(ius) v. s. l. m.* (*Suppl. Henzen*, n° 5914).

BITURIGES VIVISCI.

A défaut d'épigraphie, nous avons un vers d'Ausone qui nous donne l'étymologie du nom de la principale de Bordeaux :

Divona, Celtarum lingua, fons addite divis!

Ce vers souvent cité se trouve dans les épigrammes

d'Ausone, sur les villes célèbres de l'empire, à l'article *Burdigala*. J'entends, avec l'immense majorité, que *div* signifie *divin* ou *des dieux*, et que *ona* signifie *fontaine*.

Le même (*Idyll*. XII) semble nous dire que *lait* se disait *lact* en gaulois :

> *Vox solita et cunctis notissima, si memores lac,*
> *Cur condemnetur ratio, magis ut faciat lact?*

C'est encore un mot non moins néo-celtique que néo-latin. Il est écrit exactement comme en français dans le vocabulaire breton dit de 882.

L'antique Burdigala nous a encore légué quelques débris de la langue des Gaulois. M. J. Grimm les a mis le premier en lumière, en restituant leur véritable caractère à quelques phrases bizarres que l'on prenait avant lui pour un jargon de convention inventé par des magiciens pour frapper les simples d'étonnement. M. Adolphe Pictet, après lui, y a reconnu du gaulois. M. Zeusz a d'abord protesté dans la préface de sa *Grammaire celtique*, puis après avoir examiné de plus près, il s'est rangé à leur opinion.

Marcellus Empiricus, médecin de Théodose-le-Grand, composa à Bordeaux, sa patrie, où il s'était retiré, un recueil de recettes médicales dans lesquelles il y a en grand nombre des amulettes et des charmes, c'est-à-dire des formules écrites et des formules destinées à être chantées. Quelques-unes sont en latin et en grec, d'autres sont en gaulois. Cet opuscule est parvenu jusqu'à nous. J'aimerais mieux avoir tout Tite-Live et tout Tacite; mais je ne suis pas fâché que les

Esculapes du moyen-âge nous aient conservé Empiricus (1).

Ce médecin des empereurs nous apprend qu'il écrivait surtout pour ceux qui n'avaient point de médecins à leur proximité, que la bonté de ses remèdes est éprouvée et constatée, et dans un épilogue en vers (p. 412), il place hardiment au premier rang les formules magiques :

Namque res est verta saluti
Carmen, ab occultis tribuens miracula verbis.

S'il y croyait, c'est non-seulement un héritage de l'antiquité tout entière, mais encore en particulier de ses ancêtres gaulois. Pline l'Ancien, à plusieurs reprises, nous apprend que la magie entrait pour beaucoup dans la médecine des druides. Il nous dit, entre autres choses, que le sélage cueilli la nuit, le premier jour de la lune, avec une faucille d'or, passait auprès des Gaulois pour un remède universel. Comparez Marcellus de Bordeaux quand il assure que pour guérir la sciatique, il faut, sans employer le fer, cueillir l'herbe Britannique et prononcer ces paroles : *Terram teneo, herbam lego. In nomine Christi prosit ad quod te colligo.*

Formule contre la descente de la luette (p. 300) : *De uva passa eliges granum quod unum intrinsecus nucleum habeat, eumque in phœnicio alligabis, et faucibus (id est in regione uvæ) inseres et tenebis et dices : Uva*

___

(1) Je me sers de l'édition de Henri Estienne, dans sa collection intitulée *Artis Medicæ Principes*, t. II. Le livre de Marcellus Empiricus, intitulé *De Medicamentis liber*, commence à la page 239.

uvam emendat. « Vous prendrez du raisin sec, et choi-
» sirez un grain où il n'y ait qu'un pépin, vous l'insé-
» rerez dans une datte, l'introduirez au gosier..... »
Les Latins se servaient du même mot pour dire *luette*
et *grain de raisin.*

Voici quelques autres exemples latins et grecs qui pourront nous préparer à étudier tout ce qui nous reste en gaulois de ce genre de littérature.

Carmen ad Rosus *sive hominum sive animalium diversorum. — Sic : palmam tuam pones contra dolentis ventrem et hæc ter novies dices : Stolpus a cœlo cecidit. Hunc morbum pastores invenerunt. Sine manibus collegerunt. Sine igni coxerunt. Sine dentibus comederunt* (p. 273).

Rosus est expliqué par *stolpus*, qui n'est guère plus latin, et qui signifie *rot*. (Dans un exemple cité par Ducange, on trouve la forme *stloppum*; comparez en bas-breton *stlapa*, lancer.)

Autre remède contre la colique :

In lamina argentea scribes et dices : APITHMATO *aufer dolorem stomachi illi quem peperit illa.*

Arithmato a l'air d'un nom de dieu au vocatif. Une médaille au type d'Apollon, D. 456 : MATVCHNOS. Je lis *Matougenos,* ce qui veut dire *le fils de Matos. Arithmatos* (le haut *matos,* le céleste *matos*), est certain ou à peu près. Il n'en est pas autant de ma traduction complète : « Céleste nourricier. » Ce serait encore Tooutis, père de Bilinos-Matougénos.

Je sais bien que pour le moment on lit sur ma médaille MANTVBIINOS. Duchalais semble même (dans ses tables) hésiter entre les deux lectures. Je n'ai point vu l'original; et quand même je l'aurais vu, je ne pourrais proposer qu'un doute. Il faut être numismate pour déchiffrer ce qui est écrit sur les médailles gauloises.

Ce qui suit, contre la colique, est écrit en caractères grecs, plus un signe particulier ressemblant à un astérisque :

Hi sunt characteres scribendi in aurea lamina :

L * ΜΘΡΙΑ
L * ΜΘΡΙΑ
L * ΜΘΡΙΑ

Le texte me semble indiquer que cette formule n'était point destinée à être prononcée. Autrement, en guérissant la colique, elle eût donné le mal de gorge.

Ad Corcum, *carmen in lamella stagnea scribes, et ad collum suspendes hæc : ante vero etiam cane :* Corcu nec megito cantorem. Utos, utos, utos. *Præparabo tibi vinum leve, libidinem discede* anonnita. *In nomine Dei Jacob, in nomine Dei Sabaoth.* — *Item ad id aliud carmen :* Corce corcedo, stagne. *Pastores te invenerunt, sine manibus collegerunt, sine foco coxerunt, sine dentibus comederunt. Tres virgines in medio mari mensam marmoream positam habebant, duæ torquebant, et una retorquebat, quomodo hoc nunquam factum est, sic nunquam sciat illa* gaioseia corci *dolorem* (p. 339).

Le *Corcus* est, comme les *Rosus*, particulier à Empiricus. Il me semble à peu près sûr qu'il s'agit d'une maladie attribuée à la méchanceté d'un *Kor* (nain), esprit malfaisant. Il faut donc écrire ces belles choses sur une lame d'étain (*stagnea* pour *stannea*); il faut aussi les chanter. Mais que signifient-elles ?

Utos ressemble pour le radical à *utate*, que nous allons bientôt voir sur la lame d'argent de Poitiers, et pour la désinence à *cecos* ou *cæcos*, mot gaulois que Servius, commentateur de Virgile, nous traduit par l'impératif, deuxième personne du singulier. J'y vois un mot gaulois à forme gauloise, et signifiant : *Va-t-en!*

Corcu nec megito cantorem. Je soupçonne qu'il faut lire *cor cu* en deux mots. *Megito* ne peut s'expliquer que par le cambrien *meg* (vent). Le texte doit être corrompu. Il est possible que dans l'origine il y eut, au lieu de ces quatre mots à forme latine, une phrase gauloise impossible à rétablir. Il y a identité entre le latin et les langues néo-celtiques pour les mots qui signifient *chanter* et ceux qui servent à la négation. Il en résulterait la traduction qui suit : *Cor* (nain) *cu* (?) *nec megi* (n'insuffle point) *to* (ton) *canto* (chanteur). C'est-à-dire : « Ne mets pas ton souffle (funeste) dans » celui qui te chante (*pour t'adorer?* ou *pour t'éloi-* » *gner?*). »

Il en est peut-être de même de *Corce, Corce, do stagne* (Corcus! Corcus! va à l'étain).

Le reste est comparativement facile. *Vinum leve*, lisez peut-être *vinum lene*.

Anonnita, lisez *a nonnita;* le mot ne se trouve pas dans Ducange. Mais c'est un dérivé de *nonnus, nonna*, mot d'origine peut-être gauloise, bien qu'il se trouve pour la première fois expliqué dans la *Règle de saint Benoît* (62) : *Juniores autem priores suos* nonnos *vocent, quod intelligitur paterna reverentia*. De là notre mot *nonne*, qui a passé au langage familier, et qui, dans saint Jérôme, signifie *madame ma mère*. Il est possible que *nonnita* signifie *petite mère*, avec une nuance de respect et d'affection.

Gaioseia (lisez peut-être *gaiosela*) ne peut signifier que *dame* ou *demoiselle*. Le seul rapprochement de mots que l'on ait trouvé est *gæsus* de Servius ou de son interpolateur : *Viros fortes Galli gæsos vocant* (*Æneid.*, VIII, v. 660).

Ce qu'il y a de plus curieux dans ce texte, ce sont les trois parques gauloises faisant leur besogne au fond de la mer, autour d'une table de marbre. De même, dans la *Voluspa* scandinave (v. 41), les trois vierges thurses sont nées dans la mer où pénètrent les racines du frêne Yggdrasil, colonne du monde.

TEXTES GRECS. Pour guérir un orgelet (*hordeolus*), il faut prendre neuf grains d'orge, piquer neuf fois avec chacun d'eux le bouton qui s'est formé dans la paupière, et dire à chaque fois : « Fuis! fuis! l'orge te
» poursuit (1). »

Pour faire sortir un os ou une arête du gosier, il faut réciter deux vers d'Homère (2). Ce sont ceux par lesquels Ulysse s'excuse de n'être point resté plus longtemps dans la prairie des ombres; il craignait que Proserpine ne lui envoyât la tête de la Gorgone.

« Remède très sûr et très utile contre les maux de
» gorge. Ecrivez sur un papyrus :
« J'ai vu Toanados aux trois parties d'or et Tousa-
» nados fils du roi des enfers. Sauve-moi, auguste
» dieu, le plus puissant des infernaux (3). »

---

(1) Φεῦγε φεῦγε κριδὴ σε διώκει. Lisez κριθὴ (p. 279).

(2) Μή μοι γοργείην κεφαλὴν δεινοῖο πελώρου
  Ἐξ ἄιδος πέμψειεν ἐπαινὴ Περσεφόνεια (p. 309).

(3) Εἶδον τριμερῆ χρύσεον Τοάναδον
  Καὶ Ταρταρούχου Τουσάναδον.
  Σῶσόν με, σέμνε, νερτέρων ὑπέρτατε (p. 307).

Si le texte n'est pas corrompu, nous avons : 1° un nouveau nom de Hésus, *Toanados;* 2° un nouveau nom de Tooutis, *Tousanados.*

Contre la colique, il faut porter au doigt un anneau d'or à l'image d'un dauphin ou d'un poisson quelconque. Sur cet anneau il doit être écrit à l'intérieur que Dieu (ou un dieu) ne veut pas que vous ayez la colique (1).

Textes gaulois. Contre la colique, il faut chanter trois fois (p. 380) : *Trebio, potnia, telapaho.*

Contre les hémorrhoïdes, il faut chanter (p. 389) : *Absi, apsa, phereos.* Il faut que ce soit le 13 de la lune, à neuf heures. Le texte n'indique pas si c'est l'heure des Romains commençant avec le jour, ou l'heure des Gaulois commençant avec la nuit. Il faut de plus que ce soit en regardant fixement des bourgeons nouveaux de mûrier; puis cueillir ces bourgeons, les serrer dans un linge, et dire : *Tollo te hinc, tota hemorrhoida. Absis, paphar.*

Contre le mal de dents, il faut chanter (p. 295) : *Argidam, Margidam, Sturgidam.* Lisez : *Argi* (arrête) *dam* (le mal). *Margi* (affaiblis) *dam* (le mal). *Sturgi* (extirpe) *dam* (le mal). Je tire le sens de *margi* d'un très ancien mot cambrien, *mergid* (faiblesse, faible), indiqué par M. Zeusz, p. 1076.

L'explication des autres mots est celle de MM. Grimm et Pictet. Arrêtons-nous un peu sur le mot DAM, mot à la fois gaulois et français. *Dam*, qui se trouve encore dans La Fontaine, n'est pas autre chose que le latin

---

(1) Θεὸς κελεύει μὴ χύειν κόλον πόνους (p. 378).

damnum. Il se retrouve en Irlande et en Ecosse, avec le sens de mal physique et de blessure. Dans les dialectes d'origine bretonne, il se retrouve identique avec le même sens, avec celui de *pitié*, avec celui de *presque*, et avec ceux d'*endommager*, de *damner* et de *dompter*. En grec, il signifie *dompter*. Dans les langues tudesques, *apprivoisé, doux*. Il y a incontestablement une grande analogie entre toutes ces significations diverses; c'est un exemple, entre mille, des liens étroits de parenté qui existent entre les divers idiomes de la grande famille indo-européenne.

Amulettes écrites contre les maladies des yeux (p. 270) :

ΟΥΒΑΙΚ.

ΦΥΡΦΑΡΑΝ.

ΟΡΓΩ ΟΥΡΩΔΗ.

ΡΟΥΒΡΣ. ΡΝΘΝΕΙΡΑΣΡΗΕΛΙΟΣ ΩΣ. ΗΑΝΤΕΦΟΡΑ. ΚΑΙΠΑΝΤΕΣ ΗΑΚΟΤΕΙ.

Je n'ai rien deviné sur ces quatre formules. La dernière est peut-être du grec mal copié.

Charmes chantés contre les maladies des yeux (p. 279) : *Vigaria gasaria* (sois brisée, sorcellerie). Explication de M. Grimm.

Rica, rica, soro (reine, reine, bien-donne). *Excicumacriosos*. Lisez et traduisez avec M. Pictet : *Exci* (regarde) *cuma* (la forme) *criosos* (de la ceinture).

In monderc omarcos axatison. Je divise et traduis : *In* (dans) *mon* (mon) *dercom* (d'yeux) *arcos* (orbite, mot à mot : coffre) *axati* (ramène) *son* (le bien).

Tetuncresoncobregan gresso. Lisez et traduisez avec M. Pictet : *Tet* (fuis) *un* (de nous), *cre* (ordure) *sonco* (de là). Avec M. Grimm : *Bregan* (va) *gresso* (au diable). Selon moi, *gresso* signifie littéralement *par le chaud*. *Bregan* est composé du verbe *breg* (monte) *ana* (à travers). Il en est de même d'*axati* du paragraphe précédent, dans lequel je trouve le réduplicatif *até* après le verbe *ax* ou *ag* (mène, traine).

ΚΥΡΙΑ, ΚΥΡΙΑ, ΚΑΣΣΑΡΙΑ ΣΟΥΡ ΩΡ ΒΙ.
cesse, cesse, sois chassé, mal sur moi.

L'imprimé donne en un seul mot : ΚΑΣΣΑΡΙΑΣΟΥΡΩΡΒΙ. Si *ôr bi* est, comme je le crois, pour *ôr mi*, il doit être prononcé en un seul mot ; mais il n'y a aucun inconvénient à distinguer les éléments. M. J. Grimm propose de lire *ôphbi*, qu'il explique par *à vous*. Cette correction me semble inutile, tant il me paraît aisé d'expliquer *ôrbi* par *sur moi*. Les mots composés de la même manière que *vobiscum* sont innombrables dans les dialectes néo-celtiques, et surtout dans les exemples anciens. Ils sont soumis à des règles d'euphonie auxquelles je consacre un chapitre à part dans la seconde partie de cet ouvrage ; de là *ôrbi* au lieu d'*ôrmi*, *ôr* signifiant littéralement *à bord de...*, *contre...* Ces deux mots sont à la fois néo-celtiques et latins.

M. Grimm explique *cassaria* par *sorcellerie* (comme plus haut *gasaria*). Ce rapprochement est tellement séduisant, que, tout en donnant une autre explication, je ne la préfère que de fort peu.

Contre les saignements du nez, il faut dire trois fois neuf fois dans l'oreille de celui qui saigne (p. 290) :

ΣΟΚΣΟΚΑΜ ΣΥΚΥΜΑ

Le premier mot me semble un verbe à la première personne. Le second, un accusatif neutre, singulier ou pluriel. De plus, on doit porter une bande de papyrus vierge sur laquelle il est écrit : ΨΑΨΕΨΗΨΕΨΗΨΑΨΕ.

Contre les engorgements, autre amulette également sur papyrus vierge : *Sicycuma. cucuma. ucuma. cuma. uma. ma. a.* Je regarde les deux dernières formules comme des *abracadabra* n'ayant aucun sens dans aucune langue. Si ce sont des mots gaulois, il est à croire qu'ils ne se lient pas entre eux : *Sicycuma* (ce qui est desséché), *cucuma* (copropriété), *ucuma* (propriété), *cuma* (forme), *uma* (ce qui sort), *ma* (mienne), *a* (ô).

Pour se débarrasser d'une arête entrée dans la gorge, il faut chanter (p. 309) : *Xi exucricone xu crigrionaisus scrisumiovelor exugriconexugrilau*. Lisez et traduisez : *Xi* (va) *ex u* (hors de) *cricon* (gorge), *ex u* (hors de) *crigrion* (gosier), *aisus* (vomitif). *Scris* (glisse) *u mi* (de moi), *ovelor* (arête), *ex u gricon* (hors de gorge), *ex u grilau* (hors de boyaux). J'adopte à peu près entièrement la traduction de M. Adolphe Pictet. D'après la manière d'écrire des plus anciens textes irlandais, il faudrait constituer le texte comme il suit :

Xi exugricon, exugrigrion, aisus. Scris umi, ovelor, exugricon, exugrilau. Le *G* au lieu du *C* est exigé en pareil cas par la maudite règle des mutes, que M. Zeusz appelle *infectio*. Cette règle semble indiquée par la variante *cricon, gricon*. Il peut sembler barbare d'écrire en un seul mot : *Exugricon* (hors de gosier); mais n'est-ce pas ainsi que nous prononçons en français. Toutes nos prépositions font corps avec leur complément; elles ne sont jamais accentuées, comme le prouvent surabondamment nos règles de versification.

Il y a encore une autre formule contre le même accident : *Heilen prosaggeri uome sipolla, nabuliet onodieni iden e liton.* Ici, *uome, nabuliet, onodieni* sont écrits en un seul mot, d'une manière qui est peut-être correcte ; mais l'analyse doit les séparer en deux. Lisez et traduisez : *Heilen* (ordure), *prosag* (avance) *geri* (par parole, par la vertu de ma parole) *u o* (hors de) *me* (moi). *Sipolla* (pars), *na* (de peur que ne) *buliet* (périsses) *ono* (par un) *dieni* (homme). *I* (va) *den* (vite) *e liton* (au large). J'ai encore les plus grandes obligations à MM. Grimm et Pictet, bien que je me sois un peu plus éloigné de leur traduction. Il peut sembler incroyable qu'une arête soit menacée de périr (ou, selon M. Pictet, d'être frappée) ; c'est pourtant un préjugé naturel aux enfants, et qui va assez bien avec ces singulières incantations.

Contre la descente de la luette, il faut chanter : *Crissi crasi concrasi.* Lisez : *Cris* (ceinture) *si* (à moi-même), *crasi* (préserve), *concrasi* (préserve bien). *Si*, qui représente le mot latin *ipse*, est en vieil irlandais un suffixe de la première personne (*ego ipse*). On doit lire en un seul mot : *Crissi* (ma ceinture) de même que *mochris* (ma ceinture), environ six siècles plus tard. *Concrasi*, qui est aussi un mot composé, et presque impossible à traduire littéralement ; je serai plus clair en disant qu'entre *crasi* et *concrasi* il y a la même nuance qu'entre *servare* et *conservare*.

Il y a encore une remarque générale à faire, mais à laquelle on ne doit pas attacher une importance exagérée La plupart des amulettes écrites sont écrites en caractères grecs. On sait que, dès le temps de César, c'était l'alphabet adopté par les Gaulois, au moins pour les usages civils et politiques. Car il semble dire ailleurs que les druides proscrivaient l'écriture pour les sujets religieux. Evidemment, il n'en est plus ainsi au temps de Théodose-le-Grand. L'alphabet grec est employé concurremment avec le romain. Mais c'est principalement ce dernier qui nous est donné pour les formules chantées. Il y a des exceptions, surtout celle d'un original précieux, la lame d'argent de Poitiers, dont nous allons nous occuper.

PICTAVI.

En 1858, sur une lame d'argent (comme la formule *Arithmato*), on a trouvé à Poitiers une inscription gauloise. La Société des antiquaires de l'Ouest en a publié le *fac simile* dans ses Bulletins. On trouve dans la même collection deux excellents Mémoires sur ce texte. L'un est de M. de Longuemar (IX° série, p. 7); l'autre est de M. Adolphe Pictet (p. 29). Quoiqu'en écriture cursive très rare, et probablement plus ancienne que nos manuscrits les plus vénérables, cette pièce est parfaitement lisible; mais les mots ne sont point séparés. J'ai osé diviser et traduire quelquefois autrement que M. Pictet. De plus, ma lecture diffère en deux points de la sienne. A la fin de la première ligne, *su* au lieu de *so*. Au commencement de l'avant-dernière, *Madars* au lieu de *Mastars*. Malheureusement, l'inscription ne présente point un autre exemple de *D* pour faire la comparaison.

BISGONTAVRIONANALABISBISGONTAVRIOSV
CEANALABISBISGONTAVRIOSCATALASES
VIMCANIMAVIMSPATER·NAMASTA
MADARSSETVTATE*IVSTINAQVEM*
PEPERITSARRA.

1. BIS. *Soit. Ainsi soit.* Verbe au subjonctif présent, troisième personne du singulier.
2. GONTAVRION. *Le trépas, la mort?* Substantif masculin à l'accusatif singulier. La décomposition de ce mot, opération toujours douteuse, me donne *engendre-silencieux*.
3. ANALAB. *Par souffles.* Substantif féminin à l'ablatif pluriel.
4. IS. *Renvoie, chasse??* Impératif, deuxième personne du singulier. Sens entièrement conjectural.
5. BIS. *Ainsi soit* du n° 1.
6. GONTAVRIO. *Du trépas?* Génitif de *Gontavrios*, n° 11. Voyez l'accusatif n° 2.
7. SVCE. *Session, l'état d'être assis*, ou, comme nous disons, *de garder la chambre*. Conjecture tirée du vannetais *chouk*.
8. ANALAB. *Par souffles* du n° 3.
9. IS. *Renvoie??* du n° 4.
10. BIS. *Ainsi soit* des n°˚ 1 et 5.
11. GONTAVRIOS. *Le trépas?* des n°˚ 6 et 2.
12. CATALASES. *Disparait.* Indicatif, troisième personne du singulier. Mot composé de la préposition *cata*, qui se retrouve dans tous les idiomes néo-celtiques avec un sens analogue au grec, et du radical *las*, qui signifie *laisser* dans ces mêmes idiomes et en allemand, plus authentiquement qu'en bon latin.

13. VIM, prononcez *ouim*, *Loin de moi*. Mot composé. *Ouomé* et le décomposé *ou mi* se trouvent dans Empiricus, où la phrase est différemment construite. Ici c'est une exclamation.

14. CANIMA. *Chant*, dans le sens que *carmen* a quelquefois en latin, *une mauvaise chanson, un sort*. Mot formé d'un radical à la fois latin et néo-celtique, et du suffixe *ma*, néo-celtique et grec. Substantif neutre, singulier, vocatif ou nominatif.

15. VIM. *Loin de moi* du n° 13.

16. SPATER. *Souffrance*. Mot de la même famille que *spasme*, bien que l'un soit gaulois et l'autre grec.

17. NAMASTA. *Céleste*. Vocatif singulier. Ce peut être un nom de déesse; ce peut être aussi un nom de dieu. Je fonde mon choix sur la formule grecque d'Empiricus : « J'ai vu Tousanadôs, le fils du roi des » enfers. » Ce sera donc une épithète de Tooutis, qui devait faire au nominatif *Namastas*.

18. MADARS. *Mères*. Vocatif pluriel. En très ancien irlandais, *mathair* est la glose de *mater*. Ici, il s'agit de déesses analogues aux fées. Elles avaient chez nous, dans l'antiquité, quelque chose de commun avec les parques *Nimpai*, comme le prouve le bas-relief de Metz, s'il faut y lire *Matrabus*. De plus, au moyen-âge, nos fées vont souvent trois par trois. Nos traditions nous les montrent toujours la quenouille à la main. Il est possible que les *Madars* aient été les messagères des *Nimpai*. Il y a quelque chose d'analogue dans les *Valkyries* scandinaves.

19. SET. *Et*. Conjonction enclitique. C'est le *xet* de l'inscription de Rookby.

20. VTATE. *Allez-vous-en*. Impératif, seconde per-

sonne du pluriel. Comparez le singulier *outos* dans les textes d'Empiricus (p. 80).

Je ne pense point qu'il y ait doute sur les quatre mots latins de la fin. Empiricus ordonne expressément, à la fin de deux formules écrites, d'ajouter le nom du malade et celui de sa mère. *Illius quem peperit illa.* J'en conclus qu'il faut traduire comme s'il y avait *Justinæ quam peperit Sarra* (amulette de Justine, fille de Sarra). L'écrivain, suivant scrupuleusement un modèle, n'aura pas su ou n'aura pas osé mettre le féminin à la place du masculin. Il aura de plus écrit le génitif gaulois à la place du génitif latin, *Justinâ?* au lieu de *Justinæ*.

Je propose en conséquence la traduction qui suit :
« Ainsi soit ! Chasse par souffles le trépas. Ainsi soit !
» Chasse par souffles la maladie du trépas. Ainsi soit !
» Le trépas disparaît. Loin de moi, enchantement !
» Loin de moi, souffrance ! Teutatès et fées, allez-
» vous-en. »

Ce texte est le plus important de tous ceux que j'ai rassemblés. Est-il également authentique? Je ne pense point qu'à ce sujet il puisse y avoir l'ombre d'un doute. Ma principale garantie est dans la surveillance dont il a été entouré tout d'abord par la Société des antiquaires de l'Ouest, qui a précisément son siège dans la ville où on l'a trouvé. Même en supposant une fraude, quelque bien combinée qu'elle fût, elle n'aurait pas pu échapper longtemps, bien certainement, aux soupçons, puis très probablement aux preuves. Il est arrivé tout le contraire. En qualité d'objet nouveau, la lame d'argent de Poitiers a passé par toutes les enquêtes, et, ce qu'il y a de plus décisif, au moment de la découverte. Le lecteur me saura gré de lui citer textuellement le rapport de M. de Longuemar :

« Dans l'une des dernières séances de la Société des antiquaires de l'Ouest, pendant l'année 1858, M. de la Marsonnière, qui en était alors le président, présenta une lame d'argent laminé ou plutôt aplati au marteau, extrêmement mince, mesurant 0 m. 135 de longueur sur 0 m. 04 de largeur, et sur laquelle avaient été tracés, avec la pointe d'un style, des caractères de forme barbare disposés sur cinq lignes.

» La Société voulut bien nous charger, M. Rédet, M. Cardin et moi, d'examiner avec soin quelle pouvait être la valeur scientifique de ce document découvert dans une fouille pratiquée à l'angle des rues Saint-Denis et des Trois-Cheminées, sur l'emplacement d'une maison que faisait alors reconstruire M. le conseiller Bonnet.

» Notre premier soin fut d'aller aux enquêtes et d'interroger le terrassier qui avait exhumé cet objet ; il résulta des renseignements que nous pûmes recueillir, qu'il l'avait trouvé à la profondeur de 1 m. 50 environ, au milieu d'un terrain remué et parsemé d'ossements humains. Au moment de sa découverte, la lame d'argent était enroulée sur elle-même et renfermée dans une sorte d'étui carré, en cuivre ou en argent noirci par un long séjour dans le sol, et terminé en pointe à la manière d'un carquois ; l'autre extrémité, demeurée ouverte, avait permis à l'ouvrier d'apercevoir le contenu, et, dans son empressement à s'en emparer, il avait précipitamment lacéré cette enveloppe à l'aide de son couteau et l'avait rejetée au milieu des décombres, où elle se perdit sans retour.

» Nous insistons à dessein sur ces minutieux détails pour deux raisons : la première, c'est que l'existence d'une enveloppe autour de cette mystérieuse inscription nous sera utile pour faire des rapprochements avec des inscriptions analogues; et la seconde, c'est que le premier sentiment des archéologues prudents à qui l'on soumet la solution d'un problème est la méfiance, et qu'il est sage avant tout de bien constater la provenance du sphinx, afin de ne pas s'exposer à discuter sur un équivalent de la *dent d'or* de Fontenelle.

» Il n'est pas en effet sans exemple que des esprits ingénieux, même de malicieux confrères, n'aient essayé de mystifier de candides antiquaires pour le seul plaisir de donner quelque peu à rire à leurs dépens. »

L'inscription de Poitiers, depuis le moment de sa publication, n'a pas cessé d'occuper tous les celtistes. Quelques-uns avaient des motifs personnels pour hésiter à l'admettre. Néanmoins, tous l'ont reçue comme parfaitement authentique.

On trouve dans le *Traité d'agriculture* du vieux Caton (160) un charme qui a peut-être un sens; mais les variantes sont si nombreuses qu'il est inutile de l'étudier. Il ne m'a paru d'ailleurs rien présenter qui puisse faire conjecturer du gaulois cisalpin.

Varron nous en donne un autre au début de l'ouvrage qui porte le même titre que celui de Caton. Ce charme est en latin.

En grec, Pline l'Ancien (XXVII, 75) nous offre quelque chose d'analogue.

L'hymne des *Frères arvales* est encore le plus ancien charme connu; et il n'est guère plus facile à expliquer que nos textes gaulois ou supposés tels. Ce n'est pourtant que du latin, mais il n'en est pas plus clair.

Le plus ancien texte allemand appartient à la même littérature. Ce sont des vers allitérés comme ceux du chant de *Hildebrand et Hadhubrand*, et de l'*Edda poétique* des Scandinaves, qui donnent deux runes ou formules magiques expliquées par MM. Grimm et Wackernagel d'une façon que je crois définitive.

RUNE DU CAPTIF.

Eiris sazun idisî — sazun hera duoder
_{Jadis étaient assises des vieilles, étaient assises çà et là}

Sumâ hapt heptidun — sumâ heri lezidun
_{les unes des liens liens; d'autres l'armée arrêtaient;}

Sumâ clûbôdun — umbi cuniowidî
_{d'autres jouaient des doigts après les genouillères.}

Insprinc haptbandun — invar vîgandun
_{Saute hors de (tes) entraves tiens tête aux ennemis.}

RUNE DES BLESSURES.

Phôl ende Wôdan — wuorun zi holza
_{Vôla et Odin se rencontrèrent au bois.}

Du wart demo Balderes volon — sîn vuoz birenkit
_{Là était au de Balder coursier son pied blessé.}

Thu biguolen Sintgunt — Sunnâ erâ suister
_{Alors enseignèrent Sintgunt, (et) Soleil, ses sœurs,}

Thu biguolen Frija — Vollâ erâ suister
_{Alors enseignèrent Frygga, (et) Vola, ses sœurs,}

Thu biguolen Wôdan — sô he wola kunda
_{Alors (elles) enseignèrent Odin jusqu'à ce qu'il bien sût}

Sôse bênrenkî — sôse bluotrenkî — sôse lidirenkî
_{tant (la guérison des) blessures au pied que des blessures au corps que des blessures aux membres.}

Bên zi bêna — bluod zi bluoda
_{Pied pour pied, sang pour sang,}

Lid zi geliden — sôse gelîmidâ sîn
_{membre pour membre qu'ainsi collées (cicatrisées) elles soient.}

Dans un lieu du Poitou appelé, on ne sait pourquoi, le *Vieux-Poitiers* (car la ville moderne est bâtie bien certainement sur l'emplacement de la ville antique), on lit sur un *menhir*, ou obélisque gaulois, une inscription qui a été souvent citée, étudiée et commentée. Je rapproche ce monument de la *haute borne* de Fontaine, qui est également un menhir. La haute borne est située près de l'ancienne voie romaine de Langres à Naix, non loin de Joinville, sur la limite excessivement probable des Lingons et des Leuces. On y lit une inscription mutilée :

VIROMARVS
ISTATLIF

Quelques-uns ont cru, dans le siècle dernier, qu'elle était en langue gauloise. La majorité s'est obstinée à voir dans la seconde ligne une suite d'initiales formant une phrase latine dont le sens était toujours le même : *Viromare a fait placer cette pierre pour servir de limite entre les Lingons et les Leuces.* Je préfère de beaucoup l'explication plus simple de M. Letronne (*Revue archéologique*, t. VI) : *Viromarus Juli Statili f(ilius)*. Je laisse indécise la question de savoir si ce Viromare est un magistrat qui aura pris part à l'érection de cette pierre, ou un simple badaud qui se sera amusé à y sculpter son nom. Je passe à l'inscription du menhir de Poitiers, me guidant sur un *fac simile* publié par M. Privat (*Recherches sur l'inscription du Vieux-Poitiers*, quatre pages lithographiées).

RATIN BRIVATIOM
En faveur des Brivates
FRONTV TARBELICNOS
Fronto fils de Tarbélos
IEVRV
a fait

IN et NTV sont en lettres liées. Mais bien qu'il y ait eu plusieurs lectures de cette inscription, j'ai l'avantage de m'accorder exactement avec deux autres éditeurs.

Je ne tiens nul compte du point qui se trouve entre les deux mots de la seconde ligne. Il m'a semblé que *Tarbelicnos* ne pouvait point se trouver seul. D'ailleurs, sur les inscriptions antiques, les points n'indiquent le plus souvent que la séparation des mots.

Ma traduction n'en est pas moins tout-à-fait conjecturale. En effet, les *Brivates* du Poitou sont entièrement inconnus. Il y a bien le port des *Brivates* dans Ptolémée; mais c'est incontestablement au nord de la Loire, sur les côtes de l'Océan, à Brivain, près du Croisic. Je regarde comme certaine cette attribution proposée par Walckenaer.

Ma préposition *ratin* ne se retrouve dans aucun idiome néo-celtique. Il y a seulement, en très ancien irlandais, le substantif *rath*, glose de *gratia*, et de plus le suffixe *rad*. En bas-breton et en cambrien, il y a *rât* (idée, pensée, dessein, attention); en français, la phrase proverbiale admise par le dictionnaire de l'Académie : « Avoir des rats dans la tête. » Nous savons par Marcellus Empiricus que la fougère s'appelait en gaulois *ratis*. Mais ce sens n'a pu entrer dans aucune de nos combinaisons, bien que l'exactitude du renseignement paraisse confirmé par la langue d'oïl, par le bas-breton et le gallois, par les deux idiomes gaéliques, en dernier lieu par l'allemand.

J'ai donc renoncé à expliquer *ratin* par *fougère*. Je me suis demandé si ce sens particulier pouvait être ramené à une idée plus générale. La seule réponse que j'aie trouvée, c'est que la fougère est une plante très élégante, très gracieuse. Ce qui est loin de me satisfaire.

D. n° 26 : DVRAT ꝛ IVLIOS

César cite un chef poitevin qui se nommait *Duratius*, mot qui signifierait *mal-gracieux*, si j'ai bien compris le sens de *ratin*. J'incline à croire qu'il s'agit précisément de ce personnage, et non d'un de ses descendants ; car Duratius était du parti des Romains justement à la fin de la guerre.

SANTONES. (En gaulois : *SANTONOS*.)

D. nos 27, 28, 29 : SANTONOS
ARIVOS ꝛ SANTONO

Je regarde *Santonos* comme un nominatif pluriel à peu près incontestable. *Santono* est peut-être incomplet ; on peut du reste y voir une forme très probable de génitif pluriel.

Quant à *Arivos*, à en juger par le type, il est possible que ce soit une épithète du Mars gaulois, Camoulos.

J'ajoute, d'après Orelli (n° 660), le texte des inscriptions latines qui se lisent encore en partie sur l'arc de triomphe de Saintes : 1° à cause des noms propres qui s'y trouvent ; 2° à cause de la curieuse généalogie de C. Julius Rufus ; 3° à cause de la variante *Epotsorovidi-Eposterovidi*, qui nous enseigne à ne point nous fier à l'exactitude des lapicides même officiels :

Germanico Cæsari Tib(erii) Aug(usti) f(ilio), divi August(i) nep(oti), divi Julii pronep(oti), auguri flam(ini) aug(ustali) co(n)s(uli) II, imp(eratori) II.

Tib(erio) August(i) f(ilio) Cæs(ari), auguri pont(ifici) ma(ximo) co(n)s(uli) IV imp(eratori) VIII trib(uniciæ) pot(estatis) XXII.

Druso Cæsari Tib(erii) Aug(usti) f(ilio), divi Aug(usti) nep(oti), divi Julii pronep(oti), pontifici auguri.

C(aius) Julius C(aii) Julii Otuaneuni f(ilius) Rufus C(aii) Julii Gedemonis nepos Eposterovidi pron(epos) sacerdos Romæ et Augusti ad aram quæ est ad confluentem, præfectus fabrum d(edicavit).

Cette dernière inscription est répétée mot pour mot au côté opposé du monument, avec la curieuse variante *Epotsorovidi*. L'assemblage des lettres *ST* se trouve assez souvent dans les mots gaulois ; je ne connais point un autre exemple de *TS*.

Eposterovidos devait vivre longtemps avant César, et était peut-être un roi ou au moins un chef illustre. Son fils, Caius Julius Gédémon, son petit-fils, Caius Julius Otouanéounos, n'ont plus qu'un surnom gaulois ; le nom et le prénom sont pris au conquérant des Gaules. L'arrière-petit-fils n'a plus que des noms latins.

TVRONES. (En gaulois : TOURONOS.)

D. nos 437-439 :   TVRONOS ṅ̃ CANTORIX
                   TVRONOS ṅ̃ TRICCOS

Turonos ne me paraît point plus difficile à expliquer que *Santonos*. *Cantorix* et *Triccos* peuvent être deux noms de Vergobrets, comme *Kisiambos* et *Cattos* de Lisieux. Mais il n'est pas non plus impossible que ce soient des noms de divinités. Le type de *Cantorix* (des chanteurs-roi?) est un Apollon. Je retrouve le radical *canto* dans une inscription latine de Bordeaux : *Lascivos Canti l(ibertus)* (de Caumont, *Cours d'antiquités monum.*, t. III, p. 348). Le type de *Triccos* est une Vénus. S'il était possible d'y reconnaître une Proserpine ou une Parque, on aurait la probabilité d'une épithète signifiant *triple* et se rapportant au dogme des trois cercles de l'existence.

Sur le tombeau d'un soldat de Touraine, on lit qu'il portait le surnom ou sobriquet de *Sdeb-Sdas;* il m'a semblé que ces deux mots ne pouvaient s'interpréter que d'une seule manière : *Aux mauvais-mauvais*. La racine *da* (bon) est tellement riche dans les idiomes néo-celtiques, et surtout si bien isolée, que je ne crois point qu'il soit facile de donner une autre traduction. Le préfixe *S* pour *ES* n'est point beaucoup plus douteux, non plus que son sens négatif. On a encore en gaulois *Daé, Dai* (la bonne, à la bonne); latin, *Daco, Arardo;* j'ai lu *rdaan* (très bon) sur la pierre d'oculiste de Naix (p. 14 et 46).

Voici le texte de cette inscription de *Sdeb-Sdas*, qui est de Ter-Voort, près de Meurs, sur les bords du Rhin (Orelli, *Suppl. Henzen*, n° 6861) :

```
TIB. IVL. GA
RETIS. F. SDEB. S
DAS. DOMO. TVRO. MISSI
CIVS. EX COH
SILAVCIENS.
IV H. S. E. TIB. IVL
ANTVS. F. C.
ET. PRIMIGENIA
LIB. EIVS. ANNO
III II S. E
```

M. Lersch conjecture qu'il faut lire, au lieu de

```
SIL AV CIENS,
SILVANECTENS
```

en lettres liées; et cette conjecture me semble présenter tous les caractères d'une restitution certaine, bien que je n'aie point vu la dissertation à laquelle renvoie M. Henzen. Je lis en conséquence : *Tib(erius) Jul(ius) Caretis f(ilius) Sdeb Sdas domo Turo missicius ex coh(orte) Silvanectens(i) quarta h(ic) s(itus) e(st). Tib(erius) Jul(ius) Antus f(ilius) c(uravit).* — *Et Primigenia lib(erta) ejus anno tertio h(ic) s(ita) e(st).*

Il est impossible d'expliquer *Sdeb-Sdas* autrement que par un surnom en gaulois.

Notez de plus que le nom du père semble faire contraste avec le sobriquet du fils. *Cares* ou *Caras*, père de Sdeb-Sdas, doit, je crois, se traduire par *aimable*.

On retrouve le nominatif dans un nom de Bâle, *Carassounius* (aimable-bon?), et, par une rencontre singulière, le surnom de ce Carassounius est *Panturo*, mot auquel il m'a été impossible de trouver un sens probable, mais qui nous prouve que *turo* est aussi un substantif commun. *Pan* est la conjonction *quand* en très ancien cambrien (Mommsen, *Inscr. helv.*, n° 287).

En outre, *B* est le signe du datif-ablatif pluriel dans la plus ancienne déclinaison irlandaise. Comparez la marque d'un potier d'Augst (*Augusta Rauricorum*) dans les inscriptions suisses de Mommsen : SVOBNEDOF i. e. *Suob-Nedo f(ecit)*. Voyez aussi *Rinionib* dans une autre inscription sur argent du même ouvrage : RINIONIBOLITITVRI. Tout ce que j'ai pu y comprendre, c'est que c'est l'inscription votive d'une patère, et qu'il faut diviser en deux mots au moins, peut-être en trois. Nous avons déjà eu *andob* aux Atrébates, *analab* aux Pictaves, et nous aurons bientôt *celtuob* aux Gaulois d'Espagne.

ANDES ou ANDECAVI. (En gaulois : ANDECOS?)

D. n° 358 : ANDECOMBOS ℞ ANDECO

D'après le type, *Andécombos* ne serait point autre chose que l'Apollon gaulois. Ce peut être aussi un nom d'homme. On peut traduire avec probabilité, dans l'un et l'autre cas : « Andécombos. Des Ange-» vins. » Dans l'un et l'autre mot, on distingue assez clairement le radical *ande* (en avant). La décomposition entière d'*Andécombos* m'a semblé impossible. S'il pouvait y avoir un sens probable, je diviserais en deux mots : *Andécom* (des Angevins) *bos* (bœuf).

AVLERCI.

Les géographes anciens nous font connaître trois peuples de ce nom : les *Diablintes* à Jublains (Mayenne), les *Cenomanni* au Mans, et les *Eburovices* à Evreux.

D. n°s 367-369 : AVLIRCV
AVLIRCO ꝝ EBVROVICOM
IBRVIX

Toutes ces pièces sont semblables. On peut, d'une manière à peu près certaine, les rapporter aux Eburovices. *Aulircu* est peut-être le nom d'un dieu au datif singulier. Dans *Aulirco Eburovicom*, je vois encore les deux formes différentes du génitif pluriel. Je n'ai rien de plausible à donner sur le nom générique *Aulirco*; quant au surnom, si l'Eure portait quelque part le nom d'*Ebura*, il ne serait pas difficile à expliquer. Mais le seul nom connu est *Autura*. Le sens de la racine *Ebour* me paraît très difficile à deviner aujourd'hui, au milieu des mots néo-celtiques qui peuvent y correspondre.

VELIOCASSES.

D. nos 440-444 :   RATVMACOS
                   SVTICOS ᴿ RATVMACOS
                   SVTICCOS

Je lis *Ratumagos* conformément au manuscrit palatin de Ptolémée. Il n'y a aucun doute sur le sens, qui est Rouen. Quant à l'étymologie de ce mot, il y en a une que je trouve très vraisemblable. Les Rouennais avaient au moyen-âge une idole mutilée qu'ils appelaient *Roth*, et devant laquelle ils ne passaient jamais sans la charger d'imprécations. C'était sans doute le dieu ou le héros qui avait donné son nom à la ville. *Mag* signifie *champ, plaine cultivée*, d'une manière à peu près sûre.

Quant à *Souticcos*, c'est un nom propre qui me semble répondre à notre nom de famille *Bonnemaison*. Si l'on tient à en faire un dieu, au lieu d'un vergobret, le type semble un Apollon. Mais il me paraît que la médaille de Rouen est expliquée jusqu'à un certain point par la médaille de Lisieux qui suit, la plus facile à expliquer de toutes les antiquités gauloises. Il reste à dater ces textes.

LIXOVII.

D. n° 376 :

CISIAMBOS CATTOS VERGOBRETO ꝶ SIMISSOS PVBLICOS LIXOVIO

.....MBO............... ꝶ PVBLICA SIMISSOS LIXOVIO

Il n'y a qu'une traduction possible : « Kisiambos, » Kattos, Vergobrets. Demi-as public des Lieuvains. » Je retrouve donc encore un duel gaulois, et, pour comble d'infortune, identique au grec; ce qui n'est pas de nature à le faire plus facilement accepter. Aussi le lecteur est parfaitement libre de traduire : « Ki-» siambos Cattos, Vergobret, » en lisant *Vergobretos*. On peut regarder ce texte comme du latin corrompu, car on n'a aucune preuve directe que *publicos* soit gaulois. Néanmoins, *Pobl* est une des racines nombreuses qui se retrouvent dans tous les idiomes néo-celtiques, et qui lui sont communes avec le latin. Une des plus anciennes gloses irlandaises (Z.) nous donne *Pobul (populus)*. *Simissos*, sans être gaulois d'origine, a pu et dû passer dans cette langue. Il semble de plus que les Lieuvains n'étaient pas bien sûrs s'il était masculin ou féminin. *Semisses* est masculin dans Varron. Il ne faut point se plaindre que ce texte soit trop clair et mélangé d'un mot étranger. S'il y en avait beaucoup de semblables, il y a longtemps que la langue de nos premiers ancêtres connus serait à peu près reconstituée.

Le titre de *Vergobretos* nous est défini par César. C'était un magistrat suprême annuel. M. Zeusz l'explique avec beaucoup de vraisemblance par *efficace-juge*. Cette monnaie peut remonter aux premiers temps de la conquête, à l'époque où les Lieuvains n'étaient pas encore citoyens romains, mais fédérés; je ne crois pas qu'il soit impossible de descendre jusqu'à la révolte de l'Armorique, sous Honorius, au moment de la grande invasion des Vandales, Alains, Suèves et Burgondes. Le nom de *Vergobret* (corrompu en *vierg*) s'était conservé à Autun, comme synonyme de maire de la ville, jusqu'à la révolution de 1789.

Je n'ai rien à dire sur le nom propre *Kisiambos*. Quant à *Cattos*, d'après tous les idiomes néo-celtiques, il a dû signifier *chat* en gaulois. M. Adolphe Pictet lui soupçonne une origine égyptienne dans son livre sur les Aryens. Ce même mot se retrouve dans tous les idiomes tudesques, et aussi en latin, mais douteux, et tellement douteux que c'est, je pense, un barbarisme.

D. n° 375 :   LIII . . OVI ȵ VRCCI

Duchalais hésite pour le revers entre *urcci, vacci* et *vacca*. Je me contenterai donc de dire que cette médaille, qui est incontestablement très proche parente des précédentes, ne nous présente autre chose au droit que le mot *Lixovio*, peut-être au nominatif pluriel.

VENETI.

Ils n'en ont pas long à dire. Sous la table d'un dolmen, paroisse de Lokmariaker, près de Quiberon

(*Mémoires de la Société des antiquaires de France*, t. VIII, pl. 2), je lis ou crois lire, en trois lettres grecques numérales, ϒΠΓ = 483 (victimes?). Je ne donne cette explication que comme une conjecture entée sur une conjecture. Je renvoie à ma source, en prévenant que ce sont des lettres d'une grandeur démesurée, et que celle que je prends pour un *pi* est séparée en deux d'une façon très marquée.

Les Vénètes de l'Adriatique étaient-ils de race gauloise? Strabon nous apprend que, de son temps, quelques-uns les regardaient comme une colonie des Vénètes armoricains. Polybe semble au contraire les distinguer très formellement des Gaulois. On a proposé d'en faire des Slaves, conjecture ingénieuse de Malte-Brun, qui a été adoptée après lui, mais qui me semble bien incertaine. Il y a quelques indices qui les rattachent à la grande famille des peuples dits *Pélasgiques;* mais ces indices me semblent si peu concluants, qu'il me paraît superflu de les exposer ici.

On a trouvé en Basse-Bretagne deux Hercules faisant l'office de cariatides, et portant des inscriptions sur la poitrine (*Mémoires de l'Académie celtique*, t. II, p. 426). On n'en peut lire, et imparfaitement, qu'une seule : **OVIS VINCEI... DISCEBAT** (*ovis vincere discebat?*); ce qui me paraît se rapporter à la superstition de l'œuf druidique. On peut voir dans Pline l'Ancien (XXIX, 12) que cet œuf miraculeux, produit de la bave des serpents, faisait gagner les procès et obtenir accès auprès des rois. Pline en a vu un qui avait servi d'insigne à des druides. Il était de la grosseur d'une petite pomme ronde, percé de petites marques semblables à des suçoirs de sèche, recouvert d'une croûte à apparence cartilagineuse. Pour s'emparer de cet admirable talisman, il fallait aller à cheval à l'endroit où les serpents le formaient, et l'attraper en quelque sorte au vol au moment où ils l'élevaient en l'air par leurs souffles. Il semble qu'il ne valait plus rien si on le ramassait à terre, et si on ne choisissait pas, pour aller à sa recherche, un jour déterminé de la lune. Le difficile était d'échapper aux serpents, qui ne manquaient jamais de poursuivre, jusqu'à la plus prochaine rivière, le ravisseur de leur œuf. Pour qu'il fût bon, il fallait que, même entouré d'un cercle d'or, il surnageât sur l'eau. L'empereur Claude fit mettre à mort un chevalier romain, Voconce d'origine, parce qu'on découvrit sur lui un de ces œufs au moment où on jugeait un procès civil dans lequel ce malheureux était partie.

CHAPITRE V.

GAULOIS TRANSALPINS.

J'ai déjà donné un grand nombre de légendes qui se lisent sur des médailles de provenance incertaine, afin de rapprocher ce qui semblait offrir quelque point de ressemblance. En voici encore quelques-unes :

D. n° 6 : ℞) VIITOTAL

Rapportée par conjecture aux Arvernes ou aux Bituriges. Le type est un guerrier debout, le corps couvert d'une cuirasse et d'une cotte d'armes. D'une main il tient un bouclier de forme ovale, orné d'un *umbo* et appuyé à terre; de l'autre, une lance. Un sanglier, la tête en bas, est appuyé contre la lance. Au droit, une tête de déesse; point de légende.

Je lis à rebours LATOBIIV, et je traduis « à Latobîos. » Il y a chez les *Latobici*, peuple de Pannonie, voisin des Noriques, et probablement gaulois, un dieu *Latobius* connu par plusieurs inscriptions latines (Orelli, *I. S.*, n° 2019). La seule qui soit citée par Orelli provient du couvent de Saint-Paul en Carinthie; la voici : *Latobio sac(rum) pro salute Nam... Sabiniani et Juliæ Babillæ Vindona mater*. On a conjecturé, avec assez de vraisemblance, que ce dieu était un dieu de la santé, et je ne doute point, d'après les idiomes néo-celtiques, du sens des deux radicaux *lato* (large) *biu* (vie). D'une autre part, *Latobici* semble être un adjectif dérivé de *Latobios*. Je ne puis que m'en rapporter à Duchalais, quand il place la médaille LATOBIIV au centre de notre pays. Il me semble, on ne peut plus possible, que le dieu de la santé ait été adoré à la fois vers le Danube et vers la Loire.

Dans l'inscription latine que je viens de reproduire, il y a trois lettres inexpliquées : *Pro salute* Nam *Sabiniani*. Il semble que ce soit le commencement d'un prénom barbare. Il n'est pas impossible non plus que ce soit un titre de consécration au dieu persan Mithras. Cette seconde conjecture peut s'appuyer sur deux inscriptions d'Orelli (1914, 1915). Remarquons ici, en passant, que tous les noms que l'on trouve sur les inscriptions des pays gaulois ne sont point pour cela gaulois. Le dieu Balmarcos de Paris est Syrien, Jupiter Dolichenus du Danube est Commagénien, et jamais on ne débrouillera la nationalité de tous les noms d'hommes et de femmes que les pierres nous ont conservés.

De même la médaille n° 450 de Duchalais : AΘΗΡΙΛS ἢ ATHIRIM, se rapporte peut-être à la déesse égyptienne *Athyr* (le chaos, la nuit, la ténébreuse Hécate).

On trouve, n° 450, le mot grec STRATOS (armée) très lisiblement écrit ; mais le type est une Vénus.

Le n° 621 : ἢ VADNAIOS, m'a semblé curieux parce qu'il m'offre le radical qui signifie *sang* en cambrien et en bas-breton ; le n° 807 : YYNELT, à cause de sa désinence insolite. Mais il faut tenir mon engagement de donner toutes les inscriptions composées de plus d'un mot :

D. n° 806 :   SOSVS   ἢ   ΝΕΙΟVΙΟΟΛΠΛΛΟC

sosvs est d'une lecture douteuse. Duchalais n'y voit que des lettres isolées. C'est sans doute un nom propre. La légende du revers peut se décomposer en *neiovio* (neuf), même mot que *novio*, dont le sens est à peu près sûr, et *oleldos*, pour lequel le néo-celtique ne m'offre qu'une seule conjecture bien incertaine : *plantation d'oliviers*.

D. n° 455 : ERCOD ꝶ ERCOD

Type : une tête jeune, imberbe ; lisez peut-être de droite à gauche : DOCRE.

D. n°s 306 à 309 : ONNIN ꝶ NINNO
ONNIN ꝶ MAV
NINO ꝶ CVAM

Le type de ces dernières est un buste jeune, imberbe, vêtu, pourvu d'ailes à la tête. Le seul rapprochement qui me soit possible, et il est bien hasardé, est avec la parque *Nein* des Brigantes. Quant à *Onnin*, c'est *Ninno* retourné. *Cuam* doit à peu près sûrement se lire *maouc* ou *maous*.

D. n°s 559, 561 : ABVDOS ꝶ ABVDS

Il est possible que nous ayons un génitif suivi de son nominatif ; mais il est malheureux que ce mot ne soit connu ni comme nom de divinité ni comme nom de personne. On aurait à peu près certainement : un tel homonyme de tel dieu ou déesse. Sur des médailles identiques on lit : ꝶ AVDOS, et sur une autre, d'après

M. de la Saussaye, ABYDOD. On ne peut distinguer si le type est un dieu ou une déesse. Que faire en pareil cas? Douter.

Il y a dans Tacite un homme nommé *Abudius,* et en Vindélicie un lieu dit *Abudiacum* ou *Abuzacum.*

Une autre légende, que les uns font belge et les autres éduenne, mérite de nous arrêter quelque peu.

D. n⁰ˢ 350-353 :   DVBNOCOV ⟨ DVBNOREX

Il y a plusieurs exemplaires et plusieurs types de cette médaille. J'y reconnais incontestablement la légende que j'ai déjà placée aux Eduens (p. 37), avec la lecture de Gusseme; car je ne voulais pas omettre à cette place le nom du frère de Divitiac; et, d'un autre côté, je ne puis point me persuader que cette pièce soit éduenne.

La supériorité de Duchalais pour la lecture des légendes, le nombre d'exemplaires à comparer qu'il a eus à sa disposition, permettent de considérer son texte comme tout-à-fait pur. C'est donc un devoir de l'étudier.

Le mot *Dubnorex* me paraît le même que *Dumnorix* dans César. Mais en même temps, d'après ce que nous savons de ce personnage, il est invraisemblable qu'il ait fait frapper des médailles à légendes, et surtout en caractères romains. Si le nom est écrit en gaulois, comme la chose paraît très probable, il faudrait au moins *Dubnorix,* sinon *Dumnorix.* S'il y a une finale gauloise bien établie, c'est *rix* ayant le sens de *roi.* Il y a donc là une différence dialectique; c'est également ce que l'on peut conjecturer de plus vraisemblable.

Quant à *Dubno*, je le regarde comme un adjectif au génitif pluriel.

Le mot entier aura donc le sens nullement certain, mais vraisemblable, de *roi des Dubnes*. Les Dubnes seraient, non point un clan inconnu, mais tous les enfants et adorateurs du Pluton gaulois, père, selon César, de toutes les nations gauloises, lequel se nomme *Duv* chez tous les bardes du moyen-âge. Il est vrai que *duv* et *dû* signifient *noir* dans tous les idiomes néoceltiques; mais j'ai peine à croire, vu l'isolement de ce mot dans la grande famille indo-européenne, que ce soit là le sens primitif.

Le *Dubnorex* de nos médailles est représenté en pied de deux manières différentes : 1° le corps vêtu d'une blouse et serré par une ceinture, d'où pend, retenue par un ceinturon, une épée qui est à sa droite; de la main gauche il tient par les cheveux une tête de profil; de la droite, un sanglier, qu'il saisit par les pattes de derrière; dans le champ, derrière le sanglier, un *lituus* ou bâton augural; 2° casqué, cuirassé, portant une enseigne surmontée d'un sanglier. Je n'y vois qu'un partisan des Romains venant de se distinguer contre Sagrovir ou contre Sabinus.

Le droit représente un Apollon. J'ai combiné cette indication avec le mot *dournacos*, que nous avons déjà vu, dans l'espérance de donner une explication vraisemblable à *Dournocoou*, légende du droit. Tout ce que j'ai pu en tirer, c'est qu'il existait peut-être quelque rapport entre Minerve et Apollon, soit de titres, soit de mariage, soit de parenté, dans la mythologie gauloise. Il ne m'a point paru impossible qu'Apollon s'appelât *Dournocoos*. Puis est venu le soupçon que je pouvais être en présence, non point d'un datif gaulois, mais de quelque mot incomplet. Doutons.

D. n° 613 : ꝶ CACIAC CIII

Ces médailles ont une tête de femme au droit; au revers, un aigle les ailes éployées. Le n° 614 donne cIII (kéé); le mot *cakils* a disparu. Le n° 615 donne au revers un petit aigle à côté du grand, et CAIIA au lieu de *cakils kéi*. Le n° 616, avec des types tout différents, nous donne ꝶ ECCAIOS. On trouve toutes ces pièces dans le sud-ouest de la France.

Pour ne rien omettre, autant que possible, je mets sous les yeux du lecteur une longue légende d'une médaille de l'Ouest, dont le texte est incomplet.

D. n° 445 : CORIAIC.....ILICIV   ꝶ A. HIR. IAC
CORIAICCOC.....COV...

Il y a le *Corilissus pagus* au moyen-âge, correspondant à la cité des Curiosolites armoricains, dont l'ancienne capitale est le village actuel de Corseult. Cette attribution, proposée par M. Anatole Barthélemy, est encore ce qu'il y a de plus vraisemblable. On peut admettre que dans ce mélange d'alphabets le *C* puisse avoir deux valeurs : l'une de *K*, l'autre de *S*. Mais, comme dit Duchalais, espérons un texte complet.

J'ai d'abord pensé à traduire *kor* (nain) *ilicco* (miséricordieux)... *ilikiou* (aie pitié); mais je n'ai rien pu trouver à l'appui de cette conjecture, qui m'était inspirée par le *corcus* d'Empiricus (p. 81), et par deux inscriptions d'Amélie-les-Bains (p. 26).

Il y a un grand nombre d'autres médailles gauloises à légendes purement latines, et quelquefois, dans ce latin, des assemblages de lettres qui peuvent être pris pour du gaulois. J'en citerai deux exemples :

D. nº 431 : *TI. CAESAR IMPE* ℞ *BINETN*

D. nº 429 : *DIPNG AVGVSTVS PATE* ℞ *POMAETD*

Un commentateur de Virgile, Servius, nous a conservé une phrase gauloise composée de deux mots (*Æneid.*, XI, v. 743). Malheureusement, il y a des variantes pour le seul mot important :

Hoc de historia tractum est. Nam C. J. Cæsar cum dimacaret in Gallia, et ab hoste raptus equo ejus portaretur armatus, occurrit quidam ex hoste qui eum nosset, et insultans ait : Cecos Cæsar (v. Cæcos ac Cæsar, v. Cecos, v. Cesar) *quod Gallorum lingua dimitte significat. Et ita factum est ut dimitteretur. Hoc ipsum ipse Cæsar in Ephemeride sua dicit, ubi propriam commemorat felicitatem.*

« Jules César, combattant en Gaule, fut enlevé par
» un ennemi qui l'emportait sur son cheval. Un autre
» Gaulois, qui le connaissait, s'écria : *Kecos, Kœsar*
» (ou *Kœcos ac Kœsar*, ou *Kecos*, ou *Kesar*); ce qui
» signifie : *Laisse-le aller !* dans la langue des Gaulois.
» Et, en effet, il fut lâché. C'est le conquérant lui-
» même qui nous apprend ce fait dans son *Ephémé-*
» *ride*. »

Je soupçonne fort ce livre inconnu d'avoir été tout

ce qu'il y a de plus apocryphe; mais cela n'empêche point son auteur d'avoir pu savoir le gaulois; au contraire.

On lit à la fin de l'*Itinéraire de Bordeaux à Jérusalem*, après *explicit itinerarium* :

> *Ex eodem v(iro) c(larissimo) de verbis gallicis.*
>
> LVGDVNVM. *Desideratum montem*
>
> AREMORICI. *Ante mare.* ARE, *ante;* MORE *dicunt mare, et ideo Morini, marini.*
>
> ARVERNI. *Ante obsta.*
>
> RHODANVM, *violentum. Nam* RHO, *nimium;* DAN, *judicem. Hoc et gallice, hoc et hebraice dicitur.*

L'auteur anonyme de cet *Itinéraire* avait donc fait un livre sur la langue gauloise, ou plutôt sur les mots gaulois. Il est possible que nous en ayons quelque chose dans Servius, Grégoire de Tours, Fortunat, et même dans Héric, contemporain de Charles-le-Chauve. Héric donne pourtant une autre étymologie de Lyon; il y voit *mont de lumière*. *Désiré-mont* et *lumineux-mont* sont à peu près, autant l'un que l'autre, conformes aux idiomes néo-celtiques. Mais un auteur du neuvième siècle ne peut point avoir l'autorité d'un auteur du quatrième. Enfin, il y a encore une troisième traduction étymologique. C'est celle du *Traité des fleuves* attribué à Plutarque. Il y est dit, au chapitre 6, qu'un certain Clitophon affirmait que *Lougodunon* signifiait *Mont-des-Corbeaux*, les Gaulois appelant un corbeau *loûgon* et un lieu élevé *doûnon* (1).

---

(1) Λούγον γὰρ τῇ σφῶν διαλέκτῳ τὸν κόρακα καλοῦσι· δοῦνον δὲ τόπον ἐξέχοντα· καθὼς ἱστορεῖ Κλειτοφῶν ἐν ιγ' τῶν Κτίσεων.

Jusqu'à présent, *loûgos* ou *loûgon* ne s'est jamais rencontré, même défiguré, avec le sens de *corbeau* dans aucun idiome néo-celtique. Il n'existe, à ma connaissance, dans aucun patois français. *Doûnon*, au contraire, est devenu notre mot *dune*, qui a pris le sens tout spécial de *colline de sable au bord de la mer*. En très ancien irlandais, *dûn* ne signifie plus que *camp*; mais le cambrien *din* et le bas-breton *tûn* ont conservé le sens général de *colline*.

La traduction de *rhône* par *violent* doit être distinguée de la décomposition en *trop-juge*; l'une est tout ce qu'il y a de plus vraisemblable, l'autre est absurde. Un commentateur, dont le manuscrit est conservé à la bibliothèque de Vienne (Z., p. 13), a trouvé le moyen d'y ajouter : *Et ideo Hrodanus judex violentus*. Mais il ne faut point confondre ce texte avec celui que j'ai cité.

Si l'ouvrage entier *De verbis gallicis* existait, quand même il serait détestable, il n'y aurait plus besoin, depuis des siècles, de deviner l'ancien gaulois. En effet, rien que dans quatre petits articles, l'extrait que nous en possédons nous donne les mots gaulois qui suivent : *Aré* (devant); *moré* (mer); *rho* (trop); *dan* (juge); *rhodanos?* (violent); *loug...?* (désir); *vern...?* (oppose-toi); et comme ils se retrouvent tous, sans exception, presque identiques dans un ou plusieurs dialectes celtiques, il me semblerait bien hardi de penser que l'auteur ne savait pas l'idiome de son temps et de son pays.

Il n'est pas impossible que *dan* (juge) ne se retrouve dans notre vieux mot français d'oc et d'oïl *dans* (seigneur). Sans contredit, ce peut être une dégénérescence du latin *dominus;* mais pourquoi avons-nous d'une part *dans* et *dame,* de l'autre *dom* et *dominer?* Dans l'un des plus anciens textes connus de notre langue, la chanson de sainte Eulalie, *domnicella* (demoiselle) semble indiquer que pour les mots venus de *dominus,* la voyelle *O* avait été conservée, et je ne sais aucun mot latin d'origine où nous l'ayons changée en *A*.

Un curieux groupe de mots gaulois nous est donné par Pline l'Ancien (XVII, 6, *olim* 4) : *Marga* (marne), *acaunumarga* (marne rousse), *glisomarga* (terre à foulon mêlée de glaise), *eglecopala* (marne irisée). *Marga* est resté *marg* en Irlande, devenu *marl* en Basse-Bretagne et en Galles, *margne* et *marne* en France. *Gliso* s'est conservé dans notre mot *terre glaise,* et peut-être encore mieux dans *glisser, glissade,* deux mots à la fois français et néo-celtiques.

« Les Bretagnes et les Gaules, dit Pline, ont inventé
» le moyen de fumer la terre avec de la terre d'une
» espèce particulière qu'ils appellent *marga*..... La
» rousse, qu'ils appellent *acaunumarga,* est formée de
» cailloux entremêlés d'un sable fin. Ces pierres se
» délitent d'elles-mêmes; mais dans les premières
» années elles gènent pour faire la moisson..... La
» *glisomarga* est une troisième espèce de marne blan-
» che; c'est de la craie de foulon mélangée d'une
» terre grasse, convenant mieux aux prés qu'aux cé-
» réales..... Les Gaulois appellent la marne colombine
» (gorge de pigeon) *eglecopala.* »

On a peu de chances de se tromper en traduisant *acaunumarga* par *marne pierreuse; glisomarga* par *marne glissante; egleco...* par *brillant.* L'élément *pala* ou *opala* reste seul très conjectural.

CHAPITRE VI.

PEUPLES DES ALPES.

Un des monuments les plus précieux et les mieux conservés de l'antiquité est l'arc de triomphe de Suze en Piémont. Il porte l'inscription suivante (Orelli, *I. S.*, n° 626, et *Suppl.* Henzen, p. 58) :

Imperatori Augusto, divi f(ilio), pontifici maxumo, tribunic(ia) potestate XV, *imp(eratori)* XIII.

M. Julius, regis Donni f(ilius), Cottius praefectus ceivitatium quae subscriptae sunt, Segoviorum, Segusinorum, Belacorum, Caturigum, Medullorum, Tebaviorum, Adanatium, Savincatium, Edginiorum, Veaminiorum, Venisanorum, Iemeriorum, Vesubianorum, Quadiatium, et ceivitates quae sub eo praefecto fuerunt.

Pline l'Ancien (III, 20, *olim* 24) nous a conservé l'inscription du trophée des Alpes érigé par Auguste. Il nous avertit qu'il manque à cette liste douze peuples du royaume de Cottius, pacifiés avant Auguste, et fidèles alliés des Romains :

Imperatori Caesari divi f. Aug. pontifici maxumo, imp. XIIII, *tribuniciae potestatis* XVII, *S. P. Q. R., quod ejus ductu auspiciis que gentes Alpinae omnes quae a mari supero ad inferum pertinebant sub imperium pop. Rom. sunt redactae. Gentes Alpinae devictae : Triumpilini, Camuni, Venostes, Vennonetes, Isarci, Breuni, Genaunes, Focunates ; Vindelicorum gentes quattuor, Consuanetes,*

Rucinates, Licates, Catenates; Ambisontes, Rugusci, Suanetes, Caluconcs, Brixentes, Lepontii, Uberi, Nantuates, Seduni, Varagri, Salassi, Ceutrones, Medulli, Uceni, Caturiges, Brigiani, Segiontii, Brodiontii, Nemaloni, Edenates, Esubiani, Veamini, Gallitœ, Triulatti, Ecdini, Vergunni, Eguituri, Nementuri, Oratelli, Nerusi, Vellauni, Suetri.

Ces deux listes sont au nombre des plus importantes, non-seulement pour la géographie comparée, mais aussi pour la linguistique. La liste d'Auguste est, il est vrai, un peu mêlée de mots étrangers à la race celtique. Il y a bien certainement ceux des peuples rhétiens, classés universellement comme étrusques. Nulle part, à ma connaissance, les Vindéliciens ne sont désignés comme Gaulois. La liste de Cottius, au contraire, ne contient très probablement que des mots de cette origine. Tite-Live nous dit (XXI, 32) que les montagnards des Alpes ne différaient pas beaucoup des Gaulois cisalpins par la langue et les mœurs. Il ajoute (XXI, 33) que plus au nord, dans les Alpes pennines, ils étaient demi-Germains.

Je remets à mon dictionnaire pour expliquer les noms de ces deux listes. Si j'entreprenais de les commenter ici, il faudrait m'engager dans une dissertation moitié philologique, moitié géographique, aussi longue que fastidieuse, et dans laquelle le lecteur le plus patient n'apprendrait rien de nouveau, si ce n'est sur des minuties. Je renvoie donc à la *Géographie ancienne des Gaules,* par Walckenaer, où ce travail est déjà fait. Pour un des peuples de la seconde liste, il faut consulter une excellente dissertation de M. Léon Renier (*Revue archéologique,* t. XVI, p. 353). C'est là que l'on trouvera le vrai texte d'une inscription déjà publiée, mais toujours mal lue, qui fixe à l'entrée de la vallée de Chamonix une des limites entre les Allobroges et les Ceutrons : *Ex auctoritate imp(eratoris) Vespasiani Aug(usti) pontificis max(imi) trib(unicia) pot(estate) V. cos V. desig(nati) VI. Cn. Pinarius Corn(elia tribu) clemens leg(atus) ejus propr(ætore) exercitus germanici superioris inter Viennenses ct* Ceutronas *terminavit.* Remarquez l'accusatif pluriel en *AS,* que je regarde comme gaulois, et qui se trouve déjà dans une autre inscription latine d'Alise, *Lingonas* (p. 45).

CHAPITRE VII.

GAULOIS CISALPINS.

La Gaule cisalpine n'est pas riche en inscriptions celtiques. Tout y est latin. Le seul texte en idiome gaulois, qui me paraisse bien authentique, se borne à la légende TATINOS, nom d'homme ou de dieu, qui se lit sur une médaille dont on a trouvé tous les exemplaires en Lombardie. D'après les dialectes bretons, ce mot répond exactement au latin *Paternus*. Quelques autres médailles, qui ont paru gauloises à Duchalais, sont encore plus laconiques.

Les inscriptions latines de la Lombardie nous donnent, presque aussi souvent que celles de France, des noms gaulois d'hommes et de femmes. J'en citerai seulement deux (Orelli, *Suppl. Henzen,* n° 6195) :

F. F.
VECCO. MOCC
ONIS. F. SIBI. ET. TVTI
LIAE. VECCATI. F. VXO
RI. ET. FRONTO
NI. F. ET. CRACCAE
LIVONIS. F. VXO
RI. ET. MASCIO. F.
ET. PRIMAE. OC
TAVI. F. VXORI. ET.
SEXTO. F.

On la retrouve avec des fautes nombreuses au n° 4901 d'Orelli. Labus ne l'avait pas encore corrigée pour son grand ouvrage de la *Route du Simplon*. Sur ce cippe il y a le bas-relief d'un bouc; en italien *becco*. Amoretti lit BECCO au lieu de VECCO. Orelli décide, probablement d'après sa source, que *bouc* se disait en gaulois *becco*, ce qui n'est point impossible. Mais ce qui est certain, c'est que *becco* signifiait *bec*; nous le savons par Suétone (*Vitellius*, 18). C'était le sobriquet gaulois d'Antonius Primus, général de Vespasien, ainsi nommé par les Toulousains à cause de la forme de son nez.

Autre inscription très remarquable par son antiquité, et encore plus parce qu'elle peut mettre sur la voie pour traduire le sens du grand nom de Vercingétorix (Orelli, *Suppl. Henzen*, n° 6854) :

P. TVTILIVS. P. F. OVF
VETERANVS. SIGNIF
AQVILIFER. LEG..... (Le chiffre de la légion manque.
CVRATOR. VETERAN
ACCEPIT. AB. IMPER
PRAEMIA. DVPLICIA
NATVS. HIRTIO. C
VIBIO. PANSA. COS. DEF
C. FVFIO. GEMINO. L. RVBELLIO
GEMINO. COS. SIBI. ET
P. ATECINGI. F. ET
DEMINCAE. ET
ANDEBLATONI. P. F
GNATAE. P. F

M Zeusz a établi que *Gnata* doit s'entendre par *ha-*

b:tuée, *habile, adroite.* Je considère *Atékinx* comme répondant pour le sens à notre nom propre *René*; littéralement, le mot gaulois semble vouloir dire *Rechair*. Cette explication cadre parfaitement avec ce que nous savons des croyances religieuses des Gaulois. Le vocabulaire de 882 explique *caro* par *kig* et *chic*.

Une inscription de Genève (Mommsen, *Inscr. helv.*, n° 67; Orelli, 269) nous donne les deux frères *Cingi*. Je conjecture le singulier *Kingios* répondant à notre nom de famille *Boucher*.

Le nom belge *Cingétorix* nous est donné par César. D'après l'analogie de plusieurs autres noms gaulois, *to* me représente un suffixe verbal actif, et *rix* le sens de *roi* à peu près incontestable. De là le sens peu poétique, mais assez naturel de : « *Nourrisseur de chair-roi*, roi » qui donne de la viande à ses guerriers. » *Vercingétorix* nous donne le même sens, mais au superlatif. *Vér* est un préfixe gaulois dont le sens, comme celui d'*até*, est à peu près certain. Jusqu'à présent, rien ne s'est trouvé contraire à l'exactitude des vers de Fortunat (I, 9) :

*Nomine Vernemeti voluit vocitare vetustas
Quod quasi fanum ingens gallica lingua refert.*

Un mot beaucoup plus important que *Vercingétorix* se trouve sur une inscription du Brescian (Orelli, *Suppl.* Henzen, n° 5799), et sous une forme gauloise :

FATAB
DEICO
DIEI F
V. S. L. M

M. Henzen rapproche cette inscription du n° 1773 d'Orelli, en nous donnant pour cette dernière un meilleur texte :

FATIS FATAbus
DIVINVS M. NOnii
ARRI MVCIANI C.
ACTOR PRAEDIORVM
TVBLINAT. TEGVRIVM
A SOLO IMPENDIO SVO FE
CIT. ET IN. TVTELA. EIVS
HS. N. CC. CONLVSTRIO
FVNDI VETTIANI DEDIT

Cette inscription provient du château de Toblino, dans le Tyrol italien. Marcus-Nonius-Arrius-Mucianus a été consul l'an 201 de notre ère. Les restitutions sont de M. Henzen. Orelli proposait *fatis fatalibus*, c'est-à-dire *aux parques*. Il me semble plus probable qu'il s'agit plutôt des fées. Ce qu'il y a de certain, c'est que les Cisalpins adoraient des déesses qu'ils appelaient en latin *Fatœ* (et non point *Fata*, au nominatif pluriel neutre).

Le mot est-il gaulois, ou est-ce du latin corrompu? Cette question me paraît insoluble, et je la laisse de côté. Je me contente de rapprocher les textes qui me semblent indiquer qu'il faut traduire tantôt par *fées* et tantôt par *parques*.

En faveur des fées, je trouve (n° 1774 d'Orelli) à Brescia : *Fatis Dervonibus*, etc., qui s'explique si bien par *fées du chêne*, d'après une foule de noms gaulois et tous les idiomes néo-celtiques. A Milan : (*M*)*atronis Dervonnis* (*Suppl.*, p. 158) m'a bien l'air d'être synonyme à *Fatis Dervonibus*. Or, les innombrables inscriptions dédiées aux matrones, déesses incontestablement gauloises, nous laissent distinguer nettement des êtres qui ont une grande analogie avec nos fées du moyen-âge.

Le mot *Matrona*, quand il signifie la rivière *Marne*, est bien certainement gaulois. On peut donc soupçonner qu'il l'est aussi dans toutes les inscriptions *Matronis*, et même qu'il signifie *mère-source* ou *nourricière-fontaine*. Cette étymologie, sans être plus certaine que toute autre, a l'avantage d'établir la différence entre les matrones et les *Matræ* (*Madars?*). Les premières seraient les fées des sources, les secondes les fées des champs.

Nous venons de voir *Fatis* traduit, selon moi, par *Matronis;* nous devons comparer aussi *Fatis* et *Matribus* des deux inscriptions suivantes. Ici, les probabilités sont moins fortes à cause de la distance des lieux ; la première est d'Aquilée et l'autre de Cambeck en Cumberland (Orelli, *I. S.*, n° 1774, et *Suppl.*, 5928) :

Fatis divin(is) et barbaric(is) v(otum) s(olvit) l(ubens) m(erito) Postumia P(ostumi) l(iberta) Callirrhoe.

Matribus omnium gentium templum olim vetustate conlabsum G(aius) Jul(ius) Pitanus c(enturio) p(rimi) p(ilaris) restituit.

Il ne semble point que là il puisse être question des parques.

Il en est de même dans Arnobe et dans Lactance, où, sous le nom de *Fatuæ*, les fées nous sont présentées comme l'objet d'un culte populaire. Il est vrai que ces deux pères les rattachent à *Fauna Fatua* du Latium, déesse qui, du temps de Varron, était du domaine de l'érudition mythologique. Je suis persuadé qu'en les appelant simplement *Fatæ* et en passant leur généalogie italique sous silence, ils auraient été plus exacts.

Les fées ne sont guère autre chose que les nymphes de la mythologie hellénique; et, suivant une remarque d'Orelli, les mères et les matrones sont parfois appelées *Nymphæ* en pays gaulois, probablement par élégance et par crainte de faire un barbarisme. Il y a une inscription de Metz qui ne doit laisser aucun doute : *Sylvano sacr(um) et nymphis loci Arete druis antistita somno monita d(edit)* (Orelli, *I. S.*, n° 2200). N'est-ce point bien là une druidesse adorant les fées.

Pourtant ces mêmes déesses sont bien les parques sur des médailles de Dioclétien et de Maximien, où elles sont représentées avec la légende *Fatris Victricibus*. Ce sont aussi les parques dans Ausone : *Tria Fata (Gryphe du nombre III)*; dans Isidore de Séville : *Tria Fata (Origines*, VIII, 11); dans Procope : τρία φᾶτα (*Guerre des Goths*, I, 25). Dans toutes ces sources il s'agit des parques, et en aucune façon des fées.

Il semble qu'il s'agit aussi des parques dans l'inscription qui suit, où nous trouvons de plus le nom propre gaulois *Cammarius* traduit par le grec *Arrianos* (Orelli, *Suppl. Henzen*, n° 5802) :

ΔΕΣΠΟΙΝΗ ΝΕΜΕΣΕΙ	IVSTITIAE NEMESI
ΚΑΙ ΣΥΝΝΑΟΙΣΙ ΘΕΟΙΣΙΝ	FATIS QVAM VOVERAT ARAM
ΑΡΡΙΑΝΟΣ	
ΒΩΜΟΝ	NVMINA SANCTA COLENS
ΤΟΝΔΕ ΚΑΘΕΙΔΡΥΣΑΤΟ	CAMMARIVS POSVIT

Si on lisait *Atis* le vers serait faux, et la restitution me paraît inévitable.

On ne peut rien déterminer sur le sens des inscriptions suivantes : d'Aquilée (Orelli, *I. S.*, n° 1775) :

Fatis aug(ustis) sac(rum) Q(uintus) Babienus Proculus cum suis, etc.

De Valence en Espagne (n° 1771) :

Fatis Q(uintus) Fabius Nysus ex voto.

De Caprulano (n° 1772) :

Fatis Octavia sperata votum solvit lib..... mun.....

CHAPITRE VIII.

GAULOIS D'ESPAGNE.

Il y avait en Espagne un grand nombre de peuples gaulois ou mêlés de Gaulois. Strabon nous dit expressément que les Celtibères et les Bérones parlaient la langue gauloise. Pline ajoute que les Celtici de la Bétique sont manifestement Gaulois par leur langue, leurs noms de lieux et leurs cérémonies religieuses.

On peut conjecturer la même chose pour les *Lusitani*, les *Gallaïci*, les *Vettones*, les *Carpentani*, les *Vaccæi*, même les Cantabres et les Astures. Si les peuples que je viens de citer n'étaient point Gaulois, il y avait au moins chez eux des cantons où se trouvent des noms gaulois.

Ebura, Arabriga, Talabriga, chez les Lusitaniens.

Bracara, Cambetum, Tuntobriga, Volobriga, Cœliobriga, Caladunum, chez les *Gallaïci-Bracarii.*

Nemetobriga, Olina, Ocelum, Caronium, chez les *Gallaïci-Lucences,* dont une partie, d'après Pline, se nommait *Celtici.*

Augustobriga, Cottæobriga, Deobriga, Ocellum, Lancia, chez les *Vettones.*

Mantua, Toletum, chez les *Carpentani.*

Octodurum, Laccobriga, chez les *Vaccæi.*

Juliobriga, chez les Cantabres.

Brigetium-Brigecinorum, chez les Astures.

Je ne trouve en Espagne, en fait de textes gaulois, que deux mots isolés, mais ils sont expressifs : *celtaub* et *celtitan* (Gusseme, *Diccionario numismatico*).

CELTAVB ℞ TOLE

Type : tête barbare, nue, derrière laquelle on lit la note EXSC, c'est-à-dire *par sénatus-consulte*. Au revers, un cavalier au galop, lance en arrêt.

Il est très vraisemblable, sans certitude absolue, que c'est une médaille de Tolède, capitale des *Carpentani*. Quant à *Keltaoub*, c'est un datif pluriel. Cette forme votive indique des dieux. La traduction la plus naturelle est d'y voir les dieux inconnus des nations celtes, comme s'appelaient eux-mêmes les Gaulois qui n'étaient point Belges, nous dit César au commencement de ses *Commentaires*. Les idiomes néo-celtiques nous donnent un sens plus général, celui de dieux *cachés*; mais je le trouve moins probable. Passons à *Keltitan*.

℞ CELTITAN

Type : tête de femme couronnée d'épis. Au revers, un sanglier courant; sous le sanglier, une pointe de lance (la pointe de lance est le *R* de l'alphabet dit *celtibère*; on peut y voir la marque de *Rauda* des Vaccéens). Autre type à même légende : tête d'homme casquée-cristée. Au revers, un bœuf.

Si le mot est complet, je n'y puis voir qu'un datif duel gaulois excessivement douteux, même pour moi, et deux déesses absolument inconnues. Il n'est pas non plus absolument impossible qu'il faille suppléer l'affixe du génitif pluriel, soit en latin, soit en gaulois. On aurait alors un nom de peuple où nous retrouvons encore nos Celtes.

J'ai laissé entièrement de côté les inscriptions en caractères celtibères qui se lisent en grand nombre sur les médailles et même quelquefois sur des pierres, et dont quelques-unes, selon toutes les probabilités, fourniront de nouveaux textes gaulois. Bien que cette écriture me semble empruntée à l'ancien alphabet grec, elle m'a présenté pour quelques lettres des difficultés que je n'ai point su vaincre. Le peu que j'en ai lu (ou cru lire) m'a de plus paru tout-à-fait étranger au gaulois. On sait que, quant au langage, l'Espagne antique était une vraie tour de Babel.

CHAPITRE IX.

CIMBRES ET TEUTONS.

Pline l'Ancien, citant un historien grec, nous dit que *mer morte*, à l'accusatif, se disait *mori marousan* dans l'idiome des Cimbres : *Philemon* Morimarusan *a Cimbris vocari, hoc est mortuum mare* (*Histor. nat.*, IV, 14). Il s'agit du golfe de Finlande, d'après les indications de l'auteur.

Nous venons de voir que *more* est affirmé gaulois par le sénateur anonyme qui a rédigé l'*Itinéraire de Bordeaux*. Les mots *morini* (marins) et *aremorici* (maritimes) ne peuvent laisser l'ombre d'un doute. La racine *marô* (mort) est cambrienne et bas-bretonne. Elle se retrouve en Irlande et en Ecosse.

Il y a là un indice curieux pour faire des Cimbres un peuple gaulois. Avouons en même temps que ce n'est point une preuve suffisante. On en a d'autres, il est vrai, bien que deux grandes autorités, César et Pline, soient invoquées par le parti contraire; mais ceci n'est point de mon sujet, et je ne veux point me mettre mal avec la noble nation allemande. Tous les savants allemands, à ma connaissance, paraissent tenir énormément à avoir, pour compatriotes, les barbares qui ont failli détruire la civilisation romaine au moment où elle allait produire Cicéron, Virgile, Tite-

Live. Quant à moi, je serais heureux si je pouvais me démontrer que ce n'étaient point des Gaulois.

Festus assure que le mot *cimber* signifiait *brigand* en langue gauloise : *Cimbri lingua gallica latrones dicuntur.* S'il a bien extrait Valérius Probus, c'est une autorité considérable. Mais d'un autre côté, Plutarque (*Vie de Marius*), tout en donnant le même sens à ce mot, l'attribue à l'idiome des Germains; de plus, est-ce un titre d'honneur, est-ce une injure? le sens de *brigand* est-il dérivé des brigandages des Cimbres, ou le nom des Cimbres du sens de *brigand*? Je ne vois aucun élément pour résoudre ces questions. Les mots fournis par les langues néo-celtiques et tudesques, loin de dissiper les ténèbres, ne font que les épaissir.

Le nom du roi cimbre, *Boiorix*, me paraît du plus pur gaulois. Il se retrouve à Autun, ville qui n'a jamais été cimbre.

AVG. SACRVM
BOIIORIX
"DAE SVA PEGVNIA

J'ai vu et copié cette inscription, en 1839, sur un bronze de M. Sevin. C'est une statuette du *Taureau à trois cornes,* sujet essentiellement gaulois (voy. p. 34).

Les Cimbres, nous dit Plutarque, avaient pour principale idole un taureau. Etait-ce le taureau aux trois grues ou le taureau aux trois cornes? Etait-ce le dieu ou animal sacré qui avait tiré des eaux la terre submergée par le castor noir? Questions insolubles.

Le nom latin des Teutons, *Teutoni*, est certainement plus voisin du *Teutates* de Lucain que du *Tuisco* de Tacite, père de la race humaine, selon les Germains.

Il y a là une ressemblance, peut-être trompeuse, avec la nombreuse famille gauloise que j'ai signalée à propos de l'inscription de Vaison (p. 68).

Le nom de leur roi, *Teutoboccus*, se retrouve sur la médaille *Toutobocio* (p. 48), qui bien certainement est gauloise, et probablement helvétienne.

Il est certain que les anciens ont l'air de faire presque un seul peuple des Cimbres et des Teutons. « Quelle » terre donnerez-vous à nos frères les Teutons? — Ne » vous inquiétez pas, répond Marius, je leur en ai » donné une qu'ils occuperont éternellement. » Mais aucun auteur ne dit expressément des Teutons qu'ils fussent Gaulois. Il faut se résoudre à ignorer ce que l'on ne peut pas savoir. On ne peut rien fonder sur deux mots qui se ressemblent.

Les *Aduatici*, issus des Cimbres et des Teutons, occupaient le Namur actuel et une partie du Liégeois. César nous dit formellement : *Ipsi erant ex Cimbris Teutonisque prognati* (B. G., II, 29). Comme on voit, César fait comme Plutarque, il paraît ne point distinguer entre les Cimbres et les Teutons. Mais il range les Aduatiques parmi les Germains de la Gaule, ce qu'il faut entendre peut-être du pays d'où ils venaient, et non de leur langue. Les Aduatiques ont disparu, ou plutôt ils ont changé de nom, et sont devenus les *Tungri*, rangés également parmi les Germains. On connaît au moins sept inscriptions où les *Tungri* sont nommés. Mais ces textes ne donnent aucun renseignement sur leur origine. On y voit qu'ils étaient cavaliers comme leurs pères, qu'ils servaient contre les Calédoniens, et qu'ils adoraient un Hercule à surnom barbare : *Herculi Magusano sacrum Val. Nigrinus dupli(carius) alœ Tungrorum.* Il est impossible de dire si *Magusanus*, représenté sur les monuments figurés avec la corne d'abondance, est un mot gaulois ou un mot germain. Les Bas-Bretons peuvent le réclamer au nom de leur verbe *maga* (nourrir); les Allemands aussi, au nom de leur substantif *magen* (estomac).

Quand je vois les contradictions entre les textes anciens, qui empêchent souvent de déterminer si un peuple est germain ou gaulois, je me demande si cela tient à leur indifférence pour ces sortes de questions, ou s'il n'y avait point un passage presque insensible des uns aux autres. La parenté originaire des deux races n'est plus douteuse. La séparation en deux grandes nations et en deux langues ne l'est point non plus, au moins en prenant la question sous sa forme générale. Il me semble qu'aujourd'hui nous nous trouvons placés, dans l'état de nos connaissances, entre deux hypothèses qui se balancent à peu près. Les Gaulois et les Germains étaient, pour la langue et la race, à peu près ce que sont aujourd'hui les Allemands et les Scandinaves, les Français et les Lombards; ou bien les Gaulois ont occupé la Germanie avant les Germains, et ils ont plus ou moins modifié leurs vainqueurs par leur mélange avec eux.

CHAPITRE X.

CIMMÉRIENS.

Il nous reste un mot cimmérien, ou soi-disant tel, qui est identique à *argel* (caverne) des bardes cambriens du sixième siècle. Ce mot est *argilla*, donné par Éphore, contemporain d'Alexandre et auteur d'une histoire universelle. Attribuant l'Averne de l'Italie aux Cimmériens d'Homère, cet historien affirmait qu'ils habitaient dans des cavernes nommées dans leur langage *argillas* (1). Malheureusement nous n'avons plus Éphore, nous ne pouvons citer ce témoignage que d'après Strabon.

Cette ressemblance parfaite sur un point unique est plus curieuse qu'importante. Si l'histoire ancienne se perdait, mais non la tradition de la prononciation française, on pourrait, sans paraître très hardi, assurer que les Phéniciens et les Vénitiens étaient le même peuple. On songerait plus difficilement à identifier les Vénitiens aux Vannetais, bien qu'en latin ce soit absolument le même mot. Entre l'italien *Veniziano* et le bas-breton *Gwenned*, on ne trouverait plus de ressemblance. Ce qui n'empêche point d'ailleurs que Strabon, en proposant de voir dans les Cimbres les descendants des

---

(1) Ἔφορος δὲ τοὺς Κιμμερίους προσοικεῖν τὸν τόπον φησὶν αὐτούς, ἐν καταγείοις οἰκεῖν ἃς καλοῦσιν ἀργίλλας, Strabon, VI, 6, p. 115, de Casaubon.

Cimmériens, n'ait eu une idée très naturelle et très heureuse.

Les Taures, premiers habitants connus de la Crimée, étaient probablement une tribu cimmérienne ; et le mot *Krim* (Crimée) est peut-être identique au nom de *Kymris*, que se donnent encore de nos jours les habitants du pays de Galles. On trouve dans la géographie ancienne de ce pays un bosphore cimmérien et un mont cimmérien.

Outre les Taures, on trouve encore les Tauriskes, premiers habitants de la Carinthie, et qui étaient Gaulois. Ici, l'autorité de Strabon est confirmée par une liste formidable de noms propres incontestablement gaulois. Il y a encore les *Taurini* du Piémont, Ligures, nous dit expressément Pline l'Ancien. Strabon l'avait dit avant lui, et Polybe les distingue absolument des Gaulois cisalpins. On trouve aussi en Asie le mont Taurus, qu'il n'est pas facile d'attribuer aux Gaulois. Le radical *taour*, diversement modifié, signifie *taureau*, non-seulement dans les langues japhétiques, mais encore dans les sémitiques, et il semble souvent se confondre avec un autre tout voisin signifiant *sommet*. Ce n'est point sur de pareils indices qu'il est possible de s'appuyer pour faire des Taures une tribu de la grande race gauloise. Les sacrifices humains des Taures donnent une induction d'un autre ordre, mais qui ne me semble point beaucoup plus forte. Les druides n'ont pas été les seuls coupables. On peut sur ces questions entrevoir une espèce de lueur ; mais il faut avoir la force d'avouer que ce n'est point la lumière.

CHAPITRE XI.

GAULOIS DES ALPES JULIENNES ET DU DANUBE.

Le nom des Tauriskes disparaît pour faire place à celui des Noriques. Que ce soit le même peuple sous un autre nom, ou deux peuples différents, ce sont également des Gaulois. A leur ouest ils ont les Boïens, plus tard émigrés avec les Helvètes, et presque exterminés par César, incontestablement Gaulois. A leur est ils ont les Scordiskes, qui paraissent avoir conquis la Pannonie tout entière, et Gaulois, selon Strabon. Ce sont les mêmes que, depuis Alexandre, les Grecs ont appelés plus particulièrement *Galat s,* qu'Arrien appelle *Celtes,* et qui ont fondé deux colonies, l'une en Thrace et l'autre en Asie-Mineure. Les noms de lieux gaulois dominent dans la Vindélicie, le Norique et la Pannonie.

Il en est de même sur les médailles, excepté celles qui copient plus ou moins grossièrement des monnaies macédoniennes ou grecques.

D. *appendix.* n° 86 :   COPO   ℞   ECCAIO

Sur une monnaie belge on trouve, n° 616 : ℞ ECCAIOS. Le type de cette dernière est, selon Duchalais, une tête féminine. Au contraire, le type d'*Eccaio* est un

Apollon. Bien que la médaille gauloise du Danube affecte une forme que je crois latine, elle n'en est point pour cela plus intelligible pour moi. Une médaille aux mêmes types et du même pays porte, n°ˢ 84 et 85 : CONGE.

Toutes ces médailles, *Eccaios, Eccaio, Conge,* ont pour caractère un cavalier au revers. Je souhaite que ce renseignement puisse conduire à quelque chose.

Il y a d'autres légendes latines sur des médailles incontestablement gauloises; et quelquefois, dans ce latin, des assemblages de lettres qui peuvent être pris pour du gaulois :

D. n° 431 :   *TI CAESAR aug?IMPE*   ℞   *BINETN*
D. n° 329 :   *DIPNG AVGVSTVS PATE*   ℞   *POMAETD*

Ces médailles étant au type de l'autel de Lyon, il me semble probable que l'on a voulu y inscrire, comme sur une foule d'autres, *Romæ et Augusto,* et non point *pomaetd.* C'est tout ce que je puis expliquer.

D. *appendix,* n° 108 :   ℞   TN
NEM
ATAC

Entre la première et la seconde ligne, le type est une louve; au droit, une Vénus. Cette inscription est évidemment composée d'initiales; il me semble inutile d'essayer de lui donner un sens, bien que les types semblent exprimer la fidélité aux Césars issus de Vénus et à la république romaine.

On trouve à la fin des inscriptions de Gruter un

grand nombre de mots écrits, assez souvent, dans un alphabet à part, inscrits sur des pierres gravées et sur des anneaux, et provenant pour la plupart d'une collection d'Augsbourg.

En outre, il y a dans ces pays un grand nombre de médailles, parmi lesquelles on peut citer :

D. appendix, n° 89 :	NEMET
n° 102 :	COVNOS
n° 91 :	VICCA
n° 92 :	SVICCA
n° 81 :	ADNASATI
n° 95 :	BIA ȵ BIATEC
n° 8 :	BIATE

Nemet rappelle *Neméton*, qui se trouve dans l'inscription de Vaison (p. 64), et la déesse *Németona*, de deux inscriptions latines d'Orelli (*Suppl. Henzen*, n°⁹ 5904 et 5898 : *Marti et Nemetonæ Silvin(us) Justus et Dubitatus*, etc. *Peregrinus Secundii fil(ius), civis trever, Loucetio, Marti et Nemetonæ*, etc. La première est des environs de Spire, la seconde est de Walcot en Angleterre.

Coounos paraît formé de deux éléments qui sont à la fois latins et gaulois : le préfixe *con* (ensemble) et le nom de nombre *oinos* (un). Ce dernier nous est donné précisément comme norique dans l'article *Bérounon* de Suidas (voy. la deuxième partie de ce livre, chap. 8). Il n'est pas impossible que ce mot signifie le dieu commun d'un canton ou la *communauté* elle-même, l'universalité des habitants. *Coou* des Corilisses (p. 113) et *coios* des Helvètes (p. 49) nous représentent peut-être la première partie de *coounos*.

Nous avons déjà parlé (p. 42) de *Ouicca* et *Souicca*. Je n'ai rien à dire sur *Adnasati*, si ce n'est que c'est peut-être la forme latine du nom de quelque clan inconnu, au nominatif pluriel.

Bia, Biatec, Biate semblent se rapporter à un radical commun qui signifie *vie,* comme en grec dans tous les idiomes néo-celtiques. On lit *Biaticus* en latin sur des monnaies galates d'Asie-Mineure. Mais la médaille *Biate* a été trouvée en Hongrie. Les types ne pouvant être ramenés à un dieu ou déesse de la santé ou de la vie, il me paraît prématuré d'essayer une traduction.

Je n'ai point de textes gaulois provenant de la Galatie; mais seulement une médaille au lion galate, parmi les pannoniennes de Duchalais :

D. n° 101 :   SOBISOVOMA
              T'S
              RV.

Je lis *Sobisoouomarou t....s* (à Sobisoouomaros, le peuple). Le type du droit étant Castor et Pollux, il ne faut point voir dans ce long mot un autre dieu que quelque empereur romain désigné par une épithète gauloise : *Aux siens-bon-grand?*

Les noms propres galates, hommes et lieux, sont pour la plupart tout gaulois. Nous savons d'ailleurs, par saint Jérôme et saint Épiphane, qu'au quatrième siècle de notre ère les Galates parlaient toujours la langue de leurs ancêtres.

Le lecteur possède la collection complète de tous les textes gaulois de plus d'un mot qu'il m'a été possible de réunir. J'y ai joint quelques mots isolés qu'il m'a semblé utile de donner comme importants par eux-mêmes, ou comme pouvant servir à en expliquer d'autres.

Quant aux traductions, je le répète encore une fois, excepté quelques-unes qui ne sont pas de moi, je n'en garantis pas une seule. J'ai même adopté, toutes les fois que cela m'a paru possible, les interprétations de MM. J. Grimm, Adolphe Pictet, Roget de Belloguet, et j'ai supprimé d'autres conjectures qui me paraissaient admissibles, sans avoir une probabilité plus grande. Il est inutile, du moins pour le moment, de multiplier les commentaires. Le gaulois n'est pas seulement une langue morte, elle reste une langue inconnue. J'ai fait (et c'était immanquable) un grand nombre de contresens; mais si le système est bon, il peut aider à trouver mieux. Après avoir été réduit à deviner, on parviendra peut-être à savoir sinon tout, du moins quelque chose.

CHAPITRE XII.

ILLYRIENS.

Il faut distinguer entre l'Illyrie romaine et le pays habité par les Illyriens, de même qu'entre la Rhétie et les Rhétiens proprement dits. Strabon nous apprend que le fond de la population était thrace en Pannonie, Mésie et Dacie, mais que sur cette race primitive dominent, au-delà du Danube, des peuples généralement germains, en deçà des peuples gaulois.

Une indication plus précise permet de rattacher aux Gaulois la nation des Illyriens. Si l'on en croit une tradition grecque qu'Appien nous a conservée (*Illyriq.*, 2), Celtus, Illyrius et Galas étaient trois frères qui ont donné leur nom à trois grands peuples de même race. Il y a là une ressemblance extraordinaire avec la Genèse, qui donne aussi à Gomer trois fils, Aschkémaz, Riphat et Togarma : « D'eux se sont dispersées les » peuplades en des pays différents, chacun selon sa » langue, en familles et en nations. »

Dans le *Supplément* de Duchalais (n° 103), on trouve la légende covioιjavvιιι, qui ressemble, sans être identique, à *coou* de *Durnocoou* (p. 111), et à *Joouis* de Paris (p. 33). Je lis en deux mots *Jaouvié* (à Jupiter), *covioi* (commun, notre dieu commun?). Je retrouve dans le premier la déclinaison gauloise ; dans le second, *ou* est remplacé par *vioi*, changement à peu près semblable à celui de *toout...* en *toit...* dans l'inscription de Nevers (p. 40).

Le Jupiter indou, dieu inférieur de cette mythologie, se nomme *Djaous*, ce qui ressemble prodigieusement à *Jaouvis*, qui devait être le nominatif.

Je n'entends nullement affirmer que la traduction de *Covioi-Jaouvié* soit exacte, ni même que ce soit de l'illyrien proprement dit. Mais si ma conjecture a tombé juste, elle pourra être utile quand on trouvera d'autres textes.

Voici encore des pièces que l'on trouve en grand nombre en Hongrie, sur les bords du Danube :

D. n° 109 :   ɲ̊   NONNOS
D. n° 110 :   ɲ̊   SONNON

Ces médailles ont au revers le même type : un cavalier au galop portant une palme dans une main, dans l'autre un glaive, mais varié et plus barbare sur les médailles *sonnon*, qui est *nonnos* retourné. Au droit, les deux types varient : pour les premières, c'est une Vénus; pour les secondes, une tête jeune, imberbe, les cheveux hérissés (une parque?). Il n'est donc point impossible que ce soit la *Nein* de notre inscription brigante (p. 2).

Je joins ici quelques autres légendes du *Supplément* de Duchalais, sans essayer de déterminer si c'est de l'illyrien, du gaulois, du thrace, du péonien, du dalmate, etc.

KO ꝶ IEIKD
ꝶ IOTVRIRX
ꝶ ELVIOMA. R
ꝶ BVSSVA
ꝶ LANORVIARVS

Ioturirx fait penser aux *Iotes*, ou géants des Scandinaves, et *rirx* au mot gaulois *rix* (roi).

Lanorviarus doit peut-être se lire à rebours *Souraiou ronal*, le premier mot signifiant peut-être : *Au soleil*. Je n'ai aucune conjecture à donner pour le second, si ce n'est le radical *kymraig*, du breton, *rô*, *roz* (don, offrande).

Si cette conjecture est admise, il me semble que *Elvioma. r.* doit se lire *Elvioma(rio) r(onal)* et se traduire : *Offrande d'Elviomaros*.

Je passe à l'autre extrémité de l'Europe, en Irlande, où il n'y a ni inscriptions ni médailles antiques.

LINGUISTIQUE.

CHAPITRE PREMIER.

PRONONCIATION DES POPULATIONS D'ORIGINE GAULOISE.

Avec un alphabet très imparfait, la langue gaélique des Irlandais et des Ecossais possède un système phonétique très régulier et très complet. Le cambrien est moins riche. Le bas-breton, et surtout son dialecte le plus élégant, le plus littéraire (celui du Léonnais), est presque pauvre en comparaison des autres idiomes néo-celtiques.

Mais partout il y a une grande abondance de règles euphoniques qui remédient au choc de tous les sons discordants. Car il faut que les syllabes coulent paisiblement les unes après les autres au lieu d'être arrêtées, comme en anglais et en allemand, par une accentuation excessivement inégale. Ce qui n'empêche point la prononciation de tous les idiomes néo-celtiques de paraître dure et barbare à tous les étrangers, sans exception.

Les populations qui habitent le sol primitivement occupé par des Gaulois parlent aujourd'hui presque toutes des langues néo-latines; mais dans leur prononciation elles ont un certain nombre de sons qui étaient certainement inconnus aux Romains. Le difficile est de distinguer ce qui vient des Gaulois, ce qui est adoucissement ou corruption de la prononciation latine. Il est inévitable que les Gaulois, en parlant la langue de leurs conquérants, l'aient prononcée à leur façon, et plus ou moins d'après leurs habitudes nationales. En est-il resté des traces ? On peut l'affirmer hardiment. Mais en entrant dans les détails, on trouve à plusieurs reprises des contradictions et des difficultés. En outre, les informations que l'on a sur les patois néo-latins sont insuffisantes.

Voyelles nasales. — Néanmoins les anciennes frontières de la race gauloise me semblent représentées assez exactement par les localités de l'Europe occidentale, où l'on cesse de pouvoir prononcer *an, in, on, un*, à la manière française et néo-celtique. Les Lombards ont ces voyelles, les Toscans et les Génois ne les ont pas. On les retrouve dans la vallée d'Aoste, en Savoie, en Dauphiné, et même jusque dans le patois d'Avignon; les côtes de la Provence, peuplées de Ligures et de Grecs, ne les connaissent plus, à moins de travail et d'efforts tout-à-fait exceptionnels. Il en est de même en Gascogne, en Catalogne. On les retrouve en Portugal et en Galice, enrichies d'un *oun* nasal et d'un *im* nasal aigu, ce qui fait que la langue du Camoens (prononcez *Ca-moun-ainch*) ressemble prodigieusement, pour l'audition, au patois de la haute Auvergne. Je me trouve dans l'impossibilité de donner des indications plus détaillées; mais je crois que si l'on trouve en Angleterre, dans les Pays-Bas, en Allemagne, en Italie, en Espagne, un patois qui ait ces voyelles nasales, il y a probabilité que le fond de la population est resté d'origine gauloise. Quand, au contraire, ces voyelles n'existent plus, c'est que les Gaulois étaient en minorité dans le pays, ou qu'ils y ont été remplacés.

E muet. — L'*y* cambrien (notre *eu* très bref) est proche parent de notre *e* muet, qui n'existe ni en Lombardie ni en Portugal. C'est un affaiblissement des voyelles brèves primitives, ou un repos introduit par euphonie. Les Anglais, les Hollandais, la plupart des Allemands ont l'*y* cambrien, repoussé par tous les autres idiomes néo-celtiques.

Lettres aspirées. — Nombreuses dans les deux dialectes gaéliques, plus rares en cambrien, réduites en Basse-Bretagne au *c'h* ou *k* aspiré, les consonnes aspirées disparaissent dans tous les pays anciennement gaulois, à l'exception peut-être de quelques patois à moi inconnus. Si l'on admet la prédominance de l'élément gaulois en Castille, on peut faire exception pour la *jota* espagnole. Il ne reste plus de voyelles aspirées ni en italien ni en portugais. Elles sont à peine sensibles en français. *F* n'est plus aspiré nulle part.

Prononciation du C. — Dans tous les idiomes néo-celtiques, le *c* se prononce toujours comme un *k*. L'affaiblissement marqué de cette lettre, surtout devant *e* et *i*, dans toutes les langues néo-latines, où il devient *ch* doux, *s*, *ts*, *tch*, ne peut donc en aucune façon être attribuée aux Gaulois.

Consonnes mouillées. — Au contraire, tous les dialectes néo-celtiques, et en particulier le bas-breton, ont nos palatales de *l* et *n*, *ill* et *gn*. Mais, hélas! on le retrouve dans des contrées qui n'ont jamais rien eu de gaulois : Italie méridionale et Espagne.

Consonnes mi-palatales. — Le *ch* et le *j* français sont peut-être gaulois. Je crois que le *j* marque comme *an, in, on, un* les descendants des Gaulois.

Les changements de prononciation sont des faits dont les causes nous échappent encore. Mais comme l'influence de race y est certainement pour quelque chose, ces renseignements préliminaires m'ont semblé indispensables. J'aurais désiré leur donner plus d'importance et plus d'utilité.

CHAPITRE II.

PRONONCIATION GAULOISE.

Nous avons déjà vu dans les textes que l'*e* et l'*i* se permutent d'une manière confuse et contradictoire qu'il est impossible de plier à aucune règle. *Bilinos* des médailles devient *Belenus* dans Ausone. *Bêlêsami* de l'inscription de Vaison devient *Belisamœ* dans l'inscription latine du Comminges. *Alesia* devient *Alisca* sur l'inscription gauloise d'Alise; et il y a encore un très grand nombre d'exemples.

Les Gaulois avaient-ils un *e* muet? La réponse à cette question me paraît tout-à-fait impossible. En tout cas, ils ne l'écrivaient point. *Sdeb-Sdas* se prononçait peut-être *Sdèbe-Sdas*. On trouve aussi ʀᴍoᴍʀoɪvɪs au n° 5917 d'Orelli, *Supplément Henzen;* mais la lecture est douteuse.

Il est probable qu'une partie des *e* brefs gaulois répondent à notre diphthongue *eu*. Les Cambriens adoptent l'*y* à partir du douzième siècle pour représenter ce son, et dans tous les textes antérieurs ils se contentent d'écrire *e*.

J'entrevois que les Gaulois avaient une diphthongue que les Romains et les Grecs ne savaient trop comment transcrire. Ainsi les ΔΑΜΝΟΝΙΟΙ de Ptolémée deviennent *Dumnonii* chez tous les Latins; ΜΑΡΙΔΟΥΝΟΝ (Caer-Marten) de Ptolémée est le *Muridunum* de l'*Itinéraire*.

Camulodunum (Colchester) de Tacite, Ptolémée et autres, s'écrit *Camalodunum* sur une inscription célèbre dont la lecture n'a jamais été contestée. Le *Labarum* de Constantin, dans saint Ambroise, Prudence, etc., devient Λ'ΑΒΩΡΟΝ dans Sozomène, lequel a la précaution d'ajouter que c'est la prononciation romaine. Les Gaulois appelaient le loup-cervier *Raphius? Rufius?* (Pline, *Hist. nat.*, VIII); les meilleurs manuscrits se combattent. Dans une charte du onzième siècle, citée par Ducange, une espèce de fourrure porte le nom de *Rofia,* et nous donne peut-être encore un dérivé de *Rufius-Raphius*. Ainsi *Magalu*, de l'inscription de Bourges, pourrait être la même chose que *Magulu*, autre nom propre qui se rencontre sur une foule d'inscriptions latines, et qui signifie, selon M. Zeusz, *nourrisson*. Isidore de Séville (*Origines*, IX, 24) dit que les Scots avaient des langues aboyantes; cela peut se rapporter à la fréquence des diphthongues *áoû, oou, oua.*

Nous lisons dans Quintilien que les Gaulois qui accusaient Fontéius étaient l'objet des railleries de Cicéron, parce qu'ils ne pouvaient point prononcer la première lettre de son nom. Mais nous savons par le même Quintilien que le *f* latin avait une prononciation particulière très dure, et aussi effroyable, ajoute-t-il, que le *phi* grec est agréable à l'oreille.

Je crois, contre l'autorité imposante de Zeusz, que les Gaulois avaient dans leur langue un grand nombre d'aspirations, bien qu'elles ne soient presque jamais représentées par l'écriture. Cicéron lui-même, qui défendait Fontéius, nous apprend, dans ce qui nous reste de son plaidoyer, que les Gaulois avaient une langue des plus sauvages. Ammien Marcellin, qui me fait l'effet d'avoir été, au début de sa carrière militaire, rossé par une paysanne gauloise, nous informe que les femmes de ce pays, tout en donnant des coups de poing et des coups de pied qui ont la force de pierres lancées par une catapulte, parlent avec une volubilité et des éclats de voix extraordinaires. Pacatus, dans son panégyrique à Théodose-le-Grand, nous parle de l'horreur du langage gaulois. Sidoine Apollinaire dit que la noblesse arverne a déposé les écailles de l'idiome celtique. Dans tout cela, je cherche en vain un éclaircissement quelconque sur la prononciation. Pourtant nous pouvons, grâce aux Grecs, dire quelque chose de l'accent tonique des Gaulois.

A en juger par les manuscrits de Ptolémée, Strabon, Plutarque, Dion Cassius, la plupart des mots gaulois étaient des *proparoxytons*, ou mots dont l'accent est sur l'anté-pénultième. Dans les noms de lieux qui nous viennent des Gaulois, la première syllabe est souvent la seule qui nous reste : Tvronos, Tours; Santonos, Saintes; *Mediomatrici*, Metz; *Basilea*, Bâle. De même *Londinium* a fait *London* avec la première syllabe accentuée; *Camulodunum* est devenu *Colchester*, où *Col* représente au moins *Camoulo*, si ce n'est le mot tout entier, *Chester* étant bien évidemment *Castra*. De même en allemand *Borbetomagus* devient *Worms*. Il y a quelques exceptions. *Lugudunum* fait *Lyon* en français, mais *Leyden* en hollandais, avec un e muet à la fin, absolument comme *Saintes*. Lixovio devient Lisieux; *Parisius*, *Parisiis*, Paris; *Vagoritum*, Jort (Calvados).

Je vois dans le livre de MM. Weil et Benlœwe, sur l'accentuation latine, que la règle en sanscrit est de mettre l'accent sur la première syllabe des mots. Il se pourrait bien que ce fût aussi le cas pour le plus grand nombre des mots gaulois. Et, pour le dire en passant, une bonne partie des Franc-Comtois a encore plus cet accent sanscrit que les nations de race tudesque, où il est commun, surtout dans les mots composés.

Je n'ai point, du reste, la prétention de faire un traité sur l'accent tonique des druides. Je me borne à appeler l'attention sur ce fait, que le changement des mots gaulois en mots français, bretons, irlandais, tudesques, ne suit point les mêmes règles que celui des mots latins.

CHAPITRE III.

RÈGLE DES MUTES.

Nous écrivons *vingt-deux hommes*, et nous prononçons *vint-deuz-om*. Si, pour la même raison d'euphonie, nous faisions aussi des changements dans le son des lettres initiales (*vint-seû* pour *vingt-deux*, *ma vaison* pour *ma maison*, *grant-ouoleur* pour *grand voleur*), nous aurions la règle des mutes. Cette règle existe dans tous les idiomes néo-celtiques. Se trouvait-elle aussi en gaulois?

M. Hersart de la Villemarqué a déjà fait les remarques suivantes : en bas-breton, *dèrv* ou *dèrô* (chêne) devient parfois *zèrv* ou *zèrô* en vertu de la règle des mutes. Or, Pline l'Ancien nous dit expressément que *sinus saronicus* signifie en gaulois *le golfe des chênes;* et d'un autre côté, nous savons par le même écrivain que *druidæ* (druides) signifie *les hommes du chêne*, et au lieu de *druidæ* nous avons, dans Diodore de Sicile, la curieuse variante *xaronides*.

Nous savons, par un ancien, qu'*Aremorici* signifie *les habitants des côtes*, d'*are* (devant) et *more* (mer). Les Latins écrivent le plus souvent *Armorici;* mais dans Procope, ce mot devient *Arborychoi* ou *Arvoruchi* (Ἀρβ'ορυχοι) par un changement régulier; et c'est ainsi qu'en bas-breton *mor* (mer) forme le mot composé *arvor* (côte) d'*ar* (devant) et *mor* (mer). Car les

Bas-Bretons divisent populairement leur pays en Arvor et Argoad, la côte et le bocage. *Argoad* nous offre encore un exemple de la règle des mutes; il est composé d'*ar* (devant) et *koad* (forêt).

J'ajoute les exemples suivants : *Cricon* écrit plus loin *gricon* (p 86). On peut soupçonner que le premier représente l'orthographe et le second la prononciation.

Xet, après les voyelles, devient *set* après les consonnes. *Brica-xet, Januaria-xet* (p. 2), *Boi-xet* (p. 39), *Rosamoset* (p. 26-27), *Madars-set* (p. 37).

Je ne compte pas *or-bi* pour *or-mi* (p. 85), n'ayant pas eu la prétention de fournir un exemple certain.

Il y a peut-être un indice de la règle des mutes dans l'inscription latine d'Orelli (*Suppl. Henzen*, n° 5820) : *Honori et l'avori Saturninus Lupulus*. Mais on peut soutenir aussi que les Gaulois, ne pouvant prononcer le *f* latin, comme Quintilien nous l'apprend, le lapicide a pu mettre un *v*. D'ailleurs, la règle néo-celtique des mutes n'existe point après la copule.

Il semble que la déesse gauloise Sirona, épouse de Bilinos, est appelée deux fois *Dirona* et *Deirona* par une application exacte de la règle des mutes. Mais est-on tout-à-fait certain que ce soit la même déesse? Quoi qu'il en soit, il est remarquable que *Dirona* ne se rencontre jamais après *et*, et qu'il se trouve deux fois après *Deœ;* et il est facile de supposer un *d* aspiré représenté tant bien que mal par *s*, puis perdant son aspiration et représenté par *d*. Quoi qu'il en soit, voici le relevé des inscriptions latines que je connais sur ce sujet, avec les numéros d'Orelli : *Deœ* Dirona, etc. (5890); *Deœ Deironœ*, etc. (1987); *Deœ Sironœ* (5919); *Apollini Granno et Sanctœ Sironœ*, etc. (2047); *Si-*

ronæ, etc. (2049); .....*Apollini et Sironæ* (2048); *Apollini et Sironæ,* sur une inscription de Luxeuil. Il n'y a guère moyen de songer à une différence dialectique. *Dirona* est de Trèves, *Deirona* de Lorraine; *Sirona* de Mayenne, de Spire, du Wurtemberg, de Luxeuil et de Bordeaux. En outre, on trouve *Sirona* à Rome et en Dacie (2001).

Si les Gaulois ont eu cette règle de prononciation, je ne pense point qu'elle vienne de la culture très raffinée et très savante de leur idiome par les druides et les bardes. Nous pouvons croire, sur l'autorité des anciens, qu'ils avaient une poésie et des écoles de beau langage. Mais ce ne sont point les savants qui introduisent de telles habitudes. Elles ont dû provenir simplement de ce que les Gaulois parlaient très-vite et beaucoup. Bien que l'écriture ne soit qu'un indice trompeur pour établir la prononciation, les anciens manuscrits irlandais donnent toujours en un seul mot, suivant des règles assez constantes, des propositions entières. L'article n'est presque jamais séparé du substantif; l'adjectif, suivi d'un nom, fait toujours corps avec lui ; à cela peuvent encore s'ajouter le verbe *être* avant son sujet, la négation avant le verbe *être,* et la particule démonstrative à la fin. Tout cela, négation, verbe *être,* article, adjectif, substantif, démonstratif, sera à peu près constamment écrit comme ne formant qu'un mot; et en dehors des mots ainsi liés, il n'y a plus de règle des mutes. Si cette manière d'écrire représente la parole, il a bien fallu appliquer les règles qui, dans toutes les langues indo-européennes, président à la formation des mots composés, surtout quand il y a des lettres aspirées.

Les exceptions à la règle des mutes sont nombreuses et difficiles à réduire en système. Il est possible que des désinences aujourd'hui perdues soient la cause originaire de ces anomalies apparentes, qui sont en général favorables à la clarté, par exemple, pour la distinction entre le masculin et le féminin. L'instinct merveilleux qui préside au langage ne va guère jusqu'à inventer de nouvelles règles tout d'une pièce, mais il profite avec une adresse inconcevable de tout ce qui peut contribuer, dans les anciennes, à rendre la parole plus facile à comprendre.

En examinant la question au point de vue philosophique, est-il juste de supposer qu'une pareille règle soit moderne? ne doit-elle pas, au contraire, être d'une bonne antiquité?

Les exemples présentés sont-ils suffisants? C'est une autre question pour laquelle je ne puis que m'en rapporter à l'avis des philologues. Pour ma part, j'aimerais à en avoir quelques milliers de plus. En attendant, je conseille de se défier des consonnes mutes dans l'anatomie des mots gaulois.

CHAPITRE IV.

VERSIFICATION GAULOISE.

J'ai recherché si les textes gaulois présentaient de ces traces d'allitération qui ont été remarquées dans Virgile :

Incipe Menalios Mecum, Mea tibia, versus...
Ducite ab urbe Domum, mea carmina, Ducite Daphnin

qui sont une règle de la versification scandinave, et on peut ajouter germanique primitive. Je n'ai trouvé qu'un texte :

Crissi, Crasi, Concrasi (p. 87),

Trois mots allitérés et rimés. Il y a aussi :

Rouyrs. Rnonei Ras Rêelios ôs. êantefo Ra (p. 84).

Si le texte est pur, c'est l'exemple le plus formidable que je connaisse de ce procédé.

Mais, sur d'autres points, il y a des indices très curieux et qui ne permettent plus d'attribuer l'origine de la rime aux Arabes, opinion que je crois d'ailleurs être maintenant abandonnée.

Il y a deux tercets sur la lame d'argent de Poitiers (qu'elle soit gauloise ou chinoise) :

Bis Gontavrion analab is
Bis
Gontavrio souké analab is

Je trouve une forme toute semblable chez les bardes les plus anciens de Grande-Bretagne. Seulement, le petit vers ne rime point comme ici. Au second couplet la rime est moins riche.

> Bis Gontavrios catalasés
> Ouim canima ouim spater
> Namasta Madars set outaté,

Dans Aneurin (Cumberland) et dans Liwarch'h-Hen (Galles), cette seconde forme de tercet se trouve identique et très fréquente.

Le premier tercet est rimé. le second seulement *assoné*; est-ce à dire que le son semblable d'une voyelle de même quantité suffise à constituer l'assonance en ancien gaulois. Je trouve que dans les cinq grands vers, la pénultième assonne en *a*. L'histoire en vers de la grande comtesse Mathilde, par l'Italien Domnizo, présente la même particularité. En supposant élision entre *souké analabis*, on peut à toutes forces se procurer cinq vers de huit syllabes. Mais je doute fort que les Gaulois en fussent à compter les syllabes.

Pendant que nous sommes en train, cherchons quelque chose qui se trouve dans Homère, dans Nævius, et aussi, m'a-t-on assuré, dans les épopées indiennes.

Bis Gontavrion analab is	5 longues, 4 brèves
Bis	
Gontavrio suke analab is	4 longues, 6 brèves
Bis Gontavrios katalases	4 longues, 5 brèves
Ouim canima ouim spater	6 longues, 2 brèves
Namasta Madarsset outate	2 longues. 7 brèves

Il y a là un aperçu que deux brèves égalent une longue

ou à peu près. Il m'est tout-à-fait impossible d'y deviner des pieds.

Le missionnaire Dubois, dans son excellent ouvrage intitulé *Mœurs des Indiens*, nous donne l'anecdote suivante, au moyen de laquelle on peut voir combien les règles d'une versification que nous ne comprenons plus peuvent se retrouver au loin dans leurs plus petits détails :

« Chez les Indiens, dit-il, ainsi que chez les Grecs et les Latins une longue équivaut à deux brèves. Par exemple le mot *mata* composé de deux longues équivaut à celui d'*irouvadou* qui est de quatre brèves. Mais il y a des lettres brèves de leur nature qui en vers deviennent longues, à raison de leur position ; ainsi l'*a* initial du mot *akcharam* quoique bref dans l'écriture, devient long dans les vers, parce qu'il est placé devant deux consonnes... Voulant savoir si cette règle admettait la licence dont on trouve quelques exemples dans nos bons poètes latins et entre autres dans ces vers de Virgile :

Brontesque Steropesque, et nudus membra Pyracmon...

Et :

Ferte citi ferrum, date tela, scandite muros...

Je proposai mon doute au brahme que j'avais pris pour m'expliquer le mécanisme de la versification indienne. Il avait déjà fait paraître quelque surprise de la facilité avec laquelle je le comprenais ; son ton doctoral et sa morgue vaniteuse baissaient graduellement. Mais à cette question, il demeura stupéfait, et me regardant d'un air ébahi, il garda quelque temps le silence. — « Com-
» ment, me dit-il enfin, une pareille réflexion a-t-elle

» pu vous venir à l'esprit? car vous connaissez à peine
» les premiers éléments de notre poésie. » — Je lui
répliquai que différents genres de poésie dont l'étude
était cultivée dans mon pays, présentaient de nombreux rapports avec la poésie de l'Inde, et que j'avais
puisé dans mes classes d'enfant la réflexion que je venais de lui soumettre. Sa surprise, loin de diminuer,
n'en devint que plus grande encore. Il avait peine à se
figurer que des choses si sublimes eussent jamais pu
entrer dans des têtes étrangères, et qu'on trouvât des
poètes ailleurs que dans l'Inde. »

Dans les formules d'Empiricus, je trouve un quatrain
à assonances croisées :

<blockquote>
Xi ex ou cricon
Ex ou crigrion aisous
Scris ou mi ovelor
Ex ou gricon ex ou grilaou.
</blockquote>

De même *tet oun cre sonco. bregan gresso.*

Peut-être, *rica rica soro. exki couma criosos.*

Tercet à rimes riches, mais sur le même mot et le
même affixe : *Arghi dam. marghi dam. stourghi dam.*

Autre rime riche : *Vigaria. gasaria.*

Des exemples de pareils vers de trois, quatre et cinq
syllabes sont fréquents dans le Gododin d'Aneurin.
Mais tout ce qui est rimé n'est pas vers. Il y a en français une multitude de proverbes, de dictons et de formules tout aussi richement rimés, et qui ne sont pas
des vers.

L'inscription de Nîmes (p. 17) semble également
être rimée, et l'inscription la plus longue d'Amélie-les-Bains (p. 26) offre également trois assonances en *i*.

CHAPITRE V.

ÉCRITURE GAULOISE.

1. Avant César, les Gaulois se servaient de lettres grecques. Après lui, ils s'en sont encore servis jusqu'à la fin de leur langue, au moins pour les amulettes écrites, comme on peut le voir par celles que nous a conservées Marcellus Empiricus de Bordeaux.

2. Après la conquête, concurremment avec les lettres grecques, ils ont employé les latines. A en juger par les médailles et les pierres que nous avons, l'alphabet latin avait la préférence. Les lettres sont quelquefois retournées. Exemple : ꟾMA, lisez AMP(ianis), *Ambiani* (les Amiénois). Des exemples de cette bizarrerie se trouvent même sur des médailles de villes grecques d'Asie-Mineure, et même sur des médailles romaines impériales. On peut faire deux conjectures : ou bien le graveur du coin a oublié que l'antitype ne reproduit le type que comme ferait un miroir, ou bien c'est une manière d'indiquer que l'on écrit en langue nationale, et non dans celle des vainqueurs. Dans le bel ouvrage de Mazois, plusieurs inscriptions osques de Pompéi présentent la même singularité, et comme elles sont sur marbre ou pierre, on ne peut point faire la première supposition, mais croire à une distraction de l'éditeur et du graveur, l'édition étant posthume.

3. On trouve quelquefois un mélange des deux alpha-

bets qui peut se réduire en système. н ou п ou п=é (mais quelquefois on n'y peut voir qu'un é bref comme dans épad, ou deux *i* comme dans *Boiiorix*). b=rh aspiré. Δ=gh aspiré. v=aou diphthongue (ΑLVBbΟΔΕΟS). Voyez aussi D. nᵒˢ 652-654 : ΕΝbΙΤΟ, paraissant une variante de ΕΚΡΙΤ (enrhito?). Les signes п, п sont communs au latin et au gaulois. Les *graffiti* de Pompéi prouvent combien cette forme est ancienne, quant à l'écriture cursive. Elle se trouve surtout dans le troisième siècle de notre ère et les suivants, sur une multitude de pierres qui ne peuvent point être soupçonnées de la plus faible origine gauloise, et partout c'est *e* (bref ou long). Je n'en citerai qu'un seul exemple, Orelli, *Suppl. Henzen*, nᵒ 7302 : *Duodecim deos пт Dianam et Jovem optumum maximum habeat iratos quisquis hic mixerit aut cacarit* (Rome, peint sur les Thermes de Titus). Quant à ΑLVBbΟΔΕΟS et autres monstres semblables, tout bien pesé, je crois plutôt à l'ignorance, à l'inattention des graveurs de médailles, qu'à un système alphabétique; ou si cette idée a existé, elle a été exécutée d'une manière bien imparfaite.

Une lettre gauloise moins incertaine est le *D* barré, qui se trouve parfois sur les pierres, et que Duchalais regarde comme un *d* aspiré.

4. Il y a encore l'alphabet dit *celtibérien*. Ce sont les capitales grecques peu modifiées pour la plupart. J'ignore si les Gaulois d'Espagne se sont servis de ces caractères. C'est surtout de la Catalogne et du royaume de Valence que nous proviennent les exemples connus.

5. Peut-être la pierre d'oculiste conservée à Besançon nous donne un alphabet nouveau. Je crois que c'est du grec cursif horriblement mal écrit.

6. Il y a aussi celui des tablettes de Transylvanie, *libellus aurarius* de Maszmann, supposé qu'il cache du gaulois, ce qui est très incertain.

7. Enfin l'alphabet d'Ogham, qui est le primitif, celui des dieux, d'après les traditions poétiques de l'Irlande; les traditions ecclésiastiques sont au contraire unanimes pour nous dire que saint Patrik trouva les Irlandais sans aucune connaissance de l'écriture. Dans tous les cas, cette écriture paraît avoir été fort ancienne dans la grande île, où elle se nomme alphabet des bardes (*coelbrenn y beirdd*), sans que pour cela je la croie antérieure à la conquête romaine. Le système de cet alphabet est de représenter les lettres par des ramuscules de végétaux diversement disposés. Cet alphabet d'Ogham se nomme en vieux gaélic : Bouleau-frêne sauvage-frêne des plaines (*Beth-luis-nion*). *Buch-staben* (de hêtres-bâtons) veut encore dire *lettres* en allemand. Il est possible que l'alphabet runique dérive de l'ogham, ou bien l'ogham du runique. Mais restons dans notre gaulois.

CHAPITRE VI.

DÉCLINAISON NÉO-CELTIQUE.

Il y a encore des débris certains de déclinaison dans l'histoire de l'idiome kymraig ou breton. En effet, le vocabulaire dit de 882 nous donne plusieurs mots qui ont de véritables cas. Exemples : *barba, barf* (barbe), *barbam, baref,* barbe (à l'accusatif), *digitus, bis* (doigt), *digitum, bes,* doigt (à l'accusatif), *digiti, bess,* doigts.

On trouve encore, outre *barf* (barbe), dans ce vocabulaire, un bon nombre de mots qui sont presque du français. J'ai déjà cité *lait,* ajoutez : *fol, sot, suif, tonnel, gueret, corn, trist, flam; funten,* fontaine; *cloch,* cloche; *soch,* soc de charrue; *ancar,* ancre; *aradar,* araire, charrue; *badus,* badaud; *bisou,* bijou, anneau; *boch,* bouc; *broch,* blaireau; *brou,* broon, broie, meule; *dans,* dent; *dannet,* dents; *drog,* drogue, mal, sortilége; *guayl,* gaule, branche, perche; *hanaf,* hanap; *harfel,* harpe; *hos,* heuse, houseau, jambart de cuir; *inguinor,* ingénieur, ouvrier; *canna,* cane, canette, cruchon; *legest,* langouste; *lilie,* lys; *lugarn,* lucarne; *mair,* maire; *mam,* maman; *mans,* manchot; *mel,* miel; *mente,* menthe; *metin,* matin; *oberor,* ouvrier; *ors,* ours; *popel,* peuple; *ruy,* roi (bas-normand : roué); *sols,* sou; *talch,* son de blé, talc; *tanter,* tenteur, prétendant; *trud,* truite; *tur,* une tour; *win,* vin; *chein,* échine; *grat,* degré; *robbeor,* dérobeur, etc., etc. Presque tous se retrouvent dans les plus anciens textes irlandais.

D'autres sont de l'allemand : *bat* (monnaie) batz; *cos* ou *caus* (fromage) kæse; *pobel* (populace) pœbel; *roche* (raie-poisson) roche; *storc* (cigogne) storch, etc., etc., parmi lesquels plusieurs de la liste précédente.

Il va sans dire que les mots semblables au grec ou au latin sont infiniment plus nombreux, et la plupart ne semblent point des mots empruntés; car ils sont étrangers à l'Église et aux études, et ils se retrouvent aussi dans les plus anciens textes irlandais.

Je trouve encore dans les bardes du sixième siècle : *ouergougol,* orgueil; *banniar,* bannière, etc.

Quant à l'ancien irlandais, ses déclinaisons sont riches et variées. Il y a cinq cas comme en grec, et les mêmes; il y a de plus des traces de duel, mais rares et irrégulières.

MASCULINS ET NEUTRES.

I. 1. Sing. nom. *cêle,* socius, maritus.
    voc. *cêli*
    gén. *cêli*
    dat. *cêliu*
    acc. *cêle*
  Plur. nom. *cêli*
    voc. *cêliu*
    gén. *cêle*
    dat. *cêlib*
    acc. *cêliu*

MASCULINS ET NEUTRES.

I. 2. Sing. nom. *ball,* membrum.   *tuisel,* casus.
    voc. *baill*   *tuisil*
    gén. *baill*   *tuisil*
    dat. *baull*   *tuisiul*
    acc. *ball*   *tuisel*

Plur. nom. *baill,* membra.   *tuisil,* casus.
       voc. *baullu*   *tuisliu*
       gén. *ball*   *tuisel*
       dat. *ballib*   *tuislib*
       acc. *baullu*   *tuisliu*

MASCULINS ET NEUTRES.

I. 3. Sing. nom. *bith,* mundus.   *dilgud,* remissio.
       voc. *bith*   *dilgud*
       gén. *betho*   *dilgotho*
       dat. *biuth*   *dilgud*
       acc. *bith*   *dilgud*
Plur. nom. *betha*   *dilgotha*
       voc. *bithu*   *dilguthu*
       gén. *bithe*   *dilguthe*
       dat. *bithib*   *dilguthib*
       acc. *bithu*   *dilguthu*

FÉMININS.

I. 4. Sing. nom. *tuare,* cibus.
       voc. *tuari*
       gén. *tuare*
       dat. *tuari*
       acc. *tuare*
Plur. nom. *tuari*
       voc. *tuari*
       gén. *tuare*
       dat. *tuarib*
       acc. *tuari*

FÉMININS.

I. 5. Sing. nom. *rann,* pars.   *briathar,* verbum.
       voc. *rann*   *briathar*
       gén. *rainne*   *bréthre*
       dat. *rainn*   *bréthir*
       acc. *rainn*   *bréthir*
Plur. nom. *ranna*   *briathra*
       voc. *ranna*   *briathra*
       gén. *rann*   *briathar*
       dat. *rannib*   *briathrib*
       acc. *ranna*   *briathra*

Déclinaison en M, N, *des trois genres.*

Dans les déclinaisons suivantes, M. Zeusz ne trouve plus qu'un exemple de vocatif, encore lui paraît-il douteux.

II. 1. Sing. nom. *ainm,* nomen.   *bêim,* plaga.
           gén. *anma*   *bême*
           dat. *anmim*   *bêmim*
           acc. *ainm*   *bêim*
      Plur. nom. *anman*   *bêmen*
           gén. *anman*   *bêmen*
           dat. *anmanib*   *bêmnib*
           acc. *anman*   *bêmen*

Déclinaison en N, *des trois genres.*

II. 2. Sing. nom. *menme,* mens.   *ditiu,* teges.
           gén. *menman*   *diten*
           dat. *menmin*   *ditin*
           acc. *menmin*   *ditin*
     Plur. nom. *menmin*   *ditin*
           gén. *menman*   *diten*
           dat. *menmanib*   *ditnib*
           acc. *menmana*   *ditne*

Déclinaison en R, *des trois genres.*

II. 3. Sing. nom. *athir,* pater.
           voc. *athair?*
           gén. *athar*
           dat. *athir*
           acc. *athir*

Cette forme allongée, *athair,* au vocatif, est suspecte à M. Zeusz; elle ne se trouve que dans un seul texte : *a athair fil hi nimib* (ô père, qui es dans les cieux). Il doute et préfère *athar.*

      Plur. nom. *athir*
           gén. *athre*
           dat. *athrib*
           acc. *athru*

Déclinaison en D, *des trois genres.*

II. 4. Sing.	nom.	*druid,* druida,	*fili,* poeta.
	gén.	*druad*	*filed*
	dat.	*druid*	*filid*
	acc.	*druid*	*filid*
Plur.	nom.	*druid*	*filid*
	gén.	*druad*	*filed*
	dat.	*druidib*	*filidib*
	acc.	*druida*	*fileda*

Déclinaison en CH, *des trois genres.*

II. 5. Sing.	nom.	*cathir,* oppidum.
	gén.	*cathrach*
	dat.	*cathir*
	acc.	*cathrich*
Plur.	nom.	*cathrich*
	gén.	*cathrach*
	dat.	*cathrichib*
	acc.	*cathracha*

En comparant, dans les langues indo-européennes dont on peut connaître l'histoire, la décadence des désinences ou affixes de déclinaison, il est facile de voir que ces anciens paradigmes irlandais, dont il reste encore aujourd'hui quelque chose, doivent avoir été précédés par des formes non-seulement plus riches, mais de plus très analogues à celles du latin et du grec. Le n° I 1 correspond à la seconde déclinaison *dominus* et λόγος. Le n° I 4 à *rosa* et ἡμέρα, et encore plus à une déclinaison en *e* bref, très riche en sanscrit. La série II presque tout entière à la déclinaison que Grimm appelle *faible,* et Burnouf *imparissyllabique.* Les voyelles affixes semblent se réfugier dans l'intérieur des radicaux; et comme nous l'avons vu au commencement de ce chapitre, la langue des Cambriens présente la même anomalie. C'est un caractère universel des idiomes néo-celtiques; il se retrouve dans la conjugaison des verbes et dans la composition des mots formés de plus d'un radical.

Je joins ici quelques exemples de l'ancienne langue gaélique, ou, comme elle s'appelait primitivement, gadalique. (Je crois qu'un des meilleurs moyens d'étudier les idiomes néo-celtiques au point de vue de l'ancien gaulois, ce serait que le lecteur analysât luimême dans ces textes trois choses : 1° les radicaux indo-européens, 2° les préfixes, suffixes et affixes, et 3° la règle des mutes.)

Il y a en premier lieu des vers de saint Patrik, Breton de naissance, esclave en Irlande, apôtre de cette île, mort avant l'an 460 de notre ère. Ils sont tirés de la *Vie de saint Déclan* et Z., p. 944.

On y remarquera l'article *in*, *in*, *an*, etc., faisant corps avec le substantif, dont nous n'avons vu aucune trace dans les textes qui précèdent.

Il n'y a point en gadalique de *v* consonne; il y est remplacé par *f*.

J'ai remplacé par notre circonflexe l'accent aigu des Celtes-Irlandais (grave des Celtes-Ecossais), marque d'une voyelle longue.

Ailbhe   umhal   padruig
Albeus   humble (sois) le Patrik

muomhan   moguchruth
de Momonie,   mon égal.

Declan   padruig   nandesi
Déclan (sois) le Patrik   des Dèsi

nadesi   agdeclan   gobruth
les Dèsi   avec Déclan   toujours.

Les Dési, dont le nom semble dérivé de Dis (p. 32), étaient le clan dominant de l'Irlande méridionale.

L'hagiographe assure que ce quatrain était conservé précieusement dans la famille de Déclan, et qu'il reproduit l'original de saint Patrik avec le dernier scrupule. Il y a plusieurs mots qui n'ont point l'orthographe gadalique.

L'autre pièce, qui est un huitain, se trouve sur le manuscrit d'une chronique latine. On peut voir le *fac simile* dans Pertz (*Monum.*, t. VII, p. 481). L'orthographe est bonne, peut-être moins exacte.

Ol Patræc :
a dit Patrik :

a brigit, a noebchallech,
ô Brigitte, ô sainte mère,

a brêo ôir donadéseb,
ô flamme d'or pour les Dêsi,

tricha bliadan, genchrédech,
(pendant) trente ans, (pour les D.) idolâtres,

bennach érenn darmese.
bénis Erin après moi-même.

Le mot *gen-chrédech* est composé de *gen* (nation, race) et *cred* (croyance, confiance); il répond à *gentiles* et à *ethnici*.

bennach érenn in cechdú.
bénis Erin en chaque lieu.

bennach ultu es connachtu.
bénis Ultonie et Connacie.

bennach lagniu in cechtan.
bénis Lagénie en tout temps

acus bith bennach firu muman.
et (à) toujours bénis (les) guerriers de Momonie.

Ultu au nord, Connachtu à l'ouest, Lagniu à l'est,

— 171 —

Muoma au sud-ouest, sont les quatre parties de l'Irlande appelées par les Anglais Ulster, Connaught, Leinster et Munster.

Sainte Brigitte, disciple et émule de Patrik, se chargea de la conversion des femmes et fonda un grand nombre de couvents.

Je joins les extraits donnés aussi par M. Zeusz, pag. 938 et suivantes, du chant en l'honneur de saint Patrik.

boi sê bliadna hi fognam, maise dôire nostomled.
(il) fut six ans en servitude, nourriture d'esclave il mangeait.

bator ile cathraige, cethar trebe diafogned...
furent beaucoup de villes, quatre villages (où il) fut esclave...

in insib mara toirriam, ainis inib adrime.
en îles de mer Tyrrhénienne, là dans elles (il) médite.

legais canoîn la german ised adfiadat line.
(il) lit (les) canons chez Germain (d'Auxerre) cela affient écritures.

dochum nêrend dodfetis aingil dê hi fithisi;
dans l'Erin l'attendaient anges de Dieu en désir;

menic itchiti hi fisib dosnicfet arithisi...
maint ont vu en visions (que) viendraient (ses) secours...

tuata hêrend tairchantais dosnicfed sithlaa
peuples d'Erin avenir chantaient (que) devait venir de paix journée
                                                         nua,
                                                         nouvelle.

meraid coti amartche, ocus bid fas tîr temrach...
jusqu'à ce que vint amertume, et fût dévastée terre de Témair...

Témair ou *Temoria* était le nom d'une des villes principales de l'Irlande.

Suivent quelques vers sur le précurseur de saint Patrik; Bennabairche prêchait dans le Midi, quand l'apôtre vint s'établir vers le Nord-Est.

Hi slantuaith bennabairche nisgaibed tart na lia;
dans Slantuat Bennabairche ne prenait soif ni faim;

canad cêt psalm cech naidchi, dorîg angel fognia.
chantait cent psaumes chaque nuit, à roi d'anges servait.

fóid for leic luim iarum, ocus cuilce fliuch imme.
dormait sur pierre nue après, et des roseaux mouillés autour.

ba coirte arithadart, nileic acorp itimme;
fut (une) écorce (son) lit, (qu')il ne mit point le corps en chaud;

pridchat soscéla dochach, dognith môrferta illethu,
prêchait évangile à chacun, faisait grands miracles au loin,

iccid luscu la trusca, mairb dosfuisced dobethu.
guérissait boiteux par jeûne, morts ressuscitait à vie.

pâtraic pridchis doscotuib, roches môrseth illethu,
Patrik prêcha à Scots, (il) fit en sorte à grand effort au loin,

immi cotîsat do bràth, incâch dosfusc dobethu.
(qu')autour de lui vinssent à tribunal, les chacuns (qu'il) suscitait à vie.

for tuaith érend bai temel, tuata adorta idla,
devant peuple d'Erin furent ténèbres, de gentils (furent) adorées idoles,

nichreitset in firdeacht inna trinôite fire.
(ils) ne crurent point la vraie déité de la trinité vraie.

inardmachu fil* rîge, iscian doreracht emain,
les Mac-Ardes font (un) royaume, (où) jadis s'éleva Emania,

iscell môr Dunlethglaisse, nimdil cid
(où) est aussi (la) grande de Down cathédrale, ne me plaît pas que (soit)

distrub temair.
détruite Temair.

Ptolémée nous donne en Irlande la ville de ΔΟΥΝΟΝ (Dunum / Downpatrik); c'est là que fut enterré l'apôtre, dans l'église principale ou *large-église* qu'il avait bâtie.

patraic, diamboi illlobru. adcobra dol domacho;
Patrik, quand fut en infirmité, entreprit d'aller à Macha;

dolluid aingel arachenn forsêt amedonlathe...
précéda (un) ange sur sa tête devant (le) sentier à midi...

Amedonlathe, mot composé de : *a* (par), *medon* (mitoyen), *lâas* (jour).

* Verbe unipersonnel : *il y a*, gouvernant l'accusatif.

— 173 —

L'ange, du milieu d'un buisson ardent, annonce à Patrik sa mort prochaine, mais qu'il doit ressusciter avant le jugement dernier pour sauver encore les Irlandais.

dofaith   fodes   couictor,   ba   hê aridlalastar.
(il) se tourna au midi vers Victor, celui-ci l' appela (à lui).

lassais immuine   imbai,   asintenad galastar...
brûla   le buisson où (il) était, de l'ignition parla...

immon   doroegu   itbiu   bid luirech   didim   dochâch.
autour nous ton élection en ta vie sera cuirasse de protection à chacun.

immut   illathiu   mesa   regait   fir   herend
autour de toi en jour de jugement viendront (les) guerriers d'Erin
                                                          dobrâht.
                                                          à tribunal.

anais   tasach   diaaes,   intan   dobert   comain' do.
disparaît (l')esprit pour l'éternité, après que a apporté communication à lui.

asbert   mosnicfed   patraic : briathar taissaig   nirbu
(il) a rapporté que reviendrait Patrik : parole   d'ange   ne fut
                                                             go.
                                                    (jamais) mensonge.

Go est bien évidemment parent de nos vieux mots *gas, gausse, gausser, gausserie*. Il y a aussi à remarquer que *nirbu* est au prétérit; c'est l'aoriste absolu des Grecs.

Après la mort de Patrik, il n'y eut en Irlande ni nuit ni guerre pendant un an.

sam aigis crich friaidchi,   arnache   ate   les oca.
soleil fit   fin   à (la) nuit, de peur que ne fût aucunement.

cochenn bliadna   bai   soilse, ba hê sithlathe fata.
jusqu'à de l'année complément lumière, fut ce de paix jour long.

unir assuith   la   hiessue ingrian fri bâs innaclôen;
or   s'assit chez Josué   le soleil pour mort des méchants;

ciasu threbrech ba huisse soilse fri betsect nanôcb.
donc convenable fut juste lumière pour baptême aux saints.

Je termine par un morceau plus moderne et plus long. C'est le chant d'un converti, c'est-à-dire d'un moine irlandais qui vante les merveilleuses vertus de sa ceinture d'osier. L'antiquité du manuscrit est déjà très respectable, car il est du onzième ou douzième siècle. Les vers eux-mêmes peuvent être plus anciens. Déterrés par M. Haupt, ils ont paru pour la première fois dans la *Grammaire* de M. Zeusz, p. 933. Comme le texte est très pur, ils ont une importance très grande non-seulement pour faire voir les règles de la versification néo-celtique, mais encore pour la grammaire et l'histoire des langues d'origine gauloise. Je reproduis exactement le texte et la traduction en changeant seulement l'ordre des adjectifs, que je place avant leurs substantifs, pour me conformer à l'irlandais.

Je remplace, comme toujours, les accents aigus par notre circonflexe; je mets en romain les lettres étymologiques, entièrement nulles dans la prononciation, qui, dans les manuscrits irlandais, sont indiquées par un point suscrit. Les Irlandais modernes ont eu l'idée moins heureuse de les marquer en les faisant suivre d'un *h*; mais comme cette lettre indique encore l'aspiration, il y a confusion pour les étrangers.

Cris   finnaim   dumimdegail   imum   imacuḋirt.
Cingulum Finnani ad me circumsepiendum circum me circumcirca

Nar amtáirthea insêt   timcellas   intuáith.
Ne me sollicitent bona quæ me circumdant in populo.

Rauchti   láin   induleân   mubrond.
Assequenda plenitudo omnis valetudinis mei corporis.

Lurech Dê   dumimdegail   otamind   gombond.
Lorica Dei ad me circumsepiendum si sunt capræ ad meum fundum

Cris   fimieain   muchris   argalar   arches.
Cingulum viminis meum cingulum contra morbum curamque

Aruptaib   buumbeth   afraech   adamles.
Contra fascinationes mulierum erica mihi fert commodum

Cris   coin   muchris   ralêg   súidi   nglan.
Cingulum avis meum cingulum permisit sedem puram

Daid ferga   fer   soid   upta   mban.
Malæ iræ virorum bonæ fascinationes mulierum

Cris . nathrach   muchris   nathair   imâtâ.
Cingulum serpentis meum cingulum serpens circum est

Náramgonat   fir   naramillet   mná.
Ne me vulnerent viri ne me perdant mulieres

Durennaib   romôra   fomôir   imâtâ.
Ad stellas me sublimavit potenter circum est

Fobrut   muridam   fosarabi   invi.
Illico meus rex etiam ea abscidit rex

Fotrochlanib   fothochlan   mubi.
In profanis locis suffodiebam meum mundum

Mucholmoch ramcharastar   arfégad   arfis.
Mucholmoch   me duxit   ad meditationem ad fidem

Isairai ramcharastar   uair   istend   mochris.
Ideo   me duxit   quia est firmum meum cingulum

Les vertus de la ceinture druidique ont passé à la monastique. Il est incontestable que les ceintures jouent un grand rôle dans les superstitions néo-celtiques les plus anciennes; on peut donc, sans grande audace, remonter jusqu'aux Gaulois et jusqu'à la ceinture d'airain des prêtresses de l'île de Séna.

Du cinquième au treizième siècle, c'est-à-dire depuis le temps de Clovis jusqu'à celui de saint Louis, les Irlandais ont eu une langue littéraire qui n'a presque point varié. Sous le nom de *gadhaelic*, ils la distinguent des dialectes rustiques, probablement assez nombreux. Ils conservent avec soin, dans leur écriture, les lettres de l'ancienne orthographe, même celles qui ne se prononcent plus depuis un temps immémorial. Ils en ont ajouté d'autre part à foison ; ce qui fait que leur orthographe est au moins aussi difficile que la nôtre.

Epouvantail d'enfant ; je sais par expérience que ceux qui savent le grec, le latin et le français peuvent apprendre leur gadalique du moyen-âge en quelques mois. Avec la connaissance du bas-breton, c'est l'affaire de quelques semaines.

Pourtant, un savant gallois et un savant irlandais ont nié, chacun de son côté, la parenté de leurs idiomes respectifs. Ils sont restés seuls jusqu'à présent ; d'ailleurs il n'y a pas une page de la *Grammaire celtique* de M. Zeusz qui ne donne plusieurs preuves du contraire. Ce sont bien certainement deux langues sœurs, au moins autant que le grec et le latin, ou, si l'on aime mieux, le français et le rouman. Il en était ainsi, et elles devaient être plus voisines au temps de l'empire romain. Les noms de lieux donnés par les anciens, principalement par Ptolémée, sont une preuve directe et certaine ; on les retrouve en grande partie dans les autres pays gaulois ; ils sont pour la plupart aussi faciles à expliquer par le bas-breton qu'une foule d'autres noms gaulois, et presque toutes ces explications sont conformes au plus ancien gaélique.

Je ne prétends point pour cela qu'il y ait eu, au temps de Ptolémée, identité de langue entre les Hiverniens, les Bretons, les Belges et les Celtes. Il a même pu y avoir en Irlande des clans d'une toute autre race. D'autre part, j'ai beaucoup d'indices que les Irlandais étaient plus rapprochés des Gaulois méridionaux, ou Celtes proprement dits, que des Bretons et des Belges. M. Fauriel retrouvait plus souvent en Irlande qu'ailleurs les mots et les formes difficiles de nos troubadours.

M. Zeusz, qui paraît très contraire aux idées de M. Am. Thierry, universellement adoptées en France, est plein de témoignages, assurément très désintéressés, qui tendent à fortifier l'assertion de M. Fauriel et le système gallophile.

Un texte plus ancien peut-être que les vers de saint Patrik, mais qui n'est certainement point gadalique (patois de Calédonie ou d'Irlande?), c'est une petite collection de formules contre les maladies, analogue à celle que nous avons tirée de Marcellus Empiricus et de la lame d'argent de Poitiers. Elle provient du couvent de Saint-Gall, fondé par les moines irlandais disciples de saint Columban. La voici tout entière d'après M. Zeusz (*Grammatica celtica*, p. 926).

Le chiffre 7 signifie *et*, qui, écrit en toutes lettres, est quelquefois *es* ou *et*, plus souvent *acus*, *ocus* ou *sco*. Jamais il n'est suffixe comme le gaulois *set* ou *xet*.

ni artu nî nim, ni domnu nî muir, arnóib bríathraib rolabrastar cr. assachr. « Ni hauteur du ciel, ni pro- » fondeur de la mer (n'est) au-dessus des saints en- » seignements (que) prêcha Christ toujours Christ. » Le verbe et le pronom relatif sont sous-entendus. Je n'ai fait qu'un seul changement à la traduction de M. Zeusz, conjecturant que *nî* long doit être différent de *ni* bref, et pourrait être l'article au génitif au lieu de *in* masculin et neutre, féminin *na*. Dans le mot *arnóib* (sur-saints) datif pluriel, l'article est supprimé ou plutôt élidé, *ar-n-nóib*.

diuscart dim andelg delg diuscoilt crû ceiti mêim mêinni bê ai béim nand dodath scenn toscen todaig rogarg fiss goibnen aird goibnenn renaird goibnenn cein-

— 178 —

geth ass. Delg (épine), *andelg* (l'épine). — *béim* (plaie). — *fiss* (science), *goibnen* (des prêtres, littéralement des forgerons). Ces deux mots sont synonymes.

focertar indepaidse inimnad têt inuisce 7 fuslegar de inmandelg immecûairt 7 nitêt foranairrinde nachforanálath 7 manibê andelg and duthôeth indalafiacail airthir achin. Le mot *delg* (épine) se retrouve encore deux fois dans *inmandelg* et *andelg*. *Immecûairt* signifie *tout autour*, littéralement *autour-autour*, l'un préposition, l'autre adverbe. *Fiacail* signifie *dents*. J'ai cherché en vain s'il n'y aurait point là quelque rapport avec la phrase latine si bizarre d'Empiricus : *Pastores hunc morbum invenerunt, sine manibus collegerunt, sine dentibus comederunt.*

argalar fuail. « Contre rétention d'urine, mot à mot » contre mal d'eau. » *dumesuresa diangalar fuailse, dunesaic êu êt dunescarat êum êolaithi admai ibdach.* Le dernier mot signifie, *sorcier*. On peut décomposer une partie du second et tout le troisième d'une manière certaine : *n* (le) *galar* (mal) *fuail* (d'eau) *se* (mienne). *focertar inso dogrés imaigin hitabair thual.* « Soient- » détruits les-ces méchants-démons dans-coin où-tu- » donnes ton-urine. » La contraction de *tho fual* en *thual* proposée par M. Zeusz paraîtra toute simple si l'on réfléchit que *fual* se prononçait probablement *voual*, et que cette lettre est une de celles qui s'élident le plus constamment dans tous les idiomes néo-celtiques.

PCHNITΦCANΩMNIBYC . KNAATYONIBVS

« Qu'ils prêchent à toutes les nations. » Je lis avec

M. Zeusz : *preêchnitôsan omnibus cnâtionibus*. C'est du latin en lettres grecques et du grec mêlé de latin, et une devinotte cabalistique. Suit une formule qui commence par du latin et finit par de l'irlandais :

Caput xpi. oculus isaiæ frons nassium uôe labia lingua salomonis collum temathei mens beniamin pectus pauli unctus ioannis fides abrache scs. scs. scs. dns. ds. sabaoth. — *cauir anisiu cachdia imduchenn archengalar iarnagabâil dobir dasale itbais 7 dabir imduda are 7 fortchulatha 7 cani dupater fothrî lase 7 dobir cros ditsailiu forochtar dochinn 7 dognî atôirandsa dam U. fortchiunn*. Le mot *cenn* (tête) se retrouve dans *imdu-chenn* et peut-être aussi dans *fortchiunn* ou *for-t-chiunn* (sur ta tête?); il n'y a aucun doute sur le sens de *do-chinn* (ta tête) et d'*ar-chenngalar* (contre mal de tête). *Forochtar* (sur), dont il y a des exemples postérieurs, est un composé de *for* (sur). *Dabir*, peut-être *dobir*, peut signifier *porte*, impératif de *porter*.

tessurc. (invoque?) *marb*. (mort.) *biu*. (vie?) *ardiring*. (contre phthisie?) *argoth. sring. aratt. dichinn. arfuilib* (contre rétentions) *hiairn*. (fer?) *arul. loscas. tene. arub. hithes. cû. rop* (soit) *acubrû*. (accumulation?) *crinas. teoraenoe. crete. teorafëthi fichte. benim agalar.* (le mal) *arfiuch fuili. guil. fuil. nirubatt. rëe. ropslán. forsate. admuinur. inslânicid. foracab. dian. cecht. liamuntir coropslán. ani forsate*. On trouve en outre les noms de nombres *teora* (trois, au féminin) et *fichte* (vingt) composés avec *fëthi* (veines) à l'ancienne manière irlandaise ; le tout, *teorafëthi fichte*, signifiant 23 veines. *Arub, benim, admuinur* semblent indiquer des verbes à la première personne du singulier.

La dernière formule est d'une autre écriture, mais du même temps : *Atanessam dolutain ubélaib.* « Bon re-
» mède pour plaie en tes lèvres. » *Focertar inso dogres ilbois lain diuisciu ocindlut 7 dabir ubéulu 7 imbir indamer cechtar aî áleth.* « Soient-détruits les-ces mal-
» démons ..... plein d'eau ..... plaie. Et (après avoir
» prononcé ce charme) porte (*dabir*) à ta lèvre (l'eau)
» et introduis les deux doigts (*in,* les ; *da,* deux ; *mer,*
» doigts) l'un et l'autre séparément. »

Les interprétations, à deux ou trois exceptions près, ne sont pas de moi, mais de M. Zeusz. Ce grand linguiste n'a pas jugé possible de traduire ces formules dans leur entier. Tout en me sentant infiniment moins capable de le faire, j'ai commencé par essayer, et j'ai bientôt reconnu que cela m'était impossible. Si j'ai été quelquefois plus hardi pour le gaulois, ce n'est point que je croie le savoir. Mais, réduit à deviner, j'ai deviné. Pour les plus anciens débris d'une langue encore vivante, il est raisonnable de suivre une autre méthode. Comme le dit M. Zeusz, il est à peu près indispensable d'être du pays ; car si ces phrases ne sont point fortement altérées, on ne peut espérer de les expliquer qu'au moyen de quelque patois étranger à la langue savante.

CHAPITRE VII.

ESQUISSE CONJECTURALE DES PREMIERS LINÉAMENTS D'UNE GRAMMAIRE GAULOISE.

La traduction des textes gaulois étant conjecturale, il est évident que l'analyse grammaticale doit l'être également. Je ne pense point pourtant qu'il puisse y avoir de doute raisonnable sur le sens des fragments qui suivent :

SIMISSOS (demi-as) POUBLICOS ou POUBLICA (public) LIXOVIO (des Lixoviens)

ANDECAMOULOS TOITISSICNOS IEOUROU (Andécamoulos fils de Toitissis a fait)

SEGOMAROS (Ségomar) EIOROU (a fait) BELESAMI (à Bêlêsamé) SOEIN ou SOSIN (ce) NEMETON (temple)

LICNOS CONTEXTOS IEOUROU (a fait) ANVALLONACOU (à Anvallonacus) SEDLON (chapelle)

MARTIALIS (Martial) IEOUROU (a fait) DANNOTALI (à Dannotalé)

DEAI (les déesses) NIMPAI, NEIN BRICAXET (N. et Brica) JANOUARIAXET (et Janouaria) NIROUN (dominent) IBINOUS (ces ifs) MUIOSO (par leur voix)

GONTAVRIOS CATALASES (G. disparait) OUIM (loin de moi) CANIMA (enchantement) OUIM (loin de moi) SPATER (maladie) NAMASTA MADARSSET (N. et Madars ou Mastars) OUTATE (allez-vous-en)

ARGHI (arrête) DAM (le mal) STOURGHI (extirpe) DAM (le mal)

XI (va) EX OU (hors de) CRICON (gorge), EX OU (hors de) CRIGRION (gosier). SCRIS (glisse) OU MI (de moi) EX OU (hors de) GRICON (gorge), EX OU (hors de) GRILAOU (boyaux).

TET OUN, CRE (fuis de nous, ordure).

On peut trouver du gaulois sur une agate dite *gnostique*, en lisant comme il suit ces deux vers :

	ΙΔΕΝ	ΗΔ		
	les dieux	c'est :		
PENAN		HYNHCJAAPI		KHAEYEAI
de par les 2 reines		Eunêshilaré,		Kéleuelé,
PIKI	PAAIDONΩ	YD	NE	NEP	ABNEAI
de par le roi	Ralidonos;	loin de nous,		sire,	vole.

N'en déplaise à M. de Hammer, ce gnostique m'a l'air bien gaulois; voy. *Iden*, p. 49. Au propre, je crois que ΙΔΕΝ est l'Olympe gaulois. Si l'on s'en fie à un bronze du musée d'Avenche, ce séjour des dieux avait la forme d'une main ouverte. Au-dessous de la Handek, on voit pendant plusieurs lieues plusieurs sommets des Alpes bernoises qui ressemblent beaucoup à cinq doigts. — HYNHCIAAPI, *Vénus*, mot grec n'ayant rien de gaulois que l'ablatif féminin en *i*. On trouve *Hilara* sur un autre camée; mais là tout est bien du grec (1). — KHAEYEAI peut se traduire par *associatrice*.

---

(1) Je t'aime, Hilaire! στέργω σ'ἱλαρά. Abjure Jehova-Sabaoth-Adonaï, et la mer (où résident les parques gauloises??) et les ténèbres du Tartare, μέμφου ιαὼ σαβαὼθ αδονηΐη, καὶ θαλάσσαν, καὶ τοῦ ταρτάρου σκοτίαν. Il y a bien quelques fautes d'orthographe, στεργου, μεμφι, θαλαττα, σκοτιν: mais les amants et les graveurs ne sont pas toujours très instruits. Le sujet de ce camée est religieux si l'on veut : « Vénus debout, nue; à » gauche, amour ailé volant vers la déesse; à droite, colombe. »

J'en demande pardon aux gnostiques, mais je lis sur une hématite représentant un camoulos ithyphallique :

ΗΝΝΑΜΑ	ΡΩCΑΜΙ	ΟΥΕΡΝΑΜΕ	ΡΩC
de l'en-céleste	Rosamos	sur-céleste	grâce.

Comparez Rosamo, p. 25-28; *nam*, p. 109; namasta, p. 90; ronal et *ros*, p. 144.

Les originaux sont à la bibliothèque impériale, les transcriptions dans le *Catalogue* de M. Chabouillet, 2213, 2227, 2239; et on peut soupçonner encore du gaulois dans quelques textes aux alentours.

Je livre (*fungar vice cotis!*) les tableaux qui suivent :

AFFIXES.

DÉCLINAISONS : I. Lat. : *rosa*. Grec : *hêmêra*.

SINGULIER.

Nomin. Déa, la déesse (féminin).
Vocat. Déa! déesse!
Génit. Déâ? de la déesse.
Datif. Deâ, à la déesse.
Accus. Dean, déesse.
Ablat. Deâ, par la déesse.

PLURIEL.

Nomin. Déai, les déesses
Génit. ...., des déesses.
Datif. Déab, aux déesses.
Accus. Déas, déesses.
Ablat. Déab, par les déesses.

DUEL.

Datif. Déan? aux deux déesses.
Ablat. Déan? par deux déesses.

Je regarde les mots de cette classe comme essentiellement féminins. Le mot est donné par le nominatif pluriel Déai nimpai, p. 2, par le nom ancien de la ville de *Die* en Dauphiné, et par le gadalique *bandea* (femme-déesse).

Le nominatif singulier en *a* est donné par Brica (Briga, Bricca) et Janouaria, p. 2; Arivéa, p. 11; Vocarana, Louccotina, p. 61 (Paris est appelé ΛΕΥΚΟΤΕΤΙΑ par Ptolémée); Bouskilla, p. 72; poublica, p. 104; gaioseia, p. 80; Tavsia?? p. 72; Solima? p. 72; ouicca, souicca, p. 139; boussoua, p. 144.

Cette désinence était brève, s'il faut s'en rapporter à l'accentuation à peu près constante des Grecs, qui mettent à l'anté-pénultième l'accent sur tous les noms gaulois en *a*. Au contraire, pour le génitif, il est sur la pénultième.

Le vocatif singulier est donné par Txsia, p. 72; Absa, p. 83; Gasaria, Rica, Rica, p. 84. Il y a aussi potnia, p. 83; mais comme c'est un mot du dialecte homérique, j'hésite à croire que ce soit du gaulois.

Le génitif (que je crois *long*, comme c'est prouvé pour le datif) est donné par les géographes grecs Strabon, Ptolémée, et même Marcien d'Héraclée, etc. Il n'y a pas moyen de le prendre pour un affixe grec. Je me contenterai de citer un exemple de Ptolémée : *tou* sêkoânâ *potamou* (du fleuve Seine). En latin, nous trouvons une trace de ce génitif en *â*. Grégoire de Tours nomme Brive-la-Gaillarde Brivacurretia, au lieu de *Briva Curretiæ;* le sens (pont de la Corrèze) n'est pas douteux : on lit Brivisara (Pontoise) sur la carte de Peutinger, au lieu de *Briva Isaræ* de l'*Itinéraire* dit d'*Antonin*.

Le datif en A *long* est donné par l'inscription latine *Deæ* Sequanâ, p. 46; et sans le signe de quantité par beaucoup d'inscriptions latines : *Deæ* Dirona, p. 134; Ateula, *Solli* fil(iæ), p. 12; *Marti, Minervæ, Campestribus,* Epona, *Victoriæ* (B., p. 232); Croetonia, *matri deum* (Gruter, p. 29, 9), etc. Plus douteux sont les exemples gaulois : Conâ s, p. 12, qui doit s'entendre peut-être : S.... (consacré) Conâ (à Cona). Le nom de *Sacrovir* et le mot *sacart* (prêtre), en gadalique, avec sa glose *sacerdos*, me semble indiquer que le radical *sacr* était commun, comme tant d'autres, au gaulois et au latin. De même Briccâ, p. 3; Atéoulâ (déesse), p. 13; Rovecâ, Suiccâ, Ouiccâ, p. 42, etc., sont peut-être au datif plutôt qu'au nominatif.

L'accusatif en *an* est donné par marousan, p. 129; mais c'est du cimbre.

Le nominatif pluriel nous est donné par deai Nimpai, p. 2.

Le datif par Fatab, p. 123.

L'ablatif par analab, p. 89; déab, p. 186.

Le datif duel par Rican? p. 8; Vocaran? p. 61; Keltitan? p. 129, qui peuvent être également des masculins; voyez ci-après.

L'ablatif duel par Renan? p. 182.

DÉCLINAISONS : II. Grec : *neanias*. Lat. : *Mosella*

SINGULIER.

Nomin.	Namastas,	*le dieu* (masculin).
Vocat.	Namasta!	*dieu!*
Génit.	Namasti,	*du dieu.*
Datif.	Namastou,	*au dieu.*
Accus.	Namastan,	*dieu.*
Ablat.	........,	*par le dieu.*

PLURIEL.

Nomin. Namastai, *les dieux.*
Génit. ...., *les dieux.*
Datif. Namasteb, *aux dieux.*
Accus. Namastas, *les dieux.*
Ablat. Namasteb, *par les dieux.*

DUEL.

Nomin. Namasta, *les deux dieux.*
Génit. Namastan, *aux deux dieux.*

Le mot est fourni par le vocatif Namasta, p. 89.

Le nominatif par Niscas daas, p. 27 ; Sdas, p. 100 ; cantas? p. 26.

Inscriptions latines : *Goas,* p. 63 ; *Irdas,* p. 66, etc. ; par *abbanas* ou *abranas* (singe) d'Hésychius ; par *calocas??* (coq), mot que je tire comme régulièrement formé de *calocatanos* (coquelicot) d'Empiricus : *tan kilcok* (flamme de coq), chez les plus anciens bardes.

Le génitif en *i* est donné par *Icauni,* d'Auxerre : *Aug. sacr.* deab Icauni *T. Tetricus African. d. s. d. d.* (Caylus, *Recueil,* t. III, p. 291). Or, le plus puriste prosateur du cinquième siècle, Constantius d'Autun, nomme l'Yonne *Icauna,* traduction latine d'Icaunas. Presque tous les noms de rivières gauloises sont masculins dans Tibulle (*Garumna*), dans Lucain (*Isara*), dans Ausone et dans Sidoine Apollinaire.

Le datif en *ou* n'est donné que par une inscription latine de Haguenau : *Deo* Medru, *Matutina* Cobnert(e). Au-dessous est un bas-relief du dieu persan *Mithras,* d'où j'induis que les Gaulois l'appelaient Medhras avec le *th* des Anglais.

Il y avait peut-être un datif en *ac* au moins chez les

Volces. — Voy. *Nombres* à la fin des déclinaisons, et les datifs en *c* des sixième et septième.

L'accusatif en *an* nous est donné par markan de Pausanias (X., 19) : « Car sachez, dit-il, que les Gau- » lois appellent un cheval *markan*. » C'est bien un accusatif ΊΠΠΟΝ Μ'ΑΡΚΑΝ ὌΝΤΑ.

Le nominatif pluriel, conjectural sur deai nimpai.

Le datif pluriel en *cb* nous est donné par sdeb, p. 100.

Le duel est donné par comd, p. 3, que D. croit devoir être lu coma (COMA, lisez KOMA). Alors ce seraient les deux gémeaux, Castor et Pollux, racine du nom d'homme Commios. Mais cela est bien incertain; doutons. Le génitif serait donné par la première déclinaison féminine, dont celle-ci est le masculin. Doutons encore.

Il semble qu'il y avait aussi une déclinaison neutre calquée sur dea et namastas. Voyez opoba....rdaan, p. 14; mais la lecture est bien douteuse. Doutons plus que jamais.

Déclinaisons : III. Grec : *logos*. Lat. : *dominus*.

SINGULIER.

Nomin.	Tarvos,	le taureau (masculin).
Vocat.	Tarvo!	taureau!
Génit.	Tarvio ou Tarvi,	du taureau.
Datif.	Tarvou,	au taureau.
Accus.	Tarvon,	taureau.
Ablat.	Tarvô,	par le taureau.

PLURIEL.

Nom. voc.	Tarvis,	les taureaux.
Génit.	Tarvom ou Tarvo,	des taureaux.
Dat. abl.	Tarvob,	aux taureaux.
Accus.	Tarvous,	taureaux.

DUEL.

Nomin. Tarvo, les deux taureaux.

Tarvos nous est donné par une inscription de Paris, p. 34; comparez : Carsicios, sollos, oulatos, diaoulos, rêmos, somosoitos?? atisios rêmos, viros, viroos, ...llanoitacos, Arêtoilmos, boikos, Kernounnos, ghiamilos, Licnos Contextos, Iccavos Oppianicnos, Andecamoulos Toitissicnos, coios, Segomâros villoneos, contooutos, matougenos ou matoubinos, souticcos, Ratoumagos, Kisiambos Kattos *et* simissos poublikos, vadnaios, eccaios, Tatinos, coounos.

(Doiros, p. 42, est, selon moi, un pluriel de la septième déclinaison.)

Inscription latine : Etecos, p. 66 ; et cette forme n'est point rare sur une foule d'autres que je ne rapporte point ici.

Je regarde les mots précédents comme masculins. Rosamos, p. 27; Pixtilos, p. 41; Nonnos, p. 143; Dournacos, p. 7; Triccos, p. 99; Stratos, p. 109, sont, il me semble, féminins. Joignez-y Andros de Pline (l'une des îles Sorlingues); Odocos d'Empiricus (hièble ou sureau herbacé). Il est évident qu'à Lisieux on a hésité sur le genre à donner à Simissos. Ainsi cette désinence en OS pouvait être féminine, au moins pour des noms substantifs.

Le vocatif en *o* est donné par Rosamo, p. 25-27; Arithmato, p. 79; Ninno? Nino? p. 110.

Le génitif singulier en *io* nous est donné par Namausatio, p. 64; Sosio, p. 72; Oulio, p. 13.

Le génitif en *i* par Ségomari, p. 42; Gobebdi, p. 43; par Rosami, p. 183.

Le datif en *ou* par caledou, p. 13; Cammou, p. 35; Anvallonacou, p. 37; Alisanou, p. 42; selisou, p. 61; Magalou, p. 72; kikédou, p. 74; virikiou, p. 75; Aulircou, p. 102; durnocoou? p. 111; ilikiou, coou? p. 113; sobisoouomarou? p. 140; PISTILV? (..*istillus* de dom Martin), sur des figurines gallo-romaines représentant une femme portant un enfant dans ses bras. (Quelques-unes ont aussi la forme latine *Pistillus*.) — Voy. Pixtilos, p. 41, et Conâ s..., p. 185.

Inscription latine d'Orelli, sur une clé de cuivre provenant de Bourbon-l'Archambaud (n° 1975) : *Augu deo brixantu propitiu*. Et un assez grand nombre d'autres, qu'il me paraît superflu de citer après les exemples précédents.

L'accusatif en *on* nous est donné par sedlon, p. 37; kélicnon, p. 43; cricon, grigrion (peut-être neutres), p. 86; liton, p. 87; par Trevidon de Sidoine Apollinaire :

> *Ibis Trevidon et calumniosis*
> *Vicinum nimis; heu! jugum Rutenis.*

« Tu iras à Trévidos, et sur ce sommet trop voisin malheureusement des Rutènes chicaneurs. »

Cet exemple indique de plus que cette désinence en *on* était brève.

Peut-être par *Exacon* de Pline l'Ancien (XXV, 6), féminin ou neutre : *Centaurion, nostri fel terræ vocant propter amaritudinem summam, Galli exacon, quoniam omnia mala medicamenta exigat per alvum*. Les deux radicaux EX et AG sont prouvés Gaulois par toutes les preuves qu'il est possible de réunir et aussi sûrs qu'en grec, latin, etc. — V. p. 86, ex ou cricon, ex ou crigrion ; et Z, p. 761. (Je ne parle point de *prosag*, qui doit se décomposer par *pro-sag*.)

L'ablatif en *ô* nous est donné par ono, page 87; mouioso, p. 2; caneco, p. 37; auscro? p. 7; ghiamilo? p. 36; ninno, nino? p. 110; rhalidonô, p. 182.

Si l'un des mots marqués douteux a le même sens que *ex voto* en latin, d'autres signifiant *par pitié, reconnaissance, à cause de son salut*, etc. (et cela me parait possible) c'est une attestation de plus pour cette désinence. Il n'y a pas jusqu'à l'o de ouo, p. 87, gouvernant bien certainement un autre cas que exou (uo me; exu mi) dont on ne puisse tirer parti. Je ne crois pas qu'il soit impossible qu'un affixe de déclinaison soit resté presque un mot à part, et il est certain que ouo est une préposition double.

Le nominatif pluriel en *is*, par Edouis, p. 37; Bêtarratis, p. 19. Paris est dit au nominatif *Parisiis* dans les premiers temps du moyen âge ; segousiaous, p. 53 (lisez ségusiavis ou contracté?).

Le génitif pluriel en *om* nous est fourni par *uveilom?* p. 31; Ebourovicom? p. 102.

Le génitif pluriel en *o* par Carmano, Garmano, p. 8 et 9; Remo, p. 15 ; Lixovio, p. 104.

Le datif pluriel en *ob*, par *andob*, p. 9; *mellob?* p. 38; *keltaoub*, pour keltaouob? p. 129.

L'accusatif pluriel en *ous*, par ibinous, p. 2. Grégoire de Tours écrit toujours *Parisius* au lieu de *Parisios*.

Le nominatif duel en *o* par Vergobreto? p. 104.

J'ajouterais le datif en *on*, s'il y avait moyen de traduire *aux deux Gémeaux* l'Isporon de dom Martin, inscription unique se lisant sur une figurine gallo-romaine dont le sujet est on ne peut plus souvent répété : Déesse assise dans un fauteuil d'osier et tenant deux nourrissons.

Déclinaisons : IV. Grec : *dôron*. Lat. : *templum*.

SINGULIER.

Nomin.	Néméton, *sanctuaire* (neutre).
Génitif.	Némétio *ou* Néméti.
Datif.	Némétou.
Accus.	Néméton.
Ablatif.	Néméto.

PLURIEL.

Nomin.	Néméta.
Génitif.	Némétom *ou* Néméto.
Dat. abl.	Némétob.
Accus.	Néméta.

Le nominatif neutre en *on* est donné par senodon, p. 13 ; segousion ? p. 21 (en supposant que le mot soit complet, il doit signifier : *Monument de victoire*).

L'accusatif néméton, p. 64 ; mon, son, p. 84.

L'accusatif pluriel en *a*, par canta, p. 39.

Les autres cas déclinés par conjecture sur tarvos.

Déclinaisons. V. (Gadaliq. : *tuare.*)

SINGULIER.

Nomin.	Doukôné, *hièble* (féminin).
Vocatif.	....
Génitif.	Doukônes ?
Datif.	Doukôni.
Accus.	Doukône.
Ablatif.	Doukôni.

PLURIEL.

Nomin.	Doukônes.
Génitif.	Doukôno *ou* Doukônom.
Dat. abl.	Doukônib.

Déclinaison essentiellement féminine comme *tuare*.

Doukôné, avec un É bref, nous est donné par Dioscoride (IV, 172). Conforme à Apulée, qui écrit *Ducone* en latin. J'y rapporte Senanié, p. 31; Nidé, p. 51; Kéé, p. 113.

Inscription latine : Ghénulléné, p. 28, femme ou affranchie de Maxime.

Bibracte (Autun) de César; ΡʹΑΓΕ, ΚʹΟΝΔΑΤΕ, etc., de Ptolémée; *brace* de Pline l'Ancien (XVIII, 7), espèce de farine de qualité supérieure appelée en latin *sandala*.

Le génitif en *es* est donné par quelques inscriptions latines. Mais il faut peut-être y voir la déclinaison grecque, car ce sont des noms qui m'ont paru douteux comme gaulois. Voici l'exemple le plus probant; inscription d'Oxford, n° 1359 d'Orelli : *Fedimus conditor templi Veneris Chendies. Cum porticum et cocinatorium cost. ituit (constituit?) en. te-donavi.* (Phédime (?), fondateur du temple de Vénus C'hendié. Après avoir bâti le portique et la cuisine, le voici (?), je te l'ai donné?). Ce texte lui-même n'est ni assez clair ni assez correct pour être une bonne autorité. Aussi j'ai hésité entre *es* et *is* pour cette déclinaison.

Le génitif en *is* n'est donné que par Fortunat célébrant les chasses du duc Gogo (VII, 4).

Ardennœ, an Vosagi cervi, caprœ, helicis, ursi
Cœde sagittifera silva fragore tonat?
Seu validi bufali ferû inter cornua tempus,
Nec mortem differt ursus, onager, aper.

Capra est le chevreuil. Il me semble qu'ensuite il

ne s'agit d'un escargot, mais d'un élan, appelé par Pline l'Ancien *alce*, et par Pausanias ʹΑΛΚΗ. Il me semble que César entend par ce mot une daine ou daim femelle ; d'ailleurs il en fait un gibier de Germanie. C'est du reste un mot théotisque : *alx genus bestiæ, i. e. elaho*, dit le glossaire latin-germain de Florence. On peut donc douter que *Helicis* soit la déclinaison gauloise. De plus il est certain que l'*alké* de Pline et Pausanias, quoiqu'affirmé gaulois par Pline (mais celtique par Pausanias, ce qui en grec signifie souvent germanique), soit la même chose que *Elikis*, dont le nominatif pourra sembler être plus vraisemblablement *Elix?*

Il y a encore le mot *Condatis-co* de plusieurs auteurs des cinquième et sixième siècles, qui peut être double et signifier *du confluent-coin;* le lieu est incontestablement Saint-Claude (Jura), au confluent des deux Biennes. De même *Matisco* (Mâcon) serait *de Maté-coin*. Nous avons vu Arithmato et Matougenos, d'où se déduirait très bien le mot matos (nourricier), p. 79, et son féminin maté (nourrice). Maté serait la même que *Rosmerta*, sœur ou épouse de Tooutis. Je préfère la désinence en *es* à cause de la déclinaison gadalique (tuare). Du reste, E et I se permutent en gaulois avec une facilité merveilleuse, et *I* est l'adoucissement d'*E* dans toutes les langues indo-européennes.

Le datif en *i* est donné par Bêlêsami, p. 64; Senoui, p. 36; Kéi, p. 113; Kilitiousi? Oulateni? p. 26; Andousi? Ougerni? Sextanti? Brighi?? Viri?? p. 21; Lihovi Ourcki? p. 105.

Sur deux inscriptions latines d'Orelli (n° 1973) et de Millin (*Voyage dans le midi de la France*, t. I, p. 146) :

deæ Bibracti; à Besançon, *Vesonti*, p. 47; à Toulouse, *Dianæ* Horolati (*Revue archéol.*, t. XVI. p. 487); à Foix, provenant de Caumont: *Deæ Andei Lœtinus Lœti f. v. s. l. m.* (*Ibid.*, V, 162), à Bath, *deæ* Suli *Minervæ*, p. 76.

Kigoelóni (1) et Litavi (2) me semblent le nom de deux déesses au datif sur deux inscriptions de Bourgogne données par M. Protat (3ᵉ *étude sur les inscript. des enceintes sacrées gallo-romaines*).

L'accusatif en *é* ou *ê*, par svce (souké ou soukê), p. 89, qui pourrait aussi être un neutre; ou en *i*, par mori, p. 129, mais c'est du cimbre. (On peut supposer qu'en gaulois c'était un nom neutre, comme en latin et en tudesque.)

L'ablatif, semblable au datif, est donné par Eunêshilari, Kêleuéli, p. 182.

Le nominatif pluriel doit être en *es*. Mais on ne peut guère l'appliquer à eurises, p. 31, à moins que ce ne soit *les manœuvres de navires*, comme nous disons *une sentinelle*, bien qu'une sentinelle soit un homme.

Je suppose le génitif en *ôm* après avoir cherché en vain dans mes textes gaulois une désinence en EM.

Le datif ablatif pluriel nous est donné par Rinionib,

---

(1) M. Protat pense qu'il faut lire « cicollui; » mais le tableau ci-dessous montre plutôt le contraire :

neuf : CIGOELVI
usé : CICOLLVI

Rapprochez kigo de kinx (néo-celtique, *kig*, p. 123: et *helgo*, chasse, en vieux cambrien. *Elvorix*, nom d'homme (Gruter, 12, 10), *Elvetius* pour *Helvetius* (Orelli, I. S., n° 480).

(2) Comparez les médailles LITA... LITAV.. de D., dont le type est universellement une Diane. On peut croire avec tout le monde qu'il faut y voir le nom propre d'homme Litavicos, et D. le prouve presque. Mais il a pu choisir pour type sa divine éponyme.

p. 101, qui, étant suivi de oli-ti-touri (voy. le datif singulier de cette déclinaison-ci), me semble pouvoir être leur pluriel.

Déclinaisons : VI. Lat. : *avis.* Grec : *polis.*

SINGULIER.

Nomin. Tooutis, **Teutatès?**
Génit. Tooutious.
Datif. Tooutié.
Accus. Tooutin.

Le nominatif en *is* est donné par Joouis? p. 37; ratis, p. 72; baditis, mot également donné par Empiricus, et signifiant *nénuphar* (littéralement *baigneuse*).

Le génitif en *ious* nous est donné par Tooutious, p. 62.

Le datif en *ié* nous est donné par Alixié, p. 72; covioijaouvié, p. 142.

L'accusatif en *in* par itin, p. 72; et par ma préposition ratin, p. 96. Alôrouphilatouc'hêin? p. 1.

Le génitif pluriel par Brivatiom, p. 96.

Cette déclinaison est à peu près la même que la suivante, comme *avis* et *rex* en latin.

Pour l'ablatif singulier et le pluriel, voyez ci-après.

Déclinaisons : VII. Gadaliq. : *cathrach,* II, 1. Lat. : *rex.*
Grec : *murmex*

SINGULIER.

Nomin. Rix, *roi* (masculin).
Vocatif. Rix! *roi!*
Génitif. Rikos *ou* Rigos, *du roi.*
Datif. Riké *ou* Righè, *au roi.*
Accus. Riké? *ou* Righé? *roi.*
Ablat. Riki *ou* Righi, *par le roi.*

PLURIEL.

Nom. voc. Rikos *ou* Rigos, *les rois.*
Génit. Rikom *ou* Rigo, *des rois.*
Dat. abl. Rikeb *ou* Righeb, *aux rois.*
Accus. Rikas *ou* Rigas, *les rois.*

Au masculin et au féminin, cette déclinaison est terminée presque toujours par *s*.

Le mot est donné par riki, p. 182; Duchalais lit rikom sur son n° 305 (picom). Mais ce pourrait bien être le commencement d'un nom de ville, et il adopte presque la conjecture *Rigomagus* (*r* grec et *c* latin). Le mot *rix* se trouve à la fin d'une foule de noms propres gaulois; nous l'avons vu ici, au nominatif, dans Vercingétorix, Orgétorix, Orcitirix, Boiorix, Cantorix. A en juger par les auteurs grecs et latins, le radical est rig, et par conséquent le nominatif rig-s. Il semble qu'en belge c'est reg-s. p. 111.

Déclinez de même Abouds-Aboudos, p. 110; (Bratouds?) *accus*. bratoude? Elkésovix (Elkésovicos?) p. 29. Athirils, p. 109 (s'il ne faut pas lire athirias); ils? (ilos??); kakils? (kakilos?) p. 113; aïsous (aïsountos), ovélor (ovéloros?) p. 86. Frontou (Frontonos?), p. 96 (masculins); canima (canimanos?) p. 90 (neutre). — Voy. les autres terminaisons neutres de ce paradigme ci-après.

Le vocatif est donné par aïsous et ovélor, p. 86; heilen, crissi ou cris, p. 87.

Le génitif en *os* nous est donné par criosos, p. 84; abudos, p. 110.

Le datif en *é* par Cambotré, p. 74; Vatroulé, Statoumaé?? p. 21; par plusieurs inscriptions latines:

Erge *deo; deo* Artahe; Carre *deo* (*Revue archéologique,*
t. XVI, p. 487), etc., etc.

L'accusatif en *e* n'est fourni que par bratoudé? p. 17.
Le scholiaste de Juvénal (VIII, v. 233), donnerait un
exemple plus certain, s'il n'y avait point une variante :
Broge (ou Brogae) *Galli agrum dicunt.* Dans Grégoire
de Tours (*Vies des Pères,* 1), *Condatisco* devient Con-
datiscone à l'accusatif. J'avais d'abord conjecturé que
cet accusatif devait être en *a,* comme en grec, d'après
un vers de Juvénal :

Rufum quem toties Ciceronem Allobroga *dixit.*

L'ablatif en *i* nous est donné par riki, p. 182; ghéri,
dieni, p. 87.

Le nominatif pluriel nous est donné par Carnutos,
p. 29; Santonos, p. 97; Touronos, p. 99; Alabroghéos,
p. 51; neiovioleldos? p. 109; Viros, p. 16; doiros,
p. 42.

Cette désinence était brève, s'il est permis de s'en
rapporter à Ausone (*Urb.,* 13) : *Insinuant qua se Se-
quanis Allobroges oris.* Et à Lucain (*Phars.,* I, 423) :
Et Biturix, longisque leves Axones in armis.

Le génitif pluriel en *om* nous est fourni par PICOM,
lu Ricom? p. 196; ouveilom, p. 31; Eburovicom,
p. 102.

Le génitif pluriel en *o* nous est donné par Santono,
p. 97; Andeco, p. 101.

Un datif bien voisin de *eb* nous est donné par matrebo, p. 17.

L'accusatif pluriel en *as,* par *Lingonas* (inscription
latine), p. 45, et Lucain (*Pugnaces pictis cohibebant
Lingonas armis*), et *Ceutionas,* p. 120.

Les noms neutres de ce septième paradigme paraissent être au nominatif et vocatif : canima, p. 90 ; kouma, p. 84 ; sucuma, p. 85 ; sucucouma, coucouma, oucouma, couma, ouma, ma? p. 86. Solima, p. 75, si ce mot signifie *offrande à* Soulé. arcos, p. 84 ; ronal, p. 144 ; végotal?? p. 108 ; dam? p. 83 ; épad, p. 74 ; ugnelt? p. 109 ; à. hir. ile (ô longue maladie???) ; kakile, p. 113 ; athirile??? p. 109 ; taourouk, de Dioscoride (espèce de potamogéton) ; maouc? (lisez peut-être maou c, p. 110) ; oubaik, p. 84 ; paphar, p. 83 ; bacchar de Dioscoride (digitale pourprée) ; sistrameor, d'Apulée (fenouil) ; spater?? p. 90.

A l'accusatif singulier, cuma, p. 84 ; boi, p. 39 ; lact, p. 77.

Le nominatif pluriel Ségousious, l'accusatif pluriel grilaou, neutre? p. 86, et le datif pluriel Keltaoub, p. 129, appartiennent peut-être à la même déclinaison ou à une très rapprochée dont on peut rapprocher le latin *manus*. D'après l'analogie, grilaou ne devait point avoir d'autres flexions que grilaoub au datif et ablatif pluriel. Il devait être encore plus facile à décliner que *cornu* latin, si chéri des écoliers.

On trouve de plus, dans Marcellus de Bordeaux (p. 87 et 84) :

SINGULIER.

Vocat. Cris, *ceinture.*
Génit. Criosos, *de la ceinture.*

Et en outre à Poitiers et à Nîmes (p. 90 et 17) :

PLURIEL.

Vocat. Màdars, *f.es?* (lecture douteuse).
Datif. Màtrebo, *aux fées?* (si c'est vraiment arécomique).

On peut conjecturer : mâdher (mère), mâtros (de la mère); mâdhars (les mères). etc.

Déclinez de même? spater, spatros, p. 90.

La *Revue archéologique* (t. XVI, p. 489) donne une inscription funéraire dans laquelle je crois entrevoir un mélange continuel des déclinaisons gauloises avec les latines. C'est un tombeau du musée de Toulouse.

O. SEVERVS

BERHAXIS F. SVI
à Soué?

EXSORATA CASTIA
Exsorata (au dat.) de Castias?

F. VXORi ET SECVNDO ET

ANDERESENI MATRI ET
à Andersené

SILVANO ET SILVANA
à Silvano.

Je ne puis m'imaginer que tant de solécismes viennent du lapicide. *Silvano* pourrait même bien être du dialecte volce. Quant à l'O. par lequel commence l'inscription, on peut lire avec certitude : *Obierunt!* Cette formule est non-seulement connue, mais de plus elle est toulousaine. Voyez à la même page de la *Revue* : *Obit.* Hahanni Serani filiæ. i. e. « Elle est morte! A Hahanné? fille de Seranus. »

Remarques. Les poètes latins adoptent souvent les formes grecques pour les mots gaulois.

Cette déclinaison gauloise, autant que j'en puis juger, est déjà sur son déclin et sur le point de périr. Du reste, la déclinaison grecque (au moins dans le dialecte attique) ne présente point des désinences beaucoup plus riches. Les derniers travaux sur les débris de la langue des Osques ne nous font voir également que des paradigmes presque effacés en comparaison du latin.

Je n'ai trouvé aucune trace de locatif ni d'instrumentatif.

Nombres. Je ne suis point même bien certain de l'existence du duel dans la langue gauloise. Ce qui m'a fait conjecturer que *Rican* et *Celtitan* étaient deux datifs duels, c'est 1° la difficulté d'expliquer autrement ces deux mots; 2° l'existence du duel néo-celtique, formé du préfixe *dui* avec un singulier. Ainsi on dit encore aujourd'hui en Irlande, en Ecosse, en Galles, en Basse-Bretagne, les *deux-œil*, les *deux-main*, les *deux-pied*, etc., en un seul mot. En remontant aux plus anciens monuments de ces idiomes, on trouve partout la même règle. Il y en a des exemples dans les gloses irlandaises; il y en a également dans le vocabulaire dit de 882. Il m'a paru que cela pouvait autoriser à forger un duel gaulois, d'autant plus que M. Zeusz soupçonne fortement qu'il a dû exister, et que même c'est de là que vient le pluriel breton en *ou*.

Les idiomes bretons ont une forme de singulier qu'on peut appeler *singularissime*. Je prends pour exemple un mot commun à tous les dialectes néo-celtiques et au gaulois. BB : *skav*, du sureau ; *skaven*, un seul pied de sureau, une seule branche de sureau. En cambrien, la même différence existe entre *ysgaw* et *ysgawen*. Le gaélic n'a que la forme *scavan*. Le gaulois ΣΚΟΒΙ ΉΝ, qui nous est donné par Dioscoride (IV, 171), me fait bien l'effet de représenter le singulier-singularissime, duquel on trouve un grand nombre d'exemples dans le vocabulaire de 882. Trois autres noms de plantes, γελασονέν de Dioscoride, *titumen* et *betilolen* d'Apulée peuvent être de la même famille. On pourrait y ajouter *hæmatiten* du même, sans la variante *hæmatites*. Cette forme en *en* ne se trouve nulle part dans les noms de plantes donnés par Pline et par Marcellus Empiricus. Si elle a déjà le sens que j'indique, il est tout simple qu'un Insubre et un Bordelais aient su qu'il fallait l'éviter.

J'ajoutais à ce qui précède : Une conjecture, même fausse, peut quelquefois être utile, etc. Il se trouve qu'arrivé à la page 301 de la *Grammaire celtique* de M. Zeusz, je lis ces propres paroles : « *Jam in gallicis* » *herbarum nominibus sequentibus facile est supponere* » *notam singularitatis.....* » Je triomphe au lieu de m'excuser. J'ose soupçonner ce singularissime dans Briginn et Virinn, p. 21. Ce serait donc un suffixe invariable placé par exception après l'affixe I, datif de la cinquième déclinaison gauloise. Mais je n'aurais jamais osé placer au commencement de mes textes cette traduction de la colonne d'Anduse :

À Andusé (éponyme d'Anduse), à Brougetia (ép. de Bruguières), à Tedousia (ép. de la Tède), à Vatrous (ép. de?), à ougerné (ép. de Beaucaire), à Sextanté (ép. de *Sextantio*), à Brigé-unique (ép. de Brignon), à Statoumas? (ép. de?), à Viré-unique (ép. de la Virinque), à ougetias? (ép. d'Uzès), monument (commémoratif) de victoires.

D'ailleurs, je n'affirme point encore que ce texte soit du gaulois; je crois seulement que s'il est en idiome volce, c'est ainsi qu'il faut le traduire. Ajoutez à chaque mot deux points d'interrogation.

Tout cela me fait conjecturer le singularissime IDEN assurément fort bizarre (Ida-unique, l'Olympe gaulois, les dieux gaulois). Si cette explication est vraie, le bon D. Martin a dû tressaillir d'aise dans l'autre monde, pour peu qu'il y ait appris le celtique. En effet, on peut y trouver un indice que, malgré les apparences, les Gaulois étaient monothéistes.

Genres. Les trois genres de l'allemand, du latin et du grec existent incontestablement en gaulois.

La plupart des noms de rivière sont masculins en gaulois.

La plupart des noms de plantes sont féminins ou neutres.

Noms propres. Les Gaulois paraissent n'avoir porté, avant la conquête romaine, qu'un nom unique suivi de celui du père allongé du patronymique *cnos*.

Les noms d'hommes et de femmes, de peuples et de lieux semblent souvent dérivés des noms de dieux.

Il y a une foule de noms propres adjectivaux formés par l'insertion d'un I, comme en latin (*Sextus, Sextius*) entre le radical et l'affixe de déclinaison : Toouta, Tooutia, p. 69.

ADJECTIFS.

Poublicos, Poublica (Poublicon), déclinez sur Tarvos, Déa, Néméton.

Daas, Daé, daan, déclinez sur Namastas, Doukôné, Namastas.

(*Bilinous*), *Bilinountia Bilinoun*), déclinez sur Esous, Déa, Canima, en prenant pour radical nu *bilinount*, de sorte que le nominatif pluriel sera *bilinountos, bilinountai, bilinounta?*

En fait d'adjectifs démonstratifs, je n'ai à offrir que deux exemples; encore le second est-il douteux :

Singulier accusatif masc. : *sosin* (kelicnon), p. 43.
— neutre : *socin* (némélon), p. 64.

ARTICLE.

Nulle trace de cette partie du discours, bien que l'article néo-celtique ait été le serpent tentateur de beaucoup de celtistes et de celtomanes. Le véritable article se trouve à peine chez les plus anciens bardes, Liwarch-Hen de Cambrie et Aneurin de Cumberland; nous avons vu qu'il n'est pas très commun dans nos anciens textes irlandais.

NOMS PERSONNELS.

Singulier. 1re pers. accus. : mi, p. 86; bi pour mi?? p. 85; im d'ouim, p. 90; ma??? au féminin, p. 72 (en divisant : pestica ma. Ablat. : mé, p. 87 (d'ouomé).

Pluriel. 1re pers. ablatif : né, p. 182; oun, p. 84 (peut-être accusatif, crâse de ou-né?).

Toutes ces formes ressemblent beaucoup aux anciennes déclinaisons gadaliques. Je ne connaissais pas encore la *Grammatica celtica* quand j'ai conjecturé mes paradigmes gaulois. Je n'ai presque rien eu à y changer. On comprend quelle confiance dans ce système a donné à l'auteur cette confirmation précieuse on ne peut plus inattendue.

AFFIXES. — Conjugaisons.

Les textes d'Empiricus donnent beaucoup d'impératifs, 2ᵉ personne sing. Et je n'en suis pas fâché, car ce sont des radicaux verbaux purs ou presque purs, comme en français, latin, grec, allemand, gothique, gadalique, breton, sanscrit, etc.

Il y avait en gaulois deux familles de conjugaisons : l'une où les affixes s'appuyaient sur une consonne (s, t, g, dans nos textes); la seconde sur une voyelle (a, i, o, ou; je ne trouve point e dans nos textes, mais il a dû exister).

Actif. *Impératif. Présent.* — 2ᵉ pers. sing. Sipolla, p. 87; pesticama, pestika?? postika??? p. 72; arghi, marghi, stourghi, p. 83; axati, p. 84; xi, p. 86; i, crasi, concrasi, p. 87; meghi? p. 81; pesti? p. 72 (je pense qu'il faut lire en deux mots : pesti cama); abnéli, p. 182; oucoui? (aie?? à toi cette couronne??), conjecture tirée d'une médaille de Dioclétien : ῆ υcυι dans une couronne civique. Z. regarde le verbe gadalique *tucu* (avoir) comme composé, et il y trouve zu allemand et ἘΧΩ grec. Cou, p. 81; alalikiéou, p. 25; so-rô, oruô, p. 84; trebio? telapaho? p. 83; outos, p. 80; kékos? p. 114; vivos? p. 63; is, p. 89; scris, p. 86; acs ou axati, bregan ou breg, p. 85; prosag, p. 87; tet, p. 84, ligne dernière.

Remarquez xi ex, p. 86, au lieu de ex xi, comme *gehe aus* en allemand (sors de...). Dans bregan, axati, outos, il y a peut-être de même une particule placée après le radical, comme en allemand et dans le grec d'Homère, au lieu d'être avant.

2ᵉ pers. plur. Outate, p. 90.

Peut-être un duel, 2ᵉ pers., caché dans de...ta?? p. 27.

PASSIF et DÉPONENT. — 2ᵉ pers. sing. Vigaria, p. 84; Kassaria, Kuria, p. 85, désinence dont il reste *ar* en gadalique.

(Nous revenons à l'*actif* pour ne plus le quitter, mes textes ne m'offrant que ces trois exemples, deux de passif, un de déponent.)

ACTIF. *Présent. Indicatif.*—Sing. 1ʳᵉ pers. Soksokam? p. 85; couam??? p. 110 (je soupçonne qu'il faut lire en deux mots maou c...?); Athirim?? p. 109 (qui, si par hasard était gaulois, pourrait signifier : *Ah! je languis*).

2ᵉ pers. Bouliet, au subjonctif, p. 87.

3ᵉ pers. Legas, p. 71-72; catalases, p. 89.

Plur. 3ᵉ pers. Niroun, p. 2.

Prétérit. Indicatif. — Sing. 3ᵉ pers. Oucouété.

— Plur. 3ᵉ pers. Oucouétin, p. 43 (voy. ci-dessus vcvi aux impératifs).

Je ne nierai point que cette tentative est loin de me satisfaire. Tous les idiomes bretons ou kymraig ont *nt* à la 3ᵉ pers. plur., le plus vieux gadalique un *t* sans *n*, d'après une règle constante pour tous les cas où il faut *nt* ou *n* dans d'autres dialectes indo-européens.

(A l'induire du plus ancien gadalique, l'infinitif gaulois pouvait être identique à l'impératif, 2ᵉ pers. sing.)

Je conjecture que les Gaulois avaient, comme les Celtes-Irlandais, les Celtes-Ecossais, les Gallois, les Cornwalliens, les Bas-Bretons de tous les dialectes, une conjugaison impersonnelle précédée par des augments : 1-éouron, il a fait, et ils ont fait (au personnel ce serait peut-être : éourte, il a fait; éourtin, ils ont fait). Ce qui me fait croire à un augment, c'est 1° que sur l'inscription d'Autun il semble y avoir un espace entre I et EVRV, p. 37; 2° que le radical néo-celtique est cour, identique au français *œuvre,* mot qui ne vient certainement pas du gaulois, mais du latin *opera;* 3° qu'*curises* s'explique parfaitement par ce même radical.

Pour comprendre cette conjugaison impersonnelle, qui change avec les temps et les modes, il faut se figurer que nous disions, au lieu de *je fis, tu fis, il fit, nous fîmes,* etc., avec les Irlandais d'il y a douze siècles : Je *rho* fait. Tu *rho* fait. Il *rho* fait. Nous *rho* fait, etc.

Cette manière de conjuguer, unique dans les langues indo-européennes, a fait décider par beaucoup de linguistes que les Gaulois étaient, comme les Basques, étrangers à cette famille de nations. Je pencherai à croire que ce n'est qu'un idiotisme, et que le verbe impersonnel se retrouve dans i-éourou, jusqu'à ce que le contraire me soit démontré.

SUFFIXES.

Je les prends dans l'ordre alphabétique, en y joignant des radicaux qui ne sont point de vrais suffixes, mais qui sont fréquents ou curieux à connaître, à la fin des mots composés.

Aco. *Substantival neutre* d'une multitude de noms de lieux : *ac* en langue d'oc, *ai* et *ei* en France, *ag* en allemand, *ay* en anglais, est traduit par un hagiographe comme signifiant *propriété.* Mais rien n'est plus doutéux. Némétacon (Arras) signifie la ville aux temples. — Voyez donc K.

AD. *Substantival neutre* conservé dans *cavalcade, ruade, bourrade,* etc.

AK. — Voy K.

AND. *Superlatif?* (Le sens non douteux est *en avant, antérieur.*)

ARD. *Substant. et adjectival* conservé dans *épinard, poupard, bavard, canard,* etc.

BI. *Adject.* Vic. Se trouve aux noms d'hommes et de lieux.

BONA. Borne?

BRIA. Passage? ou pont?

BRIVA. Pont.

C. — Voy. K.

CN. *Substant.* patronymique (contracté de GEN...?).

CON. Coin? confluent?? (peut se confondre avec ON, si l'on tombe sur un autre radical finissant en K).

CONNA. Confluent?

COR. *Pays.* C'est le *ker* bas-breton, peut-être le *c'hóra* grec.

DOUBRO. *Neutre.* Eau (en néo-celtique *dovr* et *dour*).

DOUNO. *Neutre.* Lieu haut, citadelle.

DOURO. *Neutre.* Forteresse. Exemple : Divodouron (Metz), divin-fort. — *Masculin* dans plusieurs noms d'hommes. Dur, même sens en celtique et en français.

É. *Adject.* Après V : arivos, arivéa (primitif d'I?)

EL ou ELL. Conservé dans *Moselle,* i. e. la petite Meuse. — Voy. L.

EN. — Voy. NN et dessous.

ENSI? *Adject. et substant.* répondant à *ensi* latin d'*Amanuensis* et *Parisiensis.*

Gen. *Substant.* patronymique (signifiant peut-être descendant et non point *fils*).

I. *Adject.*

Ik. — Voy. K.

Il ou ill. — Voy. L.

Isia. *Substantival féminin* identique au français *esse*, du latin *itia* (paresse, pigritia).

K. *Adject.*, le même que dans *public, gaélic, politique.*

L ou ll. *Substant.* et *adject.* des trois genres. Diminutif gaulois. Dans denteel, p. 11 (si j'ai bien traduit), c'est le même suffixe que dans le mot latin-français *animal*.

Ma. *Neutre. Substantif* dérivé des verbes, conservé dans *volume, régime, abyme, poème,* etc. En grec : ...*ma*, gén. *matos*. En latin : ...*men*, gén. *minis*. Le génitif gaulois était peut-être ...*mantos*, ou par adoucissement ...*manos*.

En gadalique, *menme, menman* II, 2 représente une classe considérable de substantifs analogues à *poiéma* et *volumen*. Cette langue supprimant toujours le *n* devant le *t* dans le passage du latin ou du gaulois à ses formes les plus anciennes, le génitif ne pouvait pas être *matos*.

Quant au breton, voici quelques exemples de Z., *Grammatica celtica*, p. 860 :

Enarima (glossa, in agone : lege en airma?) Gl. luxemburgenses. — *Digatma* (gl. area. gl. circus) Gl. oxonienses. — Plur. *Airmaou* (gl. machide .., *i. e.* loci pugnæ, *air,* acies) Gl. lxb. — *Irdigatmaou* (gl. circi), *guaroimaou* (gl. theatra) Gl. oxonienses. — In libro landaviensi : *Poguisma, pouisma* (gl. locus quietis).

Va remplace MA dès le neuvième siècle; mais je n'en trouve point d'exemples plus anciens; il est représenté en cambrien moderne par *fa*, ou par le double suffixe *fod;* en bas-breton moderne *nv* (*n* nasal), et le double suffixe *bôd? nvôd?* Aux exemples gaulois que j'ai déjà cités du suffixe MA, on peut ajouter *volema*, chose que l'on veut (Servius); *xounêma*, chose que l'on vise, manière de lancer le javelot (Arrien, *Tactique*).

MAGO. *Subst. masc.* dérivé du radical MAG (nourrir), et signifiant les cultures, par opposition aux forêts et friches.

MANA. *Double suffixe? fémin.* — Voy. MA et N.

MANDOU. Bon, bonne?

MON. *Substant. masc.* C'est probablement un suffixe double (MA ON), que je trouve dans *Ségomoni*, p. 56, et dans *Gedemonis*, p. 98. De même que *Segomo* signifie probablement poursuiveur ou vainqueur, *Gedemo* pouvait avoir en gaulois le sens de guetteur. On trouve encore un nom de ville espagnole dans Orelli (n° 4119) : *Hispanus natus Segisamone;* mais ce n'est plus le même suffixe, le mot dérivant de *Segisama*.

1 N ou NN. *Adject.* commun au latin, au grec, au français. Kernounnos (cornu), etc.

2 NN. *Singularissime.*—Voy. NOMBRES, p. 200, 201.

NÉMÉTO. *Substant. neutre* signifiant *temple*.

OC'H ou OR. *Comparatif?*

ON. Commun au latin et au gaulois pour les noms de peuples *Santonos*, p. 97, *Turonos*, p. 99, pour les noms d'hommes et de dieux, *Bormoni. Borvoni*, au datif latin, faisant peut-être au nominatif *ou* (*Frontu*, p. 96), ce suffixe est un des plus répandus dans les langues indo-européennes. Il est quelquefois appliqué à des noms de choses inanimées; en latin il forme une famille de mots abstraits extrêmement considérable; il se trouve le plus souvent donner un sens très rapproché du participe présent d'un verbe.

Oud. *Substant. féminin qualificatif,* se retrouve dans *salut, vertu, habitude,* etc. Comparez abouds, aboudos, bratoude, *nomin., génit., accus. singuliers.*

Oul ou oull. *Catoullos* (petit guerrier?). — Voy. L.

Ount. *Adject.* identique au grec.

Oura. *Substant.,* se retrouve dans *parure* et peut-être dans *bravoure.*

1. Ous, ousa, ouson. *Participe actif* et *substantif* des trois genres. Marousa (morte, ou *plutôt* mourante), p. 131; sallousa (salante) du géographe P. Méla. (II. 5): *Fons non dulcibus sed salsioribus, quam marinæ sint aquis defluens.* loupi-kellouson, de Dioscoride, neutre (genevrier, *i. e.* houppe piquante).

Voici maintenant les indices de ous *substantival*: Sosus? (sauvant *ou plutôt* sauveur), p. 109. Soszousa? nom de femme, dans M. Mérimée (*Voyage dans la Fr. mérid.,* p. 389): OMBANIA SOSZVSA MARITO OPTIMO..... village de Poussin, près de Montpellier. Mais c'est peut-être un nom grec. Sosio, p. 71, peut être un mot latin; il n'est pas impossible non plus que ce soit la racine de Sosous.

2. Ous est encore le nominatif masculin sing. du suffixe ount.

R. *Adject.* commun au grec.

Rato. *Substant. neutre* signifiant *port* sur un fleuve ou sur la mer.

Ri. *Double adject.* — Voy. R et I.

Rigia. *Substant. féminin* signifiant *résidence du roi.*
Rik. *Substant. masculin ou radical* signifiant *roi.*
Rito. *Substant. neutre* signifiant *gué.* (Le vieux cartulaire de Rhedon donne Roton comme signifiant en gaulois un gué. Je conjecture que roton, s'il a existé, signifiait *route*)
Set. — Voy. Xet.
St. *Adject.*, se retrouve dans *céleste*, etc.
T. *Substant.* identique au participe passif, et pourtant semblant avoir souvent le sens actif, comme en français le mot *complet*, le suffixe italien et grec T.
Tad. *Substant. double*, se retrouve dans *vérité, liberté, royauté.*
Toud. *Substant. féminin*, se retrouve dans *vertu, habitude*, etc. — Voy. Oud.
Tis. *Substant.*, se trouve en gaulois dans beaucoup de mots comme en grec. Il est peut-être composé du suffixe T et de l'affixe IS.
Vic. *Substant.* radical identique pour le sens au latin et au grec, signifiant habitant.
Vix. — Voy. Vic.
Unt et us. — Voy. Ount.
Xet. *Conjonction*, et. En latin *que*, grec *té*, sanscrit chintéyet.

Les suffixes qui commencent par une voyelle élident la dernière du radical. De même, plusieurs des préfixes qui finissent par une voyelle (*ambi, andé, aré, até, cata, rho*, etc.), voient cette voyelle disparaître devant une autre. Il n'en est pas ainsi de *dou, sou, di*, qui restent toujours invariables.—Voy. les préfixes, p. 213.

CHANGEMENTS DE VOYELLES.

Dans l'intérieur des mots, E s'adoucit en I. — Voy. le génitif de la cinquième déclinaison gauloise.

O s'adoucit en E. Exemple : Kernounnos de Paris (cornu), dont le simple, d'après toutes les langues néo-celtiques, devait être cornou, comme en latin. Pourtant Hésychius donne, comme étant un mot gaulois, Karnyx (trompette).

A doit s'adoucir aussi en E. Comparez Matos, p. 79. avec Métio-Sédon, le camp de Labiénus, près de Paris (*B. G.*, VII); si Matos est vraiment Tooutis, Métio-sédon doit être *Montmartre*, qui s'est appelé au moyen-âge *mons Martyris* et *mons Mercurii*. Y avait-il une position meilleure pour établir un camp romain?

OU en O, U, peut-être aussi en W et V.

PRÉFIXES.

La plupart des préfixes ont été expliqués par M. Zeusz sur des inductions tellement fortes qu'elles équivalent à la presque certitude. D'une part, ils se retrouvent moins altérés que les suffixes dans les dialectes néo-celtiques; de l'autre, *aré*, *rho* et *vér* sont expliqués par des anciens (l'auteur de l'*Itinéraire de Bordeaux à Jérusalem* et le poète Fortunat); enfin la comparaison d'une foule de noms propres fait voir qu'ils ont bien le sens donné par le néo-celtique. Je regarde la liste qui suit comme l'une des conquêtes les plus difficiles de la philologie contemporaine. Ici nous suivrons l'ordre logique, le trouvant préférable à l'alphabétique.

An privatif : se change en Am devant P et B.

Di séparatif ou deux (*Tri*, trois; *Pétor*, quatre; *Pempé*, cinq).

Até réduplicatif et augmentatif.

Vér, supérieurement (distinct de *Vêr* ou *Bêr*, l'homme libre et guerrier, et de *Viro*, *Vero*, vrai).

So ou Sou, bien.

Dou, mal.

Ruo, *adverbe*, trop, très. L'O paraît élidé dans *rmoroivis?* p. 149, et *rdaan?* p. 15.

Andé, *préposition*, en avant.

Aré, *préposition*, devant (distinct de *Ar*, qui semble signifier : fortement).

Cata, *préposition*, à côté (distinct de *Catu*, qui signifie : combat, dans une foule de mots composés).

In, *préposition*, dans. S'adoucit en É dans étic et éliton (in tic Gobedbi, *i. e.* dans maison de Gobedbios, p. 43; in liton, *i. e.* au large, p. 87).

Or, tout près, contre.

Ad, vers.

Ab, s'éloignant de...

Ou, *préposition*, de.

Ex. hors de... (devient És et S en composition).

Con, avec (devient Com devant un P et un B, Co devant une voyelle).

Ambi, autour.

Médio, entre, au milieu de...

Ouxello, haut (ce n'est plus un vrai préfixe; les suivants encore moins).

Epo, *substantif* au radical, cheval.

Dourno, *substantif* au radical, signifiant *sommet* ou *main*.

Doubro, eau.

Douro, forteresse, dur. — Voy. aux suffixes.

Ratou, port. — Voy. aux suffixes.

Rito, gué. — Voy. aux suffixes.

Car ou carr, *substantif* au radical, *charette (carrus)*, peut-être *aime*.

Carpento, *substantif* au radical, *char de voyage (carpentum)*.

Kente, cent.

Kintou, premier?

Canto, *substantif* au radical, *chants* ou *coin*.

Camoulo, le dieu de la guerre.

Cassi, la Diane gauloise? ou chasseurs?

Divo, divin (devant les voyelles, Div).

Dubi, Hésus?

Esou, Hésus.

Metio ou matou, Mercure-Teutatès??

Remarquez que dans les mots composés le gaulois suit exactement les mêmes règles que le grec. 1° L'adjectif précède le substantif : Div-ona, divine fontaine. 2° Le génitif précède le mot dont il est le complément : Catou-rix, des combats-roi.

Les règles relatives aux mots composés d'un verbe et d'un substantif sont plus obscures; mais il y a une foule de cas où il m'a paru que le verbe avait le sens actif avant le nom, et passif après le nom. C'est la différence indiquée pour le sens entre deux noms propres composés de deux éléments identiques : Philotée (qui aime Dieu), et Théophile (aimé de Dieu). Il y a de plus en gaulois, comme en vieil allemand, un grand nombre de noms qui paraissent formés de deux épithètes juxta-posées. Exemple : Viromandui (sincères-bons).

Cette dernière remarque est de M. Zeusz, et, bien que ce ne soit qu'une conjecture, elle me semble approcher de la certitude par le grand nombre d'exemples bien choisis sur lesquels elle est appuyée.

SYNTAXE.

Construction des verbes. — Les verbes actifs ont leur complément direct à l'accusatif, comme dans tous les idiomes indo-européens, entre autres l'irlandais. Il en est de même de la règle qui suit.

Prépositions. — Quand il n'y a point mouvement, *in* gaulois exige (comme en grec) que le mot soit à l'ablatif (peut-être au génitif). Exemple : *in Aliséa* (inscr. gaul. d'Alise). Au contraire, quand il y a mouvement, il faut l'accusatif. Exemple : *in mon ... arcos* (Marcellus E.). De même, ce qui n'est plus latin : *Ex u cricon. Ex u gricon. Ex u crigrion.*

Conclusion. — Je crois qu'on ne trouvera presque rien dans la grammaire gauloise qui soit contraire à la fois à Lhomond, à Burnouf.

CHAPITRE VIII.

CELTIQUE ET GALLIQUE DES AUTEURS ANCIENS.

Il semble que les Romains divisent quelquefois les langues gauloises en idiome celtique et idiome gallique. Voici d'abord le texte capital que M. Fauriel a, je crois, signalé le premier : « Parle celtique si tu veux, ou, si » tu aime mieux, gallique (Sulpice-Sévère, *Dialogues* » *sur la vie de saint Martin,* I, 20). » Maintenant, quelle est précisément la langue celtique ? Est-ce la langue des Celtes de César, c'est-à-dire des Gaulois de la Seine, de la Loire et de la Saône ? Sidoine Apollinaire (*Lett.*, III, 3) semble appuyer cette opinion déjà vraisemblable par elle-même, en disant que la noblesse arverne avait renoncé aux écailles de l'idiome celtique ; Ausone également, en affirmant que le nom de la fontaine de Bordeaux est tiré de la langue des Celtes : « *Divona! —* » *Celtarum lingua fons addite div's.* »

Il est à remarquer que Diodore de Sicile et plusieurs autres Grecs appellent plus particulièrement *Galates* les peuples belges, noriques et cimbres. Diodore affirme que la Galatie du Nord s'étend jusqu'à la Scythie. C'est peut-être une bévue, peut-être une demi-vérité ; en effet, César, Tite-Live, Strabon, Pline l'Ancien nous trouvent des peuples de la race gauloise jusqu'aux bords du Dnieper et de la Néva. Je cite seulement les deux extrêmes : les Bastarnes étaient Gaulois, d'après Tite-

Live (et Strabon qui les dit mélangés de Germains); les Æstiens, selon Tacite, parlaient une langue très semblable à celle de plusieurs peuples bretons. Mais tout au contraire, l'auteur de la *Vie de saint Oyan* (Eugendus, 1er janvier), qui vivait vers l'an 500, semble attribuer aux Séquanes la langue gallique. Il y a plus : Grégoire de Tours, noble d'origine arverne, descendant de Sidoine, dit, en complète opposition avec son ancêtre, que le nom du grand temple de Clermont est gallique (*Hist.*, III, 31).

Peut-être que l'expression de *lingua gallicana* était générale pour tous les idiomes gaulois du continent. Ce qui peut le faire croire, c'est que Marcellus de Bordeaux ne se sert que des deux expressions *gallice* et *britannice*. Les mots gaulois qu'il cite devaient appartenir aux Celtes de César, et par conséquent on s'attendrait plutôt à voir l'adverbe *celtice*. Ulpien, dans le *Digeste* (XXXII, 11), ne parle pas non plus du celtique : « Les fidéi-commis peuvent être écrits en quelque » idiome que ce soit, non-seulement en latin ou en » grec, mais encore en punique ou *gallican*, ou langue » de n'importe quelle nation. »

J'ai cherché les différences entre les textes celtes et les textes belges. Ce que j'ai pu entrevoir se réduit à bien peu de chose.

La lettre H, entièrement absente des inscriptions en langue gauloise (autres que médailles, et encore *Lihovio* est douteux), et qui ne se trouve rien qu'une fois dans Marcellus de Bordeaux, semble au contraire fréquente dans les noms propres volces et belges que nous donnent les inscriptions latines. Encore faut-il avouer que, sur la Garonne, les ancêtres des Basques, et sur le

Rhin, les ancêtres des Allemands, ont peut-être la plus forte part dans la propriété de ces mots.

Les *Suessones* sont appelés par Ptolémée *Ouessones*, et par son ancien traducteur, *Uessones*. Pline appelle *Ulmanectes* un peuple que le traducteur de Ptolémée écrit *Ubanecti*, l'original *Soumanectoi*, la notice des Gaules *Sylvanectes*. Cette dernière orthographe répond à *Silvanectens* d'une inscription latine. En appliquant les règles de permutation des sons, telles qu'elles existent de l'irlandais au breton, on peut croire qu'il y a deux formes dialectiques : en celte, *sulmanectos*, en belge, *hulvanectos*. Et la vérité est peut-être qu'il faut corriger Pline, et Ptolémée, et son traducteur, et l'inscription latine si bien restituée par M. Lersch sur l'orthographe du moyen-âge et de la notice des Gaules. (Voy. le texte à l'article *Turones*.)

Reste un détail sans importance : *épos* (cheval) devient *eppos* en belge.

Enfin, *ei-òrou* des Voconces, p. 64, devient *i-éourou* chez tous les autres Celtes.

CHAPITRE IX.

LEXICOLOGIE GAULOISE.

Nous avons vu *Tarvos trigaranus* à l'article des Parisiens. Les trois radicaux : *tarv* (taureau), *tri* (trois), *garan* (grue), se retrouvent presque identiques dans toutes les langues néo-celtiques. Avec un très léger changement, ce sont deux mots grecs signifiant également : « Taureau à trois grues. »

Suidas nous affirme, à son article *Bérounon*, que dans le dialecte des Noriques, *Bér* signifie la même chose que *Vir*, et que *oûnos* veut dire *un*. Pour tous ceux qui connaissent la prononciation des Grecs modernes, ce sont deux mots latins (*vir unus*); mais en même temps ce sont deux mots néo-celtiques. *Oûnos*, privé de sa désinence, persiste dans tous les dialectes. *Bér* devient *fer* en très ancien irlandais, et, selon toute apparence, le *F* irlandais se prononçait de même que aujourd'hui comme un *V*. Nous trouvons *gwir* au pluriel dans les plus anciens bardes cambriens; et s'il y a une permutation constante, c'est celle du *V* gaulois et latin en *Gou* breton. Nous avons vu *ono dieni* (par un homme) dans Empiricus.

Suidas tire de son *Bér oûnos* une étymologie de la ville de *Verunum*. Un héros norique ou tauriske tue un sanglier monstrueux, et chacun de s'écrier : *Bér oûnos!* (homme unique!). De là le nom donné à la ville.

Je ne garantis point que la tradition n'ait point été fabriquée pour donner l'explication. Mais une étymologie peut être fausse et fournir un renseignement exact. Ainsi, quand un voyageur nous dit que les bûcherons français du Canada s'appellent *chantiermen* parce qu'ils chantent toujours en travaillant, il confond *chanteur* et *chantier*, mais il ne trompe point ceux qui ignorent le français sur le sens de la racine *chant*. Je pense qu'il en est de même quant à l'auteur inconnu d'où Suidas a tiré son article.

Sagrovir, qui a essayé de reproduire Vercingétorix après la mort d'Auguste, était Gaulois, et portait un nom qui peut se voir encore écrit ainsi sur un bouclier qui forme un des trophées de l'arc de triomphe d'Orange. Il est appelé *Sacrovir* par Tacite (ou par un des copistes des annales). Son nom était, je pense, tout gaulois, et c'est *sacer vir* en latin. Nous venons de voir *vir*, et *sagro* ou *sacro* se retrouve dans *sacart* (*sacerdos*) d'une très ancienne glose irlandaise.

Encore un mot qui est à la fois tout gaulois et tout latin.

L'auteur de la *Vie de saint Oyan de Joux*, qui écrivait vers le temps de la mort de Clovis, nous donne une étymologie très vraisemblable du nom de notre bourg actuel d'Isernore, dans le département de l'Ain, où il y a encore quelques restes, et fort beaux, d'un temple antique. « Eugendus, dit-il, était né non loin d'un
» bourg que la langue gauloise avait nommé *Isarnodore*,
» c'est-à-dire *porte de fer* (D. Bouquet, t. III, p. 396). »
Ortus nempe est haud longe a vico, cui vetusta paganitas

ob celebritatem clausuramque fortissimam superstitiosissimi templi, gallica lingua Isarnodori, *i. e. ferrei ostii indidit nomen.*

Ici, au lieu de grec ou de latin, nous trouvons du pur allemand : *eisern* (de fer), *thor* (porte). Mais en même temps le vocabulaire breton, dit de 882, nous donne *dor* (porte), et une glose irlandaise de Milan, le datif féminin pluriel *dinaib* (aux) *doirsib* (portes), une autre, le nominatif singulier *dorus* (porte); et ce mot s'est conservé dans tous les dialectes néo-celtiques sans exception

Isarno s'y retrouve aussi ; *Haiarn*, *Hoarn*, *Heirn*, *Houarn* (fer), dans les dialectes originaires d'Albion, par suite d'une permutation très fréquente du S en H. Cette permutation n'existe point en irlandais; néanmoins, il semble qu'il y ait exception pour ce mot, qui devient *Hiairn*, aujourd'hui *Iarann*. Le mot anglais *Ion* (fer) est peut-être d'origine celtique; mais ce qui me paraît certain, c'est que les Gaulois et les Germains ont eu à peu près le même mot pour dire du fer.

Nous avons très peu de monuments des anciens idiomes gaulois, encore moins de traductions, si ce n'est un petit nombre de mots isolés dont les auteurs anciens, grecs et romains, nous donnent le sens, en affirmant qu'ils sont gaulois. Entre les sources il y a à distinguer. Héric, dans son poème sur saint Germain (neuvième siècle), l'auteur de la *Vie de saint Oyan* (cinquième siècle), n'ont point l'autorité de Pline l'Ancien, qui était né dans la Gaule cisalpine et avait gouverné très probablement les Trévires. Suidas ne vaut pas Hésychius, lequel non plus ne vaut point

Possidonius. Les noms propres gaulois de Strabon et de Plutarque sont évidemment défigurés par les copistes. Il faut donc renoncer à l'espoir de reconstruire en entier le dictionnaire des druides. Nous n'avons presque plus que des noms d'hommes, lieux et dieux. Mais, moyennant beaucoup de circonspection, on peut en tirer parti.

APPENDICE I.

DESCRIPTION DE L'IRLANDE PAR PTOLÉMÉE.

Je joins ici le chapitre de Ptolémée sur l'Irlande, avec les principales variantes et la traduction latine. Cette traduction étant, non pas moderne, mais ancienne, et probablement presque contemporaine de l'original grec, a toute l'autorité d'un texte, surtout pour la partie géographique.

On pourra voir par cette liste jusqu'à quel point l'Irlande est véritablement gauloise. Car, quelque altérés que soient les deux textes, ils ne donnent guère que des mots qui se retrouvent sur le continent ou sur la grande île bretonne.

IVERNIAE INSVLAE BRITANNICAE SITVS.
Ἰουερνίας νήσου Βρεταννικῆς θέσις

(Le nom latin *Hibernia* (île de l'hiver) semble condamné par Ptolémée. Le nom gadalique *êrenn* (Erin) n'a point d'explication certaine. La plus probable est *occidentale*.)

1. Septentrionalis lateris descriptio, quod ab Hyperboreo Oceano alluitur.
   Ἀρκτικῆς πλευρᾶς περιγραφή, ἧς ὑπέρκειται Ὠκεανὸς ὑπερβόρειος.
   [ὁ αὐτὸς καλεῖται πεπηγώς, καὶ Κρόνιος, ἢ νεκρός.]

Boreum promontorium.
βόρειον ἄκρον Μοίρας.

2. Venicnium promontorium
Οὐεννίκνιον ἄκρον

3. Viduæ flum. ostia.
Οὐιδούα ποτ. ἐκβολαί.

4. Argitæ fl. ostia
Ἀργίτα ποτ. ἐκβολαί.

5. Rhobogdium promont.
Ῥοβόγδιον ἄκρον.

6. Occidentale latus incolunt Venicnii.
Παροικοῦσι δὲ τὴν πλευρὰν ἀπὸ μὲν δυσμῶν Οὐεννέκνιοι.

(Il est possible que la ressemblance avec les *Veneti* d'Armorique soit trompeuse.)

7. Deinde reliquum et orientale Rhobogdii.
εἶτα ἐφηξῆς καὶ πρὸς ἀνατολὰς Ῥοβόγδιοι.

8. Descriptio lateris occidentalis, cui adjacet occidentalis Oceanus.
Δυτικῆς πλευρᾶς περιγραφή, ᾗ παράκειται δυτικὸς Ὠκεανός.

9. Post Boreum promontorium : Rhauii flu. ostia.
μετὰ τὸ βόρειον ἄκρον· Ῥαουίου ποτ. ἐκβολαί,

10. Nagnata urbs insignis.
Νάγνατα πόλις ἐπίσημος,

11. Liboii flu. ostia.
Λιβοίου ποτ. ἐκβολαί (var. Λιβνοίου, Λιμνοίου),

12. Ausobæ flu. ostia.
Αὐσόβα ποτ. ἐκβολαί,

13. Seni flu. ostia.
Σήνου ποτ. ἐκβολαί,

14. Ierni flu. ostia.
Ἰέρνου ποτ. ἐκβολαί,

15. Notium promont.
Νότιον ἄκρον.

16. Post Venicnios idem habitant latus Erdini.
Παροικοῦσι δὲ τὴν πλευρὰν μετὰ τοὺς Οὐεννικνίους Ἐρδίνοι,
[οἱ καὶ Ἐρπεδιτάνοι.]

17. Sub quibus Nagnatæ. (var. Magnatæ)
ὑφ' οὖς·   Νάγναται,

18. Deinde Auteri. (var. Autini)
εἶτα   Αὔτεροι,

19. Post quos Gangani.
εἶτα   Γάγγανοι,

20. Sub quibus Velibori.
ὑφ' οὖς Οὐελίβοροι, [οἱ καὶ Ἐλλεβροὶ.]

21. Meridionalis reliqui lateris sequitur descriptio, cui Verginius adjacet. Oceanus.
Τῆς ἐφεξῆς μεσημβρινῆς πλευρᾶς περιγραφὴ, ἣ παροικεῖται Ὠκεανὸς Οὐεργίνιος. [var. Οὐεργιούιος]

22. Post Australe promontorium : Dabronæ flu. ostia.
Μετὰ τὸ νότιον ἄκρον · Δαβρῶνα ποτ. ἐκβολαί,

23. Bargi flu. ostia (var. Birgi).
Βάργου ποτ. ἐκβολαί, [var. Βίργοι]

24. Hieron vel sacrum promont.
ἱερὸν ἄκρον

25. Habitant idem latus post Vellaboros.
Παροικοῦσι δὲ τὴν πλευρὰν μετὰ τοὺς Οὐελλαβόρους [var. Οὐελλαβροσίους]

(Selon l'usage de ces listes, les *Velibori* déjà nommés.)

26. Vterni.
Οὔτερνοι, [var. Ἰουέρνιοι]

27. Supra quos Vodiæ.
ὑπὲρ   οὖς   Οὐοδίαι,

28. Et qui orientalissimi sunt, Brigantes.
καὶ ἀνατολικώτεροι, Βρίγαντες. (Colonie des Brigants de Brit?)

29. Orientalis lateris descriptio, cui adjacet Oceanus qui vocatur Hibernicus.
Ἀνατολικῆς πλευρᾶς [περιγραφή, ᾗ παράκειται Ὠκέανος καλούμενος Ἰουέρνιος.

30. Post sacrum promont. Modoni flu. ostia.
Μετὰ τὸ ἱερὸν ἄκρον ποτ. Μοδόνου ἐκβολαί,

31. Manapia urbs.
Μαναπία πόλις,

32. Obocæ flu. ostia.
Ὀβόκα ποτ. ἐκβολαί,

33. Eblana civitas.
Ἔβλανα πόλις

34. Bubindæ flu. ostia.
Βουουίνδα ποτ. ἐκβολαί,

35. Isamnium promont. (var. Isanium)
Ἰσάμνιον ἄκρον,

36. Vinderii flu. ostia.
Οὐινδέριος ποτ. ἐκβολαί,

37. Logiæ flu. ostia.
Λογία ποτ. ἐκβολαί.

38. Post hæc Rhobogdium est pr. Idem accolunt latus post Rhobogdios, Darnii
Μεθᾶς τὸ Ῥοβόγδιον ἄκρον. Παροικοῦσι δὲ τὴν πλευρὰν ταύτην μετὰ τοὺς Ῥοβογδίους, Δαρνίοι [var. Δαρίνοι]

39. Sub quibus Voluntii.
ὑφ' οὓς Οὐολούντιοι,

40. Deinde Blanii.
εἶτα Ἔβλανοι [var. Βλάνιοι],

41. Post Cauci
εἶτα Καῦκοι,

42. Sub quibus Manapii.
ὑφ' οὓς Μαναπίοι,
(On trouve en Belgique les *Menapii*.)

43. Post Coriondi, supra Brigantes. Civitates mediterraneæ hæ sunt :
εἶτα Κορίονδοι, ὑπὲρ τοὺς Βρίγαντας. Πόλεις δέ εἰσι μεσόγειοι.

(Un grand nombre de mots gaulois commence par *Corio*.)

44. Rhegia.
Ῥίγια, [var. Ῥήγια]

(Ce mot paraît signifier *royale*. Plusieurs noms de lieux gaulois finissent par rigia; quelques-uns commencent par rigo...)

45. Rhæba.
Ῥαίβα,

46. Laberus.
Λάβηρος,

47. Macolicum
Μακόλικον,

48. Rhegia altera.
ἑτέρα Ῥιγία, [var. Ῥηγία]

49. Dunum.
Δοῦνον,

(Mot gaulois certain signifiant *mont,* et par exension citadelle.)

50. Iouernis.
Ἰουρνίς. [var. Ἰερνις]

51. Hiverniæ superjacent quinque insulæ, Ebudæ nomine,
Ὑπερχεῖνται δὲ νῆσοι τῆς Ἰουερνίας, αἵ τε καλούμεναι Ἔβουδαι, ἐ τὸν ἀριθμὸν,

52. Quarum occidentalior vocatur Ebuda.
ὧν ἡ μὲν δυτικωτέρα καλεῖται Ἔβουδα.

53. Deinde quæ ad ortum extenditur similiter Ebuda.
Ἡ δὲ ἑξῆς αὐτῶν πρὸς ἀνατολὰς ὁμοίως Ἔβουδα,

54. Postea Rhicina.
εἶτα   Ῥικίνα,

55. Post Maleos,
εἶτα Μαλεός,

56. Post Epidium.
εἶτα Ἐπίδιον.

57. Juxta orientalem plagam Hiberniæ, insulæ hæ sunt : Monaœda.
καὶ ἀπὸ ἀνατολῶν τῆς Ιουερνιας εἰσιν αἴ δε νῆσοι : Μονάοινα, [var. Μονάρινα]

(*Monabia* de Pline, mot encore plus gaulois, dérivé de *Mona*, qui suit.)

58. Mona insula.
Μόνα νῆσος,

59. Edri quæ deserta est.
Ἔδρου ἔρημος, [var. Ὄδρου]

(En Cisalpine, il y a *Edron*, port sur le lac Benacus.)

60. Limni quæ deserta est.
Λίμνου ἔρημος. [var. Λίνου]

APPENDICE II.

LE PLUS ANCIEN IRLANDAIS COMPARÉ AUX LANGUES ANCIENNES.

Je sais combien ces sortes de comparaisons sont trompeuses quand elles sont dressées sans une critique méticuleuse, et j'ai fait tout ce que j'ai pu pour me conformer aux règles de la grammaire comparative, qui sont aussi celles du bon sens; se défier des mots qui n'ont point de famille ni de dérivés; de ceux qui représentent des idées nouvelles ou des objets exotiques. On m'accordera sans doute qu'à part des termes théologiques, ou bien techniques de grammaire, philosophie, sciences, médecine, etc., les Romains, encore moins les Grecs, n'ont point pu introduire beaucoup de mots en Irlande. Et en fait, les moines de ce pays ont composé une multitude de mots théologiques et techniques avec des éléments nationaux, au lieu d'emprunter brutalement la locution latine.

Les textes irlandais antérieurs au onzième siècle sont loin de nous donner tous les noms des objets primitifs et antécivilisés. Ce seraient les plus décisifs; mais il faut bien nous en passer. Je dois avertir de plus que je n'ai nullement la prétention d'avoir épuisé le peu de mots certains qui nous restent. Aussitôt que mes listes m'ont semblé suffire, j'ai fait un choix. J'ai eu soin de mettre entre parenthèses les mots qui ne sont point fournis par des gloses antiques presque toutes interlinéaires. Enfin, il faut se souvenir que le F gaélic est un V consonne, et le C toujours un K. Ajoutons de plus que ce K représente fort souvent un P du latin ou du grec.

Noms de nombres.

Ôen et Oin, *unus*. (B. B. : eunn.) — A Oentu *ex unitate*.

Dau, *duo* (ordinairement abrégé en Dâ, masc. et neut.); Dî, féminin.

Trî, *tres, tria.* — Teoraib, *tribus* au féminin. — Triuss, *tertius.* — Tris, *tertia.* — Trichit, *triginta.*

Cethar, Cethir, *quatuor.*

Côic, *quinque.* — Côicat, *quinquaginta.* — Côiced, *quinta.*

Sê (*sex*).

Sechtn et Secht, *septem.* — Sechtmaine, *septimana*, semaine.

Oct et Octn, *octo.*

Noi, *novem*, ἐννέα.

Dêc, Déec, Deich et Deac, *decem.*

Fichet, *viginti.*

Cêt, *centum.*

Mîli, *mille* à l'accusatif. Le nominatif Mile, féminin sing., semble certain à M. Zeusz.

Pronôms.

Mê, *ego.* — M préfixe, *me, meus.* — Mo, *meus, mea, meum.*

Tû, *tu.* — T préfixe, *te.* — Thu et Do, *tuus; tua, tuum.*

É et Hê, *is, ὁ*. — Sie, *ea*, ἡ (allem. : sie). — Ed, *id*.
Meisse, *ego (ego ipse)*. — Tussu, *tu ipse*.
Ci, Cia, Ce, *quis, quæ, quid*. — Cid, *quid*.
Càch, *quicumque, quisque*.

Prépositions.

In, *in*.
Es, *ex*.
Con, *cum*.
Eter et Etar, *inter*.

Conjonctions.

Achd, *sed (at)*.
Ar, *enim,* ἄρα.
Ni et Ni, *non, ne*. — Nàch, Nach et Naich, *non, nec*.

Substantifs.

Dia, **Deus**. — Bandea, *dea* (mot à mot : femme-déesse). — Dê, *dii*. Deib, *diis*. Deu, *deos*.

Anme, *animæ*.

Menme, *mens,* μένος. Le radical est augmenté d'un suffixe verbal.

Senm, *sonus*. Même observation.

Colin, *caro*. Colno, *carnis*.

Rech, *lex (rectum)*.

Clû et Clûu, *gloria,* κλέος. — Cloithir (*audit*), κλύει. — Clûasa, *aures*.

Cretem, *fides, credere*. — Cretme, *credimus*.

Ord, *ordo*. — Uird, *ordinis* (mot très fréquent et nullement technique).

Tol (*voluntas*), θέλω. — Mothol (*voluntas mea*).

Failte, *gaudium (voluptas)*.

Sens et Sians, *sensus*.

Bid, *vita*; et encore Bethu, Beothu, *vita*. — Beo, *vivus*; Bî, *vivi*.

(Le dérivé Bethu et les trois sens du mot Bid nous sont donnés par une glose de Virtzbourg citée par Z., p. 670 :

Bid samlid bid   bid-bethu ma marbitir *facta carnis.*
sera donc vie   toujours vie, si meurent œuvres de chair.

i. e. nous aurons la vie éternelle si nous tuons la chair.)

Âes et Âis et Ôis, *ætas*. — Comâessa, *coætanei*.
Mîs, *mensis*. — Mistæ, *menstruus*.
Matin, *mane* (*matutinus*).
Huâir, *hora*. — Hôre, *horæ*. — Hôir, *horam*.

Fîch, *vicus*.
Fîr et Fêr, *vir* (Ulphilas : vër). — Fîru, *viros*. — Firtu, *virtutes*.

Sacart, *sacerdos*. On lit encore *Sagrovir* sur l'arc de triomphe d'Orange, et c'est bien certainement un nom gaulois. La décomposition en *sagros vêr* me semble aussi certaine que les deux mots latins *sacer* et *vir*.

Mîl, *miles*. — Mîlid, *militem*. — Miled, *militum*. — Mîlte, *militia*.

Mathir, *mater*.
Dear, *filia*, θυγάτηρ (Ulphilas : dauhtar).
Brâthir, *frater*.
Fedb, *vidua*.
Gen et Cenêl, *genus* (Ulphilas : kuni). Ceneûil, *generis*. — Gnûs, *mos, consuetudo*. Gnûso, *moris* (identique à *genus* avec un autre sens). — Geinti, *gentes*. — Geindae, *genitalis*. — Gnâssi, *consuetudinem cum uxore* (*cognitionem*). — Gnath (*natus* dans le sens d'habile).

Popul, *populus.*
Treb, *tribus,* tribu. — Trebir, *prudens (senator?).*
Rig, *rex* (Ulphilas : reiks).
Cis, *census.*
Sen, *senex.*
Cert (*cerdo*). — Cerddchae, *officina.*
Cocc, *coquus* et *coquere.* — Cocann, *cucina, culina.*
Mertrech, *meretrix.*
Dane, *donorum.*
Dam, *damnum.*
Tesst, *testis* (*tist* en breton du neuvième siècle).
Corp, *corpus.* — Corparde, *corporalis.*
Alt, *artus.*
Cûl, *tergum (culus).*
Coûs, *pes,* πούς. — Traig, *pes,* τρέχω, je cours. (Le roitelet, oiseau qui court au lieu de s'envoler, et qui se réfugie dans les trous de rochers et les racines d'arbres, se nomme en bas-breton *troc'han* et en grec *trochilos.*)
Dearc, *oculi.* — Decu, *video,* δέρχομαι.
Sron, *nasus,* ῥίν, avec le digamma Fρῖν.
Dêt, *dens.* — Daintech, *dentatus.*
Carr, *vehiculum* (le CARRUS gaulois de César; le français *char*). — Cairb, *currus.* — Carbad, *carpentum.*
Carcair (*carcere*) — Z., p. 671 : *naba thoirsech cia beosa hicarcair,* ne sois triste parce que je suis en prison.
Dorus, *porta,* θύρα. — Doirsib, *portis* (Ulphilas : dauro).
Clòi, *clavi,* clous.
Naue et Noe, *navis* au génitif, ναῦς.
Ramæ, *remi.*
Fial, *velum.*

Lige, *lectus, torus,* λέχος (Ulphilas : ligr).

Lûacharn, *lucerna* (*lugarn* en breton du neuvième siècle).

Pallaing (*pallium*).

Pond, *pondo*.

Sil, *semen* et *serere*.

Gart, *hortus,* χόρτος, jardin (Ulphilas : gardd). — Lubgartôir, *olitor,* jardinier.

Ech, *equus.* Ce mot ne se trouve plus que dans deux composés.

Mûlu, *mulos.* — Muldæ, *mulionicus.* Comparez dans Gruter, p. 700, le nom d'homme gaulois EPOMVLVS, et l'épithète aulerque de Mars : *Aug. Marti* MVLION. *Tauricus,* etc., à Craon (Mayenne), dans B., n° 306.

Bô, *bos.* — Bou, *bovis.* — Bochail, *bubulcus,* βούκολος.

Tarb, *taurus.*

Gabar, *caper.*

Cun et Cu, *canis,* κύων-κυνός. — Conde, *caninus.*

Sus, *sues* à l'accus. plur.

Beabhar, *biber,* bièvre ou castor.

Mel, *mel.* — Meltach, *gratus* (*mellitus*). Ulphilas : milith, miel; μέλι, μελιτος.

Ola, *oleum* (Ulphilas : alêv).

Bî, *pix.*

Ros, *rosa.*

Mirt, *myrthus,* μύρθη.

Tîr, *terra.*

Loc, *locus.*

Muirc, *mare.* — Mara au génitif.

Inis, *insula.* — Inse, *insulæ.* Grec : ἐν. νῆσος.

Loth, *cœnum* (*lutum*). — Loithe, *paludis* (*luti*).

M. Zeusz ne fait aucun doute que *Lutetia* ne signifie *la boueuse*.

Liac et Liacc, *lapis*. — Leic (*lapidem*).

Ôr, *aurum*. — Ôir, *auri*.

Ainm, *nomen*, ὄνομα. Tout le mot grec s'y trouve, et même le suffixe.

Lin, *pars* (*linea*).

Rann, *pars* (*ratio*). — Rainn, *ratione*.

Ret et Reta et Retu, *res* (*ratum*).

Oipred, *opus, operatio*.

Adjectifs.

Aile, *alius*. — Ailigid, *mutat*.

Huile, *omnis*, ὅλος (*sollus* en très vieux latin; *holl* en bas-breton; *all* en allemand).

Nû (*novus*). — Nuu, *novo*. — Nui, *novi* au pluriel. — Nûide, *novi* (*novati*, νέατοι). — Nûiednissi et Nûiadnissi, *novitatis*. — Inuiethnissiu, *in novitate*.

Cosmili, *similes* (*con-similes*). — Cosmail et Cosmuil, *similis*. — Disamlathar, *dissimulat*, forme déponente. — Insamlathar, *imitatur*. — Cosmilius, *similitudinem*. — Cosmuilius (*similitudo*). J'ai cité tous ces exemples d'où l'on peut tirer d'une manière à peu près certaine le radical véritable Samil.

Medônda, *medius*. — Medôn, le milieu. — Inmedônach, au milieu.

Lethan, *latus*.

Ard, *altus* (*arduus*). — Artu, *altitudo*.

Umal, *humilis*.

Dûr, *fortis et castellum* (*durus*).

Fîr et Fîran, *verus*.

Verbes.

Am, *sum*, εἰμί. — Is, *est*. — Ammi, *sumus*, ἐσμέν. — It, *sunt*, εἰσί.

Caram, *amamus*. — Carub, *amabo (carus)*.

Epur, *dico*, ἔπω. — Epert, *dicere*, εἰπεῖν.

Gaibid, *sumite (capite)*. — Gaibit, *capiunt*. — Gaibed *(capiebat)*.

Clandaim, *obsero (planto)*. Cambr. : Plant, *planta, tribus*.

Melim, *molo*.

Munigim, *mingo*.

Lîgim, *lingo*, λείχω.

Proind, *cibum sumere (prandere)*.

Airgara, *vetat (arcet)*.

Saillim, *salio*. — Salid, *salit*, il saute (lecture douteuse).

Sechitir, *sequuntur*. Ce mot et les suivants ont la forme déponente.

Folluur, *volo* (de *volare*), verbe déponent en gadalique ; πέτομαι, qui a le même sens en grec, est comme Folluur à la voix moyenne.

Agathar, *timet*, ἄχεται.

Condemnigedar, *dominatur (con-dominatur)*.

Gaimigfer, *hiemabo* ; χεῖμα, hiver.

L'exemple le plus curieux de ressemblance avec le grec est le verbe qui signifie *savoir*. On y retrouve tantôt ἴσημι et tantôt οἶδα, mais le plus souvent avec la conjugaison déponente ou passive, et précédé du préfixe Ro indiquant le prétérit. De même οἶδα (je sais) est en grec un parfait second. Rofessur, *scire*; Feser, *scis* (déponents); Rofitis, *scitis* (actif). La ressemblance est plus grande avec Ulphilas, où le radical de ce verbe est tantôt *viss* et tantôt *vait*. La racine de Feser est Fiss, *scientia* (Ulphilas : vissa). L'adjectif est Fissid, *catus*. On trouve aussi le privatif Anfissid (*ignarus*).

De même *fero* (porter) se retrouve en gadalique sous les formes ber et bair, identiques au gothique, un peu éloignées du latin et du grec.

M. Zeusz ne fait point de doute qu'il ne faille comparer aussi Athir, *pater*, Iasg, *piscis*, Lân, *plenus*, où le P initial serait perdu par suite d'une sorte de répulsion pour ce son, car il est aussi rare en gaélic qu'il est fréquent dans les dialectes originaires de la Grande-Bretagne.

Il reconnaît aussi une permutation qui me paraît indubitable, c'est celle de FR FL en SR. Mais il ne la trouve que dans trois mots anciens : Srôn, *nasus*, ῥίν. Srvth, *flumen*, ῥοή, ῥύω. Srogel, *flagellum*, *flagrum*. Il y ajoute Seib, *faba*.

On peut ajouter Et, *et;* Prîm, *primus*, *primo;* très rares pour Acus et Cètne. Il me paraît impossible que ce soient des mots latins introduits par caprice dans les exemples cités par M. Zeusz.

La plupart des radicaux irlandais, et même la plupart des suffixes, sont plus ou moins ressemblants à ceux des langues anciennes. D'autres se retrouvent uniquement dans Ulphilas.

Mots irlandais et gothiques.

Rùn, *mysterium*. — Rûna, *mysterium*.
Mâini, *dona, pretiosa*. — Maithms, *res pretiosa*.

Dâl, *curia, forum*. — Mathl, *concio* (cambr. gloses d'Oxford : datlt).

Sêt, *via*. — Sinths, *via* (sentier).

Tinge, *lingua*. — Tungo, *lingua*.

Maicc, *filius*. — Magus, *filius*.

Bris, *frangere*. — Brikan, *frangere* (briser).

D'autres mots ne se retrouvent qu'en sanscrit. On comprend que cette ressemblance entre l'extrême Occident et l'extrême Orient ne peut plus être attribuée ni à l'influence romaine ni aux missionnaires chrétiens. M. Adolphe Pictet a traité cette question de manière à ne laisser aucun doute raisonnable aux esprits les plus exigeants. Je me borne à renvoyer à son livre : *De l'Affinité des langues celtiques avec le sanscrit.*

Il est néanmoins possible qu'il y ait dans le gadalique un élément étranger à la grande famille des langues indo-européennes. En tout cas, la grammaire est entièrement gréco-latino-gothique (je m'en rapporte aux indianistes pour y ajouter le sanscrit), en exceptant la règle des mutes et la conjugaison impersonnelle. L'anglais, pour être mélangé de mots romans et bretons, n'en est pas moins pour cela un idiome tout tudesque. Quant à ces mots étrangers des idiomes néoceltiques, la mode a été aux Basques, elle est à présent pour les Finnois. Dans le désir de contenter ces derniers, j'ajoute un troisième supplément.

APPENDICE III.

CHOIX DE MOTS ET SUFFIXES FRANÇAIS ET BAS-BRETONS.

La longueur de cette liste n'a nullement pour but de prouver que notre langue est celto-latine. J'ai seulement voulu montrer que tout n'y est point latin. De plus, la plupart des mots qui suivent se retrouvent d'une manière plus ou moins certaine dans une ou plusieurs langues indo-européennes. Mais j'ai fait tous mes efforts pour en exclure ceux qui ne sont point celtiques, et j'ai recherché avec soin tous ceux que les anciens nous ont signalés comme positivement gaulois.

J'ai choisi le bas-breton pour plusieurs raisons. En premier lieu, cette langue a de beaucoup le meilleur dictionnaire; en second lieu, cette liste, tirée d'une langue encore parlée, peut être plus aisément contrôlée. Enfin l'orthographe du bas-breton, réformée par Legonidec, n'offre point pour les Français les difficultés des autres idiomes néo-celtiques. Il faut pourtant savoir que *e* sans accent est toujours *è*; que le *g* est toujours dur; que *c'h* est un *k* très aspiré; et j'avertirai à mesure des autres particularités.

Quand la signification est identique, je ne répète point le mot français.

A

Accore. *Skor,* étai, étançon. — Accorer. *Skora,* étayer. (En français, termes techniques de marine. Un *accore* est un étai; une côte *accore,* une côte où on peut mettre un navire à quai, d'où le verbe *accorer.*)

ade. *ad* (suffixe). (La terminaison latine *ata* devient toujours *ée* en français.)

Agacer. *Hégasi* (de *hég,* irritation). Rabelais écrit *esguasser.*

aille. *al* par *L* mouillé, suffixe.

Aise. *Eaz.*

Aller. *Ann,* je vais. (*Anar* en langue d'oc, espagnol et portugais; *andar* en italien.)

Alouette. *Alc'houeder.* (Le mot gaulois ALAVDA est devenu latin; il a formé en français *Aloue,* qui se trouve très souvent dans les trouvères, ainsi qu'*Alouette.* En même temps il devenait en cambrien *Alaw-adar* (chanteur-oiseau), corrompu entre autres en *Alc'houeder.*

Anche. *Henchen* (prononcez *hain* nasal). La terminaison bretonne est un singularissime.

ard. *ard,* suffixe.

B

Bâche. *Bâc'h,* prison.

Badaud. *Bad,* étourdissement, caractère étourdi, niaiserie, bavardage. — Badauder. *Bada, badaoui.*

Baie. *Bué* (dans le sens d'un petit golfe).

Bailler. *Badala,* par *L* mouillé.

Bal. *Bal,* danse. (Ce mot est aussi gadalique.) Voyez

Ducange, au mot *Balare* (danser) employé par saint Augustin.

Balai. *Balaé*, balai. *Balan*, genêt.

Bannière. *Bannier*. (En allem. *fahne*, d'où nous vient *gonfanon*). *Banniar* se trouvant dans les plus anciens bardes, me semble devoir être préféré pour l'étymologie de *bannière*.

Barat (vieux mot). *Barad*, tromperie.

Barde. *Barz*. Festus dit : *Bardus, gallice cantor appellatur qui virorum fortium laudes canit a gente Bardorum.* Un glossaire ancien nous a conservé la tradition que les bardes descendaient de *Bardus*, fils de Druis. — Voy. Ducange, à *Bardaia*.

? Baron. *Barner*, juge. *Barn*, justice, juridiction. Je préfère cette étymologie sans la croire certaine. Ce n'est qu'indirectement que l'on peut expliquer ce mot par l'allemand. Comme plusieurs autres termes féodaux, il s'explique mieux par le celtique. Cette remarque est de Camden, et Ducange l'a pleinement admise dans la préface de son glossaire. D'après Lydus, *barrôn* signifiait *brave* en celtique; mais il est possible que pour lui le *celtique* soit du *germain*. Le scholiaste de Perse dit d'une manière plus précise que les Gaulois appelaient *baro* un esclave de soldat. Dans Cicéron, *baro* est un terme populaire qui signifie un *niais*. S'il faut s'en rapporter à Festus, *barrones*, dans Lucile, signifiait des *hommes grossiers*. Dans la loi salique, *baro* signifie l'*homme libre* par opposition au *lite*, et le mari par opposition à la femme. On trouve aussi *Burgundifarones* (les seigneurs burgondes) dans la loi gombette; malheureusement, ces mots ne se retrouvant plus en Allemagne, il est impossible de dire si c'est du tudesque latinisé ou du gaulois latinisé. Malgré l'importance de ce mot, l'histoire en est très obscure.

Barque. *Bâk*, barque, navire, chaloupe, toute espèce d'embarcation. Mot à famille très nombreuse, et qui se retrouve sans exception et identique dans tous les idiomes néo-celtiques. — *Bark*, barque, barcot. Mot isolé en bas-breton, et revenu probablement du français (En latin, BARCARII (bateliers?) se trouve dans la notice de l'empire : *Præfectus classis Barcariorum, Ebreduni Sapaudiæ*, « le commandant de la flotte des bateliers, » à Yverdun en Savoie. » On sait par Ammien Marcellin que, sous le nom vague de *Sapaudia*, on entendait au cinquième siècle, non-seulement la Savoie actuelle, mais en outre le Dauphiné. Si ce mot signifie *pays des sapins*, comme cela semble très probable, il est naturel qu'il se soit étendu aussi à la chaîne du Jura et aux bords du lac de Neuchâtel.) — Voy. *Sap*.

Barre. *Barren*. (Désinence singularissime.)

Barrique. *Barriken*. (Désinence singularissime.)

Bât. *Bas*.

Bâtard. *Bastard*. Mot très ancien en gallois, en français et en anglais. — *Basta*, suffire. On disait jadis en français *Baster*, et il y a encore l'interjection Baste! (C'est bon! il suffit!)

Bâton. *Baz*. On trouve dans Plaute *battuere* (battre); mais le mot est isolé en latin, tandis que dans les langues néo-celtiques, il a une famille des plus régulières et des plus nombreuses.

Bave. *Babouz*.

Bébé, enfant à la mamelle. *Babik* (forme diminutive). Il y a en anglais *babby*, qui se francise, bien que nous ayons déjà *bébé*, qui est très ancien et très français, et se prononce à peu près de la même manière.

Bec. *Bék*, bec, par extension museau, visage. BECCO signifiait *bec de coq* en gaulois de Toulouse (volce-tectosage), d'après Suétone (Vitellius, 18).

Bedel, Bedeau. *Bédel*.

Berge. *Berz*, défense.

Bière, boisson. *Bier*. (Identique en allemand, mais prononcez *bîr*; le bas-breton *bicr*.)

Bijou. *Bizou*, bague. *Biz*, doigt.

?Bille. *Bili*, galet, pierre arrondie des rives et rivages.

Bise. *Biz*.

Blet (poire blette). *Blé*.

?Blanc. *Blank*, délicat. (*Blank*, blanc, tudesque.)

Bluteau. *Burutel*.

Boite. *Boést*.

Bomber. *Bom*, élévation, toute chose qui bombe, et particulièrement la glèbe des champs.

Bonde. *Bount*. (*N* nasal.)

Bonnet. *Boned*.

Borgne. *Born*.

Borne. *Bonn*. On a dit *bone* en français jusqu'au quatorzième siècle. Le gaulois BONA, BONNA, est certain d'après plusieurs noms propres. Il se traduit toujours très bien par *frontière*; mais ce n'est encore qu'une conjecture.

Botte. *Bôd*, assemblage, et principalement botte de foin, de paille, etc. *Botez*, chaussure. *Botez-ler* (chaussure de cuir), soulier. *Botez-koat* (chaussure de bois), sabot. La racine *bôd* a une famille innombrable dans tous les dialectes néo-celtiques. — Voy. bout, bouter, bouton.

Bouc. *Bouc'h.* (En allemand : *bock.*)

?Bouchon de paille, etc. *Bouch,* touffe, bouquet.

?Bouder. *Boud,* bourdonnement.

?Boue. *Beûzi,* se noyer.

Bouger. *Boulg,* mouvement. (Racine qui se trouve dans tous les dialectes néo-celtiques, et avec une famille de mots énorme.)

Bouquet. *Boked,* dérivé de *Bouch.*

Bourbe. *Bomboulla,* fouir en parlant des porcs et sangliers. BORVONI, BORMONI se trouvent, comme nom de divinité, sur un grand nombre d'inscriptions latines et justement dans les localités qui s'appellent encore *Bourbon,* et où il y a des boues thermales.

Bourde. *Bourd.*

Bouse. *Beusel.*

Bout. *Bod* (que nous avons déjà vu), touffe d'herbe. — Bouter, *Boutaoui,* chausser. — Voy. Botte.

Bouton. *Botoun.*

Bouvreuil, forme diminutive. *Beuf.*

Boyau. *Buellen.* Sauf le suffixe singularissime, le bas-breton est identique au vieux français *boele,* et de plus les deux mots sont féminins.

Braies. *Bragez* (singulier masculin). Le mot bas-breton est allongé du suffixe *ez.* On prononce *bragues* dans tout l'ouest de la France. Le pantalon gaulois était devenu un mot latin sous la forme BRACÆ ou BRACCÆ.

Branche. *Brank* (*N* nasal).

Branler. *Bransella.*

Brave. *Brav,* beau. En latin il y a *bravium* (prix de la course des chars).

Brême, poisson de rivière. *Brem.*

Bren, ordure en patois normand. *Brein,* pourri.

L'Académie a admis l'adjectif *breneux*, dérivé de *bren*.

Bride. *Brid.*

Brin. *Briénen.* Ici le singularissime est d'autant plus marqué que le pluriel est *Brien.*

Brique. *Briken.* (Désinence singularissime.)

Brocoli. *Brouskaol.* C'est un chou qui rame et monte en arbuste. Il est très commun en Basse-Bretagne, et il semble composé régulièrement de *broust* (broussailles) et *kaol* (chou).

Broder. *Brodia* ou *Brouda.* Broud, pointe fine et acérée.

Broie. *Braé.* — Broyer. *Braéa.*

Brouet. *Braoued,* boisson. Breuvage et Abreuver ont aussi bien plus de rapport avec *braoued* qu'avec *bibere* latin.

Broussailles. *Broust.* Il y a aussi *broustal* (par L mouillé) bien plus rapproché par le son, mais dont le sens est différent (surgeon, jeune bois).

Brouter. *Brousta,* dérivé de *Broust.*

Bruit. *Brûd,* rumeur, nouvelle.

Brume. *Brumen.*

Bruyère. *Brûg.*

C K

Caboche. *Kab,* tête. Ce mot est surtout gaélique; son dérivé *chief-tain* (chef) répond au français chef de tribu; comparez l'espagnol *capitan,* d'où nous avons fait capitaine. Remarquez que le latin *caput* est devenu *chef.* Il ne s'est conservé que dans quelques mots empruntés directement au latin, à l'espagnol ou à l'italien. On peut faire venir du gaulois *chou cabus* et *cabane.* Isidore de Séville nous donne probablement le mot gaulois-espagnol quand il nous dit (*Origin.*, XV, 12) que les paysans appellent CAPANA la hutte que se font les gardiens des vignes.

Cache, cachette. *Kûz*. — Cacher. *Kuzat*.

Cagoule. *Kougoul*. CUCULLUS. Mot emprunté aux Gaulois, ainsi que son composé BARDOCUCULLUS. Vêtement à capuchon, devenu d'un usage universel, adopté et conservé par les moines. On dit aujourd'hui plus habituellement *froc*.

Caille. *Coal* (*L* mouillé).

Cale. *Kal*.

Calfat. *Kalvez*. Le mot français et spécial pour la marine; le mot breton signifie *charpentier* en général.

Camaïeu. *Kamahu*.

?Camp. *Kamp*. Terme militaire que je crois venir des Gaulois, ainsi que son composé *champion* Je ne nie point d'ailleurs que ce soit au fond le latin *campus*. *Camp* et *champion* sont cambriens et scandinaves.

Canton. *Kant* (*N* nasal). circonférence.

Cave. *Kav*. Comparez le latin *cavus*.

Cep, cépage *Kef*, souche, tronc.

Change. *Kemm*. — Changer *Kemma*. — Changement. *Kemmadur*. — Voy p. 74.

Chantier. *Kant* (*N* nasal).

Char. *Karr*. Gaulois latinisé CARRUS, mot de même origine que *currus*.

Charge. *Karg*. — Charger. *Karga*.

Chasse. *Chasé* (*S* dur). Ce mot, avec ses nombreux dérivés, se retrouve dans tous les dialectes néo-celtiques, et dans une foule de noms propres gaulois : CASSI, CASSES.

Chat. *Kaz.* (En allemand : *katze.* En gaulois : CATTOS ? Voy. ce livre, p. 104. En latin barbare on écrit *cattus* ou *catus;* Isidore de Séville : *captus.* — *Felem vulgus captum e captura vocat* (*Origin.,* XII, 3).

Chat-huant. *Kaouan.* L'orthographe française est absurde ; il est impossible que *chat* signifie ce qu'il paraît dire ; c'est tout simplement la première syllabe que l'on a voulu séparer des autres, parce qu'elles ont semblé exprimer le cri de l'oiseau. On devrait écrire *chahuant.* Dans tout l'Ouest on prononce *chouan.* Ce mot, donné comme sobriquet aux défenseurs de l'ancien régime, a passé dans la langue de l'histoire.

Chercher. *Kerc'hout.*

? Chez (préposition). *Ken* (préfixe), avec. CUM en latin barbare des Gaules se prend continuellement pour *chez.* C'est le sens de *cô, cuc* en gadalique avec l'accusatif. Il est du reste possible que ce mot ne soit pas le même que le bas-breton *ken;* et il me paraît certain que *chez* vient du latin *casa.*

Chiche. *Piz.* Si ce mot paraît éloigné, il y a la racine gaélique *Kidj* qui ne me laisse aucun doute.

Cidre. *Sistr.* Mot commun à tous les dialectes néo-celtiques. Le SISTON de Possidonius (cité par Athénée, IV, 13), différent de *sicera,* qui viendrait de l'hébreu, d'après Isidore de Séville. Anciennement, *cidre* s'écrivait souvent *sidre.* — Voy. Ducange, à *Sicera.*

Chômer. *Choum,* rester à la maison.

Ciseau. *K'sel.*

? Claie. *Klouéd.* Ce mot peut venir du latin *crates.*

Cloche. *Klóc'h* (en allemand : *glocke*).

Cochon. *Coc'hien,* excrément, saleté.

Coffre. *Koufr* (en gaélic : *cofra*).

Cohue. *Koc'hui.*

Coint. joli. *Koant.*

Combe. *Komb.* Bien que ce mot soit provincial, il est tellement employé dans le sud-est de la France, pour signifier une *petite vallée*, qu'il est assez difficile de ne point le citer ici.

Connil. *Konikl.* Vieux mot pour signifier *lapin.* Pline donne cuniculus comme étranger, sans marquer s'il est gaulois. On dit *coinnin* en Irlande, ce qui est presque aussi probant que si Pline eût attesté l'origine gauloise de ce mot.

?Conter. *Conta* (*N* nasal). En gaélique : *counta.* Bien que ce mot puisse venir de *computare* (il y a en allemand le même détournement de sens : *zæhl n,* compter, *erzæhlen,* raconter) sa présence en Irlande et en Ecosse me le fait croire d'origine gauloise.

Coq. *Kok. Coccus* (coq) se trouve dans un manuscrit de la loi salique. On le trouve aussi, peut-être avec le sens d'œuf, dans la quatorzième formule barbare de Baluze : *Non vales uno cocco, non simulas tuo pa're; non gaudeas de dentes; deformas tuos parentes.* La couleur écarlate se dit *coc* dans les plus anciens bardes gallois. D'ailleurs, le mot bas-breton n'est qu'une espèce de sobriquet, comme *pierrot* pour *moineau.* Le vrai nom est *Kilok* (*L* mouillé). *Kilec,* dans les plus anciens bardes, gaulois calocas? qui se tire d'une manière très vraisemblable (voy. cet ouvrage, p. 186) de calocatanos (coquelicot).

Corde. *Korden.* Encore un mot à la fois néo-celtique et grec. Mais en grec et de là en latin, *chordé* a un sens tout spécial à la musique et à l'arpentage. *Cord,* en gaélique, est parfaitement synonyme au français.

Cosse. *Kos.*

Coutume. *Kustum.* D'après tous les idiomes néo-celtiques, ce mot, longtemps confondu avec *costume*, est composé de deux racines : *stumm* (usage) et *kôz* (vieux). J'en déduis un mot primitif signifiant *usage des vieux.*

Crabe. *Kráb.* (En allemand : *krabbe.*)

Crampon. *Kráb.*

Cran. *Kran.*

Créneau. *Kranel.*

Creux. *Kleûz.*

Cri. *Krî.* (En allemand : *schrey.*)

Croc. *Krôk.*

D

Da. *Dâ,* bon. *Oui-da!* n'a aucun sens en français. Il existe en bas-breton sous la forme *Ia-dâ!* Mais là il signifie *oui-bien.*

Dague. *Dâg.* (En allemand : *degen.*)

Dalle. *Dar.*

Danse. *Dans* (*N* nasal).

Dard. *Dared.*

Délai. *Dalé.*

Donoi, galanterie chevaleresque. *Don* (*N* nasal), apprivoisé.

Dorloter. *Dorlota.*

Douille. *Dul* (*L* mouillé), poignée en général.

Douve. *Dufen.* On sait que ce sont les Gaulois qui ont inventé la tonnellerie. Les Grecs et les Romains se servaient de vases de terre.

E

Eau. *Éva,* boire. En langue d'oïl on disait *euve* ou *aigue;* le premier s'est conservé dans *évier* et le second dans *aiguière. Aigue* est le latin *aqua; eau* doit au contraire être gaulois. Le gaélic nous donne *ab* (eau) comme l'un des radicaux les plus féconds de cette langue. Et il y a très longtemps que l'on en a induit, avec beaucoup de probabilité, le mot primitif ABA?

Ecarlate. *Skarlek;* en gaélic, *scarled.*

Eclair. *Skloar,* clair. On retrouve dans ce mot le latin *ex* et *clarus.* Ce qu'il y a de plus remarquable, c'est que l'adjectif breton *scloar* a tous les sens du français *clai.;* ce qui ne peut se dire pour *clarus.*

Eclisse. *Skliss n.* (Désinence singularissime.)

Ecope. *Skôp.*

Ecot. *Skôd.*

Email. *Amal* (L mouillé). Si le mot est d'origine gauloise, il s'est beaucoup adouci, comme le montre le latin barbare SMALTUM et le très vieil allemand SMELZE.

En-chiffrené. *Chif rn,* rhume de cerveau.

En-gourdi. *Gourd,* roide. Mot de tous les dialectes néo-celtiques. En latin il y a GURDUS (sot). Aulugelle (XVI. 7), pour prouver contre Quintilien, qui le dit espagnol, que ce mot est latin, cite les *mimes* de Labérius, dont la langue passait pour irréprochable au point de vue de la nationalité. Mais il est si rare en latin, si cambrien, si français, si provençal, si portugais, que je le soupçonne fortement de provenir des Gaulois.

En-tamer. *Tamma,* couper. C'est comme *gup* (vautour), *lampr* (luisant), *menoz* (idée), *kentr* (aiguillon), *korden* (corde), *kest* (corbeille), *pibi* (cuire), *héol* (soleil), *rog* (déchirure), *sper* (semence), etc., etc., un de ces mots nombreux qui sont à la fois grecs et néo-celtiques et qui doivent venir des Gaulois plutôt que des Marseillais.

Epargne. *Espern*, noté comme emprunté au français par Legonidec. Pourtant il est formé bien régulièrement de *es* (hors) *spern* (dépense), et il est rare en néo-celtique de trouver dons un mot double des éléments aussi intacts.

Epée. *Spanel*, espèce de sabre de bois qui sert à retourner les crêpes ou la galette sur la poêle. C'est tout ce qui reste en bas-breton des dérivés du radical *spat*, qui a le sens de largeur dans plusieurs langues indo-européennes, entre autres en latin, en grec et en tudesque. SPATHA en latin (ΣΠΑΘΗ en grec) est le sabre gaulois; il y a même SEMISPATHA (demi-sabre), et SPATHARIUS (ouvrier en sabres). D'où *epede* (chanson de sainte Eulalie), *espée*, *épée*; *spada*, langue d'oc et italien; *espada*, espagnol et portugais; *ezpata*, basque. Une épée n'est plus un sabre, mais au moyen-âge c'est toujours le glaive à deux mains, sabre à deux tranchants. Le gaélic a conservé *spad* (tue à coups d'épée); *spad* (bêche), presque identique à l'allemand *spaden* (louchet, large bêche). Aucun ancien ne dit expressément que SPATHA soit un mot gaulois, néanmoins, je n'en puis douter, bien qu'il soit de la même famille que *spatule* et plusieurs mots voisins. Il y a presque autant d'obscurité pour le mot LANCEA (ΛΑΓΚΙΑ), *lans*, dans tous les dialectes néo-celtiques. Diodore de Sicile (V, 31), affirme bien que c'est un mot gaulois; mais

Varron (dans Aulugelle, XV, 30) le dit espagnol, et il se retrouve dans le basque, *lanza;* mais Sisenna (dans Nonius, XVIII, 26) dit que c'est une arme suève. Heureusement, il y a une phrase de Tacite qui me paraît lever tous les doutes, bien que le mot de gaulois n'y soit point prononcé, bien que LANCEA ne s'y trouve pas non plus; *lance* et *épée* sont deux mots gaulois ou adoptés très anciennement par les Gaulois. *Annales* (XII, 35) : *Gladiis ac pilis legionariorum... spathis et hastis auxiliarium.*

Epervier. *Sparfel.* (En allemand : *sperber;* au neuvième siècle, *sparawari.*)

Epier. *Spî*, embûches. (En allemand : *spœhen*, guetter, espionner.)

Erable. *Rabl.*

Escargot. *Karg*, charge; *S* (préfixe séparatif).

Eschars, avare en langue d'oïl. *Skarza,* retrancher.

Escourges, verges. *Skourjez.*

Espier, lance en langue d'oïl. *Sparr*, gaffe. (En allemand : *speer,* lance.) C'est le SPARUS *gallicus* de Tite-Live. Nonius dit que c'était une arme de chasse, un épieu : ce qui de son temps devait être. Comparez le gaélic *sparraim* (j'enfonce, je perce), *sparra* (clou), et surtout le cambrien *yspar* (lance), où par euphonie *Y* (prononcez *eu* très bref) est de règle devant *sp, st.*

Etain. *Sten.* Le latin STANNUM ne peut guère être qu'un mot gaulois, comme le conjecture M. Pictet. En effet, les Romains tiraient l'étain de la Bretagne ; le mot se retrouve et unique dans tous les idiomes néo-celtiques; il n'y a rien d'approchant, ni en grec, ni en sanscrit, ni dans les langues sémitiques; enfin il a bien l'air d'être composé de *S* préfixe exclusif et *tàn* (feu) ce qui donne le sens de *fusible*, le meilleur qu'on puisse conjecturer.

Etal. *Stal*, boutique. (En allemand : *stelle*, place.)

Etrape. *Strep*.

F

Fagot. *Fagod*.

Falloir. *Fallout*, faillir, qui devient impersonnel avec le même sens qu'en français Radical néo-celtique, mais commun comme tant d'autres à presque toutes les langues indo-européennes.

Fange. *Fank* (*N* nasal).

Ferm, Fermage. *Ferm*; en gaélic *ferenn*. C'est peut-être le latin *firmum* ; peut-être un mot d'origine gauloise.

Fesse. *Fesken*. (Désinence singularissime.)

Feurre, Fourreau. *Feur*. « L'espée al feurre ; hors » du feurre, » est continuel dans les chansons de geste.

Fi! *Fech*; et en gaélic *fi*!

Flasque. *Flosk*.

Flatter. *Flôda*.

Foie. *Avu*; en gaélic *afu*.

Fol, Fou. *Fol* En latin barbare FOLLIS, qui se trouve dans tout l'Occident, même à Rome, dans Jean le Diacre (*Vie de saint Grégoire-le-Grand*, IV, 96).

Fontaine. *Feunteunn* (le premier *N* nasal); et en gaélic *fuutan*. Latin barbare FONTANA. Ce mot peut être une modification de *fons*. Il peut être aussi d'origine gauloise, d'autant plus que l'on trouve le surnom d'homme *Fontanis* à Sagonte, au lieu du nom propre latin *Fontéius*. Si ce mot était vraiment celtique d'origine, ce ne serait pas plus extraordinaire que JANUARIA,

p. 2; SOLLOS, p. 12; SENODON, p. 13; ΔΕΔΕ, p. 18; dam, p. 83; mon, p. 84; mi, p. 86, etc., etc.

Texte : *M(arcus) Acilius L(ucii) f(ilius) Fontanus.*

Fontanum eripuit nobeis undevicesimus annus,
Ingressum juvenem militiam cupide.
Parcœ falluntur, Fontanum quæ rapuere;
Cum sit perpetuo fama futura viri.

(PONZ, *Viage de España*, t. IV, X, 10.)

Forêt. *Forest;* en gaélic *foraos.* (En allemand : *forst.*)
Fouace. *Foaz.*
Fougue. *Fougé,* faste, ostentation.
Frotter. *Frota.*
Furet. *Fured;* en gaélic *fered.* La racine paraît être pour *fured, fur* (sage, avisé, rusé), et pour *fered, fer* (homme). Mais il est bien plus probable que le mot est emprunté à une race méridionale, peut-être au latin *fera* ou *feruscula.*

G

Gabarre. *Gôbar,* bateau plat pour les rivières.
Gaffe. *Gwäf,* espèce de lance.
Gage. *Gwestl.* Cette racine française vient probablement des Germains. On peut la rapporter aussi aux Romains et même aux Gaulois; le radical VAD, dans le sens de gage, y étant incontestable.
Gai. *Gwiou.*
Gain. *Gounid.* (En italien : *guadagno*) En vieux français, *gaaing* signifie *butin.* Je trouve la racine de tous ces mots dans *gwâd,* sang; comparez VADNAIOS, p. 111.

Galant. *Gallant* (*N* nasal).

Gale. *Gâl.*

Garde. *Gward* (En allemand : *waten*, attendre.)

Gare. *Gwarez*, abri.

Garenne. *Gwaremm*. La permutation de M gaulois en N français se trouve dans Drona, Drôme, et Alausa, Alleaume.

Gargote. *Gargaden*, gosier. Il y a en grec *ga garcôn*, gosier.)

Gargouille. *Gargoula* (*L* mouillé), se gargariser. Une gargouille est le déversoir d'une gouttière.

Garou. *Garô*, sauvage. *Bleiz garô*, loup garou.

Garrot, Garroter. *Garr*, jambe.

? Gars, Garçon. *Gwaz*, homme, mâle De même, Bachelier, *Bakeler*, jeune homme, en cambrien ; *Bachellor*, célibataire, en anglais. C'est le double sens du mot français, pour lequel on a proposé l'étymologie latine *bacca laureatus*, qui me semble absurde.

Gas, gros mensonge (dans le roman de *Charlemagne à Jérusalem*) *Gaou*, gros mensonge. — Se gaber (*ibid.*), *gevier*, pluriel de *gaou*.

Gaule. *Gwalen*. (Désinence singularissime) Il s'agit ici d'une gaule à abattre les pommes. Le mot breton paraît dérivé de *gwal*, branche, grand rameau, racine très riche et universelle en néo-celtique.

Geai. *Gégin*.

Geôle. *Jol*.

Glane. *Glann*, brin.

Glas. *Glâz*.

Glout, Glouton. *Glout*.

Glu. *Glûd*, qui se trouve dans le vocabulaire dit de 882.

Goéland. *Gwélan.*

Gorre, luxe insolent. *Gorré,* le dessus.

Gourme. *Groumm.*

Gourmette. *Gromm.*

Grappe. *Kráp,* prise.

Grappin. *Kráp,* grappin.

Grater. *Graka.*

Grésil. *Grizil* (*L* mouillé).

Grès. *Grág.* Le mot gaulois se retrouve très probablement dans *Alpes Graiæ.*

Grève. *Grué.* — Gravier. *Grouan.* On nomme *groise,* en Franche-Comté, une espèce de terre graveleuse excellente pour macadamiser; en bas-breton vannetais on a *grozol* (gravier), dans lequel on retrouve le diminutif, non point néo-celtique, mais gaulois en *L.* Ces vieux diminutifs sont assez fréquents en gaélic et kimraig, bien qu'aujourd'hui méconnus.

Grignoter. *Krigna,* ronger.

Griffe. *Kraff,* prise. — Agripper. *Krapa,* accrocher. (Allemand : *griff,* prise; *greifen,* saisir.)

Gril. *Gril* (*L* mouillé). Mot emprunté ou chez les Français ou chez les Bas-Bretons.

Grillon. *Gríl* (*L* mouillé).

Grogner. *Grognal.*

Groin. *Gronc'h.*

Grotte. *Groc'h*

? Guerre. *Gour,* homme et rancune. Autrefois, *gwer* en cambrien, *vêr* en gadalique, BИP (*bêr* ou *vêr*) en gaulois signifiait l'homme libre et guerrier, comme *ver* gothique et *vir* latin. L'étymologie n'est nullement certaine, mais elle est préférable, à mon sens, à celle de l'allemand *wehr* (défense).

Guet. *Géd.* — Guetter. *Géda.*
Guêtres. *Gweltrou.*
Gueux. *Kéas.* Ce mot signifiait primitivement *esclave.*
Guigne. *Kignez*, merise.
Guise. *Gîz.*

H

Halle. *Hel* (mot poétique), la grande salle des chefs. (De même en allemand : *halle,* halle, boutique, magasin, saunerie, a en poésie le sens de *portique* et de *grande salle féodale.*) Ce mot se trouve dans les vieux bardes cambriens ; il se trouve aussi dans l'*Edda* poétique scandinave.

Hanap. *Hanap.*

Hanter. *Henti* (*N* nasal), dérivé de *hent* (chemin).

Haquenée. *Hinkané* (*N* nasal).

Harde. *Hartouz.* Ce mot est provincial pour signifier *teigne* (insecte).

Hardi. *Hardiz.* (En allemand : *hart,* dur; en scandinave : *hardi,* hardi.)

Hareng. *Harink* (*N* nasal).

Haro! *Haraô!* (En allemand : *hurrah!*) Il n'y a rien de plus incroyable que l'étymologie qui fait venir le mot français de *Ah! Rou!* i. e. *Ah! Rollon!* Ce n'est pas un mot normand.

? Harpe. *Harfel.* (En allemand : *harfe.*) Et d'après Fortunat (VIII, 8), ce mot serait d'origine tudesque :

Romanusque lyra, tibi plaudit barbarus harpa,
 Græcus achilliaca. Chrotta britanna canat.

Le mot *chrotta* est devenu *rote* (espèce de vielle en vieux français).

Hélas! *Allas!* Mot formé de *a* et *las*, qui ne sont pas moins néo-celtiques que latins, et qui signifient : *Ah! las!*

Hérault. *Harod.* (En allemand : *herald*, mot très ancien.)

Hermine. *Herminik* (forme diminutive). Le simple ne se trouve plus.

Heuse, Houseaux. *Heûz.*

?Hibou. *Hiboud*, murmure, bruit sourd et confus.

Holà! *Holla!*

Hop! *Hop!* (Et en gadalique : *upp!*)

Hoquet (forme diminutive.) *Hak.*

Houblon. *Houpez* (dérivé de *houpi*, se hérisser).

Houle. *Houl.*

Houppe. *Houpi*, se hérisser.

Huée. *Hû.* — Huer. *Hua.*

I

If. *Ivin,* qui signifie aussi *ongle*. L'arbre se dit *iw* en gallois. (En allemand : *eiben*.)

J

Jardin. *Garz.* (En allemand : *garten.*) C'est le *chortos* grec et le *cors* latin.

Jars. *Garz.*

Javeline. *Gavlin.* — Javelot, *Gavlot.*

?Joli. *Joli*, louer. — *Joul*, désir.

Joue. *Jôd.*

L

Lâche. *Laosk*.

Lai (sorte d'élégie). *Lé*. (En allemand : *lied*, chanson). C'est un mot emprunté aux bardes cambriens, non aux gaulois. Les trouvères ont soin de nous dire assez que les *lais* sont bretons.

? Laisser. *Lézel*. Je ne puis comprendre que le sens du latin *lassare* se soit détourné en celui de *laisser*. Pourtant il y a quelque chose d'analogue en allemand entre le verbe *lassen* et son adjectif *lasz*.

Laiteron (plante). *Lézegez*. Le mot breton est formé de *léaz* (lait) qui devient *lez*... dans tous les mots composés. Il y a là une grande famille de mots dans toutes les langues néo-celtiques, de laquelle on peut induire avec une presque certitude que LACT est bien un mot gaulois. — Voy. p. 77.

Laize ou Lé d'étoffe. *Lec'hed*, dérivé, à ce qu'il semble, de *Lez* (largeur, bord, près), parent du latin LATUS, et dérivé du gaulois LATO... qui se trouve dans plusieurs mots composés.

Lame (de la mer). *Lamm*, saut. *Lamma*, sauter. En effet, la lame est une vague bondissante, et n'a aucun rapport avec une lame de couteau.

Lamproie. *Lamprez*. En bas-breton, la racine *lampr* signifie *brillant* et *glissant*.

Lance. *Lans* (*N* nasal). Bien que ce mot puisse venir du grec λόγχη, voyez plus haut, à *Epée*.

Lès (préposition). *Lez*, près. Le mot français peut venir du latin *latus* (côté). — Voy. *Laize*.

Lest. *Lastr*. En cambrien, *Last*. (En allemand, *last*, au contraire, signifie *une cargaison*.)

Lice (pour les tournois). *Lîs.*

Lieue. *Leô.* En gaulois : LEUGA. Voyez surtout saint Jérôme (*Commentaires sur Joël*, III, 5). Les inscriptions prouvent qu'il ne faut pas écrire *leuca*. Le mot irlandais est *léag*.

Linotte. *Linek.* Le français est un diminutif; le bas-breton a une forme adjectivale. — Lin. *Lîn.*

Loge, hutte. *Lôg.*

Longe (de veau). *Lonec'h.*

Lot. *Lôt.* (En allemand : *loos.*)

M

Mâcle, châtaigne d'eau. *Magl.*

Mail, Maillet. *Mal* (*L* mouillé), maillet.

Maillot (forme diminutive). *Malur* (*L* mouillé). *Ur* est un suffixe à la fois celtique, latin, français, etc.

Maman. *Mamm*, mère, matrice.

Manique. *Manek,* gant. Le radical *man* (main) est à la fois celtique, latin, français, etc. Il se trouve dans MANIAKON de Polybe (II, 31), bracelet gaulois. Le mot *gant* est probablement aussi d'origine gauloise, d'après la *Vie de saint Columban* (Mabillon, *Acta, O. S. B.*, II, p. 15) : *Tegumenta manuum quæ* Galli wantos *vocant.*

Manne d'osier. *Mann.* — Mannequin. *Mannkein,* panier long et étroit, composé de *mann* (manne) et de *kein* (dos). Mannequin, dans le sens de poupée, doit être emprunté au flamand *mannekin* (petit homme).

Mantel, Manteau. *Mantel.*

? Marche (dans le sens de frontière). *Marz.* (En allemand : *mark.*) Le latin *margo* paraît de la même famille; nous en avons fait marge, margelle, etc.

Marée. *Maré.*

Margne, Marne. *Marg.* Le mot gaulois était MARGA. — Voy. Ducange, au mot *Marga.*

Marque. *Merk.* (En allemand : *merke.*)

Mâtin. *Mastin.*

?ment. *Mend* (*N* nasal), mesure. Je me figure, peut-être à tort, que ce suffixe commun aux langues néolatines, mais inconnu aux néo-celtiques, ne peut venir que très difficilement du latin *mens.*

Mets. *Meuz.*

Mignon. *Mignon* (*GN* nasal), ami.

Mine, visage. *Man.* En gallois *min*, en gaélic *min.*

Mine de métaux. *Mein*, pierres.

Mite (insecte). *Mint* (*N* nasal).

Mode. *Mod.* Identique au gaélique dans le sens : les Français sont esclaves de la mode.

Moignon. *Mogn* (*GN* mouillé).

Morailles, Moraillon. *Moral* (*L* mouillé).

Morue, Molue. *Moru, Molu.* On y retrouve la racine gauloise MORE (mer).

Motte. *Mouden.*

Moue. *Mouza*, faire la moue.

Mouton. *Maout.*

Mulet, poisson de mer. *Moullek.*

N

Noise. *Noaz.*

Nues, Nuages. *Env* (*N* nasal), ciel. En très vieux cambrien *nev.* En très vieux gaélic *nem*, génitif *nim*, p. 177. Nous avons vu dans les textes gaulois NAM... NAMA, NAMAUSATIO, ENNAMA et le dérivé NEMETON (temple).

Il y a en très vieux gaélic *nemed* (chapelle), glosé *sacellum*. Bien que *nues* et *nev* semblent être le même mot, il est infiniment probable qu'ils ne sont nullement de même origine, le latin nous donnant *nubes*, et le gaulois le radical NAM.

O

?Oie. *Gwaz*, ou en permutation *Waz*. En latin barbare *auca*.

Oignon. *Ougnoun*; en gaélic *oinnin*. Columelle donne le nom d'*unio* à une espèce d'oignon; mais est-ce un mot latin ou gaulois cisalpin?

Orgueil; en langue d'oc Orgolh signifie Orgueil et Barbarie; et plus tard, figurément, la race d'oïl opposée à la race d'oc, qui est nommée *Paratge*, c'est-à-dire Noblesse. *Ourgoul* (*L* mouillé). M. de la Villemarqué cite *ouergougol* comme étant dans le vocabulaire de 882, mais je ne l'y ai point trouvé; il est d'ailleurs dans les bardes. C'est un mot composé incontestablement, mais l'analyse en est incertaine. J'incline à y voir le gadalique *uâil*, *superbiam*, et le latino-gaulois CUCULLUS.

Osier. *Ôsil*. En grec οἶσος.

P

Page d'un seigneur. *Pach*. Le mot gaélic est *paidj*, presque identique au grec παῖς, παιδός (enfant).

Paie. *Paé*. Je crois qu'en présence des innombrables mots celtiques tirés de cette racine, il faut renoncer à l'étymologie qui fait venir *payer* de *pacare* latin. Du reste, il est hautement probable que *pax* et *paé* sont deux mots frères.

Paltonier. *Paôtr,* valet de ferme. Le mot français est employé continuellement au moyen-âge dans le sens de valet d'armée, et comme injure. Le sens de péager (*pontonarius*) proposé par Ducange est inadmissible. Le bas-breton donne, je crois, un sens plus vrai : *pall* (couverture), *tenna* (tirer), *i. e.* tendeur de tentes. La même traduction peut se tirer de tous les autres dialectes néo-celtiques. La forme la plus ancienne de *pall,* au singularissime *pallen,* est PAPILIO de Lampride (tente militaire); vient ensuite le gadalique *pupall,* glosé *tentorium,* l'ancien cambrien *pebyllua* (pluriel féminin); le vieux français *pavillon,* l'espagnol *pabellion,* etc., etc. On ne peut point affirmer que ce soit gaulois d'origine, mais c'est extrêmement vraisemblable.

Panne. *Pann,* gras.

Paquet. *Pakid,* dérivé de *pak,* bagage, ballot.

Parc. *Park.* Le mot bas-breton veut dire aussi un champ entouré de pierres sèches. En français, un parc à moutons (d'où le verbe *parquer*) est une enceinte de bois dans les champs.

Pelle. *Pâl.* Non moins néo-celtique que *pala* est latin.

Pelotte. *Pouloud.*

Pépie. *Pibit.*

?Petit. *Bihan.* Ce qui me fait admettre ici ce mot, c'est la ressemblance peut-être fortuite entre le provençal *pitchoun* et le vannetais *bic'han.* En outre, il y a dans Plaute *pututius* (petit). Nous savons par une épigramme de Virgile que *puer* se disait populairement *putus* :

Scilicet hoc sine fraude, Vari dulcissime, dicam :
Dispeream nisi me perdidit iste putus.
Sin autem præcepta vetant me dicere, sane
Non dicam, sed : Me perdidit iste puer.

Il n'est guère probable que *putus* et *putitius* soient d'origine gauloise. On ne peut point remonter au-delà de petiz, petit, qui se trouve souvent chez les trouvères, et de *petty*, qui est ancien en anglais.

Pic. *Pîk.* — Piquer. *Pika.* — Pique (arme). *Pîk.*

Pièce. *Pez.* Pecia dans une charte du huitième siècle. — Voy. Ducange.

Piége. *Pech.*

Pignon. *Pignoun* (*GN* mouillé). Le mot breton est un dérivé de *pignat* (monter), dérivé lui-même de *penn* (tête).

Piler. *Pila.*

Pinson (oiseau). *Pint* (*N* dur). Ce mot se retrouve probablement dans l'allemand *fink.*

Pinte. *Pint* (*N* nasal).

Pipe, grand fût. *Pîp.* Les Gaulois ont fabriqué les premiers tonneaux de bois. Je traduis ainsi Strabon (V, 12, p. 218) : « La Cisalpine a encore de merveilleux » ateliers de tonnellerie. Et ce qui fait voir l'abondance » de ses vendanges, ce sont ces vaisseaux de bois aussi » grands que des maisons. La poix qu'elle a en quantité » ne contribue pas peu à donner bon goût à ces vins. » Mais pour traduire ainsi il faut supposer

ΠΙΠΟΥΡΓΕΙΑ au lieu de ΠΙΤΤΟΥΡΓΕΙΑ,

mots également uniques, l'un ou l'autre ne se trouvant que dans ce passage de Strabon. Il ne faut point songer à entendre que ce goût de poix aimé des anciens (que nous ne détestons point dans le bordeaux) avilissait le prix des vins; et des fabriques de poix, comptées au nombre des merveilles d'un pays, me paraissent inadmissibles. Je préfère y voir un mot technique étranger, gaulois ou autre.

Pipeaux (forme diminutive)..... En gallois *pib*, flûte, pipeaux. (En allemand : *pfeife,* dont nous avons fait *fifre.)*

Pique. *Pîk.*

Planches. *Plench* (*N* nasal). Le singulier est *planken.*

Plat (adj. et subst.). *Plâd.* Mot grec qui se trouve aussi en cambrien et en gaélic.

Plâtre. *Plastr.*

Plaid, Plaidoyer. *Plédé.*

Plonger. *Plougnia* (*GN* mouillé).

Pot. *Pôd.* — Pot-à-eau. *Pôtcô,* devant les voyelles *Pôtev.* (*Ev* est le radical d'*éva,* boire. — Voy. *Eau.*) *Potus,* employé par Fortunat dans le sens de *pot,* n'est ni grec ni latin. Par conséquent, vu les mots néoceltiques, il doit être gaulois.

Pouah! *Pouc'h,* sale.

Pousser. *Pouta.*

Presse. *Prés,* hâte.

Q

Quai. *Kaé.*

Quitte. *Kuit.* — Quitter. *Kuitaad.* Mots cousins du latin *quies* et du grec *pauô.*

R

Rade. *Rad.* Le gaulois RATON (port) peut s'induire d'ARGENTORATON (d'argent-port, *Strasbourg*) et RATOUMAGOS (du port-cultures, *Rouen*).

Raie. *Reis.* — Raie (poisson). *Raé.* Ces deux mots se retrouvent dans presque toutes les langues indo-européennes. Ils ne sont identiques qu'en français.

Râle (oiseau). *Râl.*

Ramper. *Rampa,* marcher les jambes très écartées, tomber en faisant un écart.

Rancune. *Rankun.*

Rang. *Reng* (*N* nasal).

Rasade. 1° *Râz,* plein jusqu'aux bords; 2° *ad,* suffixe néo-celtique et gaulois, féminin en néo-celtique, qui n'existe point en latin.

Rat. *Râz.* — Rats, idées, réflexions. *Rât,* idée, pensée. — Voy. p. 96.

Râteau, Râtelier. *Rastel.*

Rebec, ancien violon. *Rébet.*

Rênes. *Rén,* gouvernement, conduite d'une affaire. Le dérivé *réna* (gouverner) signifie conduire un cheval

Rez. *Rés.*

Ribler, vagabonder, marauder. *Ribla,* formé de *ribl* (rive).

Riboter. *Ribota;* en gaélic *riobot.* (Les deux mots néo-celtiques ont le sens français, et au propre celui de battre le beurre.).

Rincer. *Rinsa* (*N* nasal).

Riote, querelle. *Riot.* (En anglais : *riot,* émeute.)

Risque. *Risk,* glissade, et figurément danger imprévu.

Roc, Roche, Rocher. *Roc'h.*

Rochet. *Roched*, chemise d'homme.

Rôder. *Roud*, traces; en cambrien *rhodiaw*, rôder.

Rogne. *Rougn (GN* mouillé).

Rogue. *Rog.* — Arrogance. *Rogentez.*

Roseau (forme diminutive). *Raoz.* (En allemand : *rohr;* dans Ulphilas : *raus.*)

Rosse. — Voy. *Roussin.*

Rot. *Roc'h*, râle, ronflement. Comparez ROSVS, p. 79. Le mot breton est plus probablement de la famille du gaélic *ronc* (ronfler), latin *runcor* (éternuement), espagnol *roncar* (ronfler), langue d'oïl *rouchier* (éternuer).

Rôt, Rôti. *Rost.*

Rouchier. — Voy. *Rot.*

Rouler. *Roula* (*L* mouillé). — Rouleau. *Roll* et *Rulen* (*L* mouillé).

Roussin, Roncin (langue d'oïl), cheval. *Ronsé.* (En allemand : *rosz* (cheval de guerre) a produit le français rosse, de même que *buch* (livre) a fait bouquin. Ces sortes d'aménités se prodiguent d'une nation à une autre. Les Français appellent *hâbler* ce que les Espagnols, parler; et les Espagnols *parlador* ce que les Français, bavard.)

Route. *Roud,* traces; en cambrien *rhwd,* route; en gaélic *rodh,* chemin.

Ruban. *Ruban.* Mot commun à tous les dialectes néo-celtiques; il est donc possible qu'il soit gaulois d'origine.

Ruche. *Rusken,* dérivé de *rusk,* écorce d'arbres.

Rue. *Rû.* RUA se trouve pour la première fois dans ce sens (*rua sancti Germani*) dans un capitulaire de l'an 870.

Ruse. *Ruza,* glisser, faire glisser, se glisser en rampant sur le ventre.

Rut. *Rût.*

S

Sacher, tirer du fourreau, d'une boîte. *Sacha.* Mot de tous les dialectes néo-celtiques, et *sacar* espagnol.

Safran. *Safron.*

Saie. *Saé.* SAGUM nous est donné par Isidore de Séville (*Origin.,* XIX, 24) comme étant d'origine gauloise; il se retrouve en effet dans tous les dialectes néo-celtiques.

Salle. *Sâl.* (En allemand : *salle.*) — Voy. *Halle.*

Sap, Sapin. *Sâp.* On trouve dans Caton (*De re rustica*) l'adjectif SAPPINUS, qu'on a traduit par bois de sapin, j'ignore sur quelle preuve. SAPAUDIA (la Savoie) est la meilleure preuve de la nationalité gauloise de ces mots. — Voy. *Barque.*

Sardine. *Sardin* (*N* dur).

Savon. *Soavon.* Le médecin Aréthée nous apprend que SAPÔN est un mot gaulois. Il paraît néanmoins bien latin, les Romains ne connaissant d'autre mot que SAPO.

? Sein, Sain-doux, graisse de porc. *Souin,* porc.

Serpe. *Sarp.*

Sève. *Sev.*

Soc. *Souc'h.*

Solive. *Sôl.*

Somme, chargement. *Samm.* D'après l'ensemble des dialectes néo-celtiques, cette racine très riche signifie *réunion.*

Sorte. *Sort.* Autre racine encore plus riche; aucun dérivé ne s'explique par le latin *sors,* qui est certainement parent.

Sot. *Sôt. Sottus* en latin barbare. Théodulfe d'Orléans (*Carm.*, III, 1) joue déjà sur les mots *sottus* et *scotus*. — Charles-le-Chauve dit à Scot Erigène : « Quelle » distance y a-t-il entre un Scot et un sot ? — La lar- » geur de la table. » Ils dinaient ensemble. (Siméon Dunelmensis, dans *Scriptores anglici*, p 148.)

? Souhait. *Hét*, désir. Sou (préfixe gaulois et gaélic), bien.

Soupe. *Souben*, dérivé de *souba*, tremper. Le sens primitif du mot français est trempotte, et jusqu'au dix-septième siècle, une soupe de vin a signifié une rôtie, le pain et non le liquide.

Suie. *Huiler*. Les dialectes bretons changent le *S* initial en *H*. — Voy. *Halle* et *Salle*.

Sur. *Sûr*, dans le sens d'*acerbus* latin. (En allemand : *sauer*.)

T

? Taie, Taion (vieux français), aïeul. *Tad*, père. — *Tad-kôz*, aïeul (mot à mot : père-vieux).

Taille. *Tal* (*L* mouillé).

Talus. *Talud*. Remarquez qu'en français on dit *taluter* et non pas *taluser*.

Tamis. *Tamoez*.

Tan, écorce de chêne. *Tann*, chêne.

Tancer. *Tensa*. Le vieux mot est *tenser*, d'où *tensòn*.

Tasse. *Tas*.

Taxe. *Tàs*. Je ne puis concevoir comment taxe viendrait du grec *taxis*.

Teiller. *Tila* (*L* mouillé).

Tette, Téton. *Tez*.

Tille, Tilleul. *Til* (*L* mouillé). C'est le latin TILIA commun au gaulois, ou peut-être d'origine gauloise.

Tonlieu, droit de douane. *Tell*, impôt. TELONEUM en latin barbare. Il est difficile de croire que ces derniers mots viennent du grec *telos* (taxe).

Tonne, Tonneau. *Tonel*. TUNNA se trouve dans une lettre de Clovis à Théodoric-le-Grand.

Tombe. *Tom*, élévation. TUMBA se trouve dans saint Jérôme, pour signifier un tertre servant de sépulture. Le mot se trouve (avec une autre déclinaison) dans Homère, entre autres : « S'égayant sur ma tombe. »

λιλαιόμενος ἐπὶ τύμβῳ.

Tomber. *Tumpa*, verser, en parlant d'une voiture.

Toque. *Tôk*, chapeau d'homme, toute espèce de couverture de tête. Ainsi : *pal-tôk*, espèce de sarrau à capuchon (*pall*, manteau ; *tôk*, chapeau).

Torchon. *Torc'h*. — Torcher. *Torc'ha*. La racine signifie tordre en néo-celtique et en latin.

Tôt. *Tost*. Muratori, pour expliquer ce mot, forge l'adverbe latin *tostim* (à la façon d'un rôti).

Tour. *Trô*. — Tourner. *Turia*, faire des ronds de terre. Le plus ancien texte valaque est : *Torna, fradre, retorna*. « Tourne, frère, retourne. » (*Théophane*, V.) Ce mot est de l'année 587 de notre ère. Mais je ne vois pas bien d'où les soldats romains du temps de Maurice auraient pris ce mot, si ce n'est du gaulois, la racine *tour, trô*, étant richissime en néo-celtique.

Tracas. *Tragaz*.

Trace. *Trés*.

Trancher. *Troucha*. Il y a aussi le gaélic *trons*, tranche.

Trancher, dans le sens d'aigrir (le lait a tranché). *Trenka.*

Travail. *Travel.* En gaélic : *treabar.* (*Travel*, en anglais, signifie voyage.)

Trève. *Trév.* Treuga en latin barbare.

Triper, sauter, danser sur... en patois de l'Est. *Tripa.*

Tripes. *Stripen.*

Troc. *Trok.*

Trompe, Trompette. *Trompil* (*L* mouillé).

Trot. *Trot.* — Voy. Ducange, à *trotare.*

Trou. *Toull.* Le radical ancien est mieux conservé par le kymraig, comme le prouve entre autres l'un des plus anciens bardes gallois, Liwarc'h-Henn :

A   gwann   tourc'h   troue   e   penn.
Le   sanglier   t'a troué la   tête.

Trousse. *Trons.* Ici le bas-breton est encore le dialecte le plus éloigné du français ; il y a identité de sens et de prononciation avec nous : 1° en Ecosse ; 2° en Irlande ; 3° en Cambrie.

Truand. *Truant* (*N* nasal). Signifie vagabond dans les plus anciens bardes.

V

Vague de la mer. *Gwagen.* (Désinence singularissime.) (Dans Ulphilas : *végs.*)

Vassal. *Gwaz*, et en gaélic *uasel.* (En allemand très ancien : *gesell*, compagnon.) En latin barbare, vassus est antérieur à vassalus, et jamais en aucun dialecte tudesque, *gesell* n'a le sens technique de vassal. Les termes féodaux sont plus souvent celtiques que tudesques. Ducange, d'après Camden, le dit formellement dans la préface de son glossaire. Et à la vue des pénibles étymologies données de baron et de vassal par les germanistes, il n'est guère permis d'en douter. (Ne confondez point *gwaz* et *gwâz*; le premier signifie vassal et aujourd'hui serviteur; le second, homme, garçon, mâle.)

Verne, aulne (arbre). *Gwern*. Il y a deux villes à nom gaulois : VERNODOUBRON (des aulnes-eau), et DOUBROVERNON (de l'eau-aulne). *Milwern* (Châteaulin) signifie mille-aulnes en bas-breton.

Verrou. *Bér*, broche. C'est, comme on voit, le latin *veru*. Mais les *berones* (lanciers celtibères) sont là pour prouver que le mot est ancien en gaulois.

Vielle. *Biel*.

Voix. *Mouéz*. Gaulois MVIOSO. p. 2. (Avec la mute, c'est *vox* latin : *Eur vouéz kaer é deûz*, Une voix belle elle a.)

Voûte. *Vaot*, qui signifie aussi tortue.

Y

Yauve, jument de laboureur (langue d'oïl). *Ebol*, poulain. En gaulois EPOS? (cheval), EPA? (jument), mot presque certain. Au moins ne peut-on douter du radical expliqué par Pline l'Ancien (*Hist. nat.*, III, 21): Eporedias *Galli bonos equorum domitores vocant*. (BB. *redia*, dompter, commun au cambrien.) Noms d'hommes : Epasnactus l'Arverne; Epomanduus (inscr. lat. et grecque); Epomulus (inscr. d'Albion); Eporedorix l'Eduen; Epossognatus, Cisalpin; Eposterovidus de Saintes (inscript. de l'arc de triomphe); Eppilus (médailles belges); Eppius (inscr. latine au confluent de la Save et de la Gurck); ΑΤΕΠΟΡΕΙΓΟΣ au génitif, Atéporix le Galate (inscript. grecque d'Ancyre); Atepomaros (Callisthènes le Sybarite, dans le *Traité des fleuves*); ΘΕΠΟΜ, Α..ΕΡΟΜΑ = ΑΘΕΠΟΜΑΡ? potier helvète, dans Mommsen, n° 352, § 82. (Cette dernière inscription semble indiquer que le mot gaulois commençait par une aspiration comme le grec *hippos*.)

La déesse des écuries, Epona, est incontestablement gauloise; bien que Plutarque la fasse italique (*Parallèles mineurs*, 29), un nommé Fulvius ayant eu de sa jument une belle fille qui devint la déesse Epona; bien que Apulée (*Métamorph.*, III) la fasse adorer en Thessalie. Elle se trouve dans Juvénal (VIII, v. 157) indiquée implicitement comme barbare. Les textes de Tertullien (*Apolog.*, 16, copié par Minucius Félix, et *Ad nationes*) ne marquent point son origine. Mais les inscriptions d'Epona se retrouvent presque uniquement en pays gaulois. Un groupe en bronze, trouvé à Loisia (Jura), donné à la collection du Louvre par M. Désiré Monnier, la représente assise sur un grand cheval; un petit cheval ou un poulain se joue contre ses pieds.

Epona a produit l'adjectif féminin Eponina, nom de la femme du Lingon Sabinus, d'après Suétone (Emponê dans Plutarque, Péponilê dans Dion Cassius).

Noms de lieux : en Cisalpine, Eporedia (Ivrée); en Celtique, Epaunum (près d'Evionnaz, Valais), enterrée sous un éboulement depuis l'an 562; Epomanduodurum (Mandeure). En Espagne : Epora (tasses d'argent de Vicarello), entre Cordoue et Uciesis. En Belgique : Epoissio (Ivoi).

J'ai tiré du même radical EPENOS (D. n° 454) et EPAD,

p. 74; traduisant l'un par un nom propre signifiant cavalier, et le second par cavalcade (ou prix de la course? ou sacrifice d'un cheval?).

Idiotismes communs au bas-breton et au français.

Nous disons comme les Bas-Bretons : soixante-dix, quatre-vingts, quatre-vingt-dix.

Nous disions autrefois six-vingts pour cent vingt.

Les Bas-Bretons disent de plus deux-vingts pour quarante, trois-vingt-dix pour soixante-dix, sept-vingts pour cent quarante.

Il est à remarquer que les Basques n'ont que la numération vicésimale.

Quand nous disons beau-père, belle-mère, beau-fils, belle-fille, beau-frère, belle-sœur pour parler de nos proches par alliance, nous traduisons des mots bas-bretons.

Nos noms vulgaires d'une foule d'animaux et de plantes sont composés à la manière celtique : loup-cervier, veau marin, chien de mer, queue de renard, œil de chat, etc., tandis que ces sortes de mots sont extrêmement rares en latin.

Si l'on faisait le même travail sur la langue anglaise, on aurait plus de peine que pour le français, à cause de la plus grande affinité du tudesque et du celtique. Mais certes, dans l'anglais, il y a beaucoup de mots bretons.

APPENDICE IV.

ALESIA; IN ALISIIA; ALESI.

Ceci n'étant plus de ma compétence, je me récuserais volontiers si cette dispute entre Alise et Alaise n'avait excité les passions, et si l'état de la question ne pouvait pas être exposé brièvement.

De même qu'en qualité de Français on devrait être bien aise que les Cimbres fussent de purs Germains, il me semble que si j'étais Franc-Comtois j'aimerais laisser *Alesia* à la Bourgogne, et que si j'étais Bourguignon j'aurais infiniment de plaisir à la céder aux voisins.

On a pu voir ici que l'épigraphie ne fournit rien contre ou pour Alise. Si les uns ont *in alisea,* les autres ont *alesi...* sur le fond d'un vieux pot.

On a beau dire : César n'est pas clair sur la distance où se trouve *Alesia* entre Sens et les Alpes.

On a beau dire : On n'a trouvé ni à Alaise ni à Alise des traces du siége. Il est néanmoins peu probable que *Alesia* doive être cherchée dans une troisième position, bien que Strabon mette les Mandubiens sur la frontière des Arvernes.

La position de Bourgogne est plus centrale, par conséquent plus favorable à la défense des Gaules après une défaite ; mais celle de Franche-Comté n'est pas inconciliable avec la pointe des Gaulois contre la province romaine, et elle est incomparablement plus grande. Tout dépend du lieu où s'est livré la bataille rangée, à la suite de laquelle les Gaulois se sont jetés dans *Alesia*.

En géographie comparée, de même qu'en philologie, il y a des questions insolubles. Je crois qu'*Alesia* est du nombre, du moins avec les éléments que nous possédons aujourd'hui. Aussi les Alésiens et les Alisiens font très bien toucher du doigt ce qu'il y a de faible dans le système de leurs adversaires; mais une fois sur la défensive, ils ne sont plus reconnaissables.

Ce qui restera et vaudra une certitude, ce seront les découvertes précieuses pour l'archéologie celtique, aussi bien autour d'Alaise qu'autour d'Alise. Et peut-être à force de fouiller on trouvera des preuves directes.

En attendant, on en est réduit à dire en faveur de la Bourgogne : C'est la tradition du pays, remontant au neuvième sièle. Le moine Héric l'a constaté dans quelques vers ridicules :

> *Tu quoque Cœsareis* fatalis Alesia *castris,*
> *Haud jure abnuerim calamis committere nostris.*
> *Quœ quod alas proprios prœpingui pane colonos,*
> *Nominis adjectu quondam signata putaris.*
> *Te fines* Eduos *et limina sancta tuentem*
> *Aggressus quondam sœvo certamine* Cæsar.
> *Nunc restant* veteris *tantum* vestigia castri.

En allongeant les Mandubiens au midi, et les Arvernes au nord, on peut en faire des voisins, ou bien Strabon s'est trompé, ce qui en topographie surtout lui est parfois arrivé. Plutarque et Dion Cassius avaient bu un coup de trop quand ils ont vu que César disait être chez les Séquanes, puisqu'il dit seulement qu'il se dirigeait vers leur pays. D'ailleurs, les sources de la Seine (*Sequana*) sont tellement voisines d'Alise qu'ils ont pu y placer les *Sequani*, et c'est ce que Strabon a fait en plaçant la Séquanie entre la Saône et la Loire. A quoi j'oserai ajouter que, contre son ordinaire, Strabon avait peut-être raison, et que les Séquanes ont pu conserver des clans de leur nation assez loin vers le nord-ouest.

Que répondent les partisans d'Alaise? César a détruit *Alesia*, qui n'a plus été rebâtie, qui n'est pas la même que la ville de forgerons et d'étameurs citée par Pline, et que nous vous laissons volontiers. Vous avez des antiquités romaines, et nous des antiquités gauloises. Plutarque et Dion Cassius n'ont point pu faire de contresens à César. Mais quand ils demandent à leur tour : Où placez-vous l'armée gauloise? Le plateau d'Alise est trop petit et ses flancs trop escarpés. Où trouvez-vous des sépultures, des débris d'armes, des champs de bataille? Alors, il faut bien en convenir, les réponses sont nulles chez les habiles, et très imprudentes chez les passionnés.

Au total, des deux côtés des indices, des conjectures, parfois des satires étincelantes et d'esprit et de colère. Attendons; peut-être à la fin il surviendra des preuves. Seulement il pourra arriver que, si on les expose trop longuement, personne ne voudra les parcourir même à grands coups de pouce.

APPENDICE V.

ADDITION AUX BELGES.

A Metz existe un autel de Jupiter écrit sur les quatre faces, élevé par la rue antique de *Honor*.

1.

I. O. M.
IN HONOR
DOMVS DIVI
NAE VICVS HO
NORIS PVBLICE
POSVER. HI QVI
INFRASCRIBTI SVNt
CVRA EORVM. T. IVL
ADIVTORIS. M PAVLLI
MARTIALIS. P. DONNA
XI

2.

Q. GIAMIVS
BELLVS ET
COMMVNIS
GIAMI FILI
ELVORIX
VARICILLI F.
MELVSCINTVS
M. I. F.

3.

M. MACIRIVS
aTRECTVS MANI
PRETIVM DONAVI
tERENTINVS ET
PEREGRINVS IL
LANVISSAE FILI
GAIVS GERM. CO
ROBVS. SEX ELV
IVS. CLEMENS.

4.

P. ATTIVS
ANTIGVS
L. VETTIVS
DERCOIE
DVS. M. VET
TIVS MER
CATOR.

(Ortélius, *Itinerarium*, p. 50.)

APPENDICE VI.

ADDITION AUX CARNUTOS.

Page 29.

Dans l'hiver de cette année, on a trouvé à Neuvy-en-Sullias (Loiret) les statuettes en bronze qui suivent :

1. Un homme nu, barbe en collier (0ᵐ 2), portant gravé sur la cuisse droite : SOLVTO.
2. Un Ogmios Magusanos (Hercule) enfant, tenant trois fruits dans sa main droite, semblant détaché d'un Iden (Olympe gaulois).
3. Un Jupiter drapé et chaussé de sandales.
4. Un guerrier (Camoulos?).
5. Une femme nue, le bras gauche ramené derrière la tête.
6. Une femme nue et suppliante.
7. Un homme nu, barbe en collier.
8. Un homme debout, imberbe.
9. Un homme nu et imberbe.
10. Une femme nue.
11. Un taureau.
12. Un cerf.
13, 14, 15. Des débris de sangliers.
16. Un taureau ou génisse en morceaux.
17. Un poisson.
18. Un cheval de 0ᵐ 65, la bride sur le cou, crinière au vent. Le socle porte gravé en creux :

AVG. RVDIOBO. SACRVM
CVR CASSICIATE D S P D
SER ESVMAGIVS. SACROVIB. SERIOMAGLIVS. SEVERVS
F   C

Aug(usto) Rudiobo (dieu inconnu) *sacrum. Cur? Cassiciate d(e) s(ua) p(ecunia) d(edit). Ser(gius) Esumagius, Sagrovir? Seriomaglius, Severus f(aciendum) c(uraverunt).*

Le nom propre *Esumagius* semble indiquer que le radical d'*Esus* est *Esu* et non *Esunt,* comme je l'ai conjecturé. *Sacrovib* n'est pas moins curieux ; mais j'ignore jusqu'à quel point on peut lire *Sagrovir,* comme sur le bouclier captif de l'arc de triomphe d'Orange.

Je crois que *cur* est complet, que c'est le bas-breton *ker* (village, endroit), et le radical qui se trouve dans le nom de peuple *Tri-corii* du Dauphiné, *Curio-solites* de Bretagne, etc., etc.

Cassikiaté sera donc le nom du pays. J'y retrouve le radical *cassi* (chasse ou déesse de la chasse); je renonce à expliquer *kiaté*. D'ailleurs, je soupçonne CARSICIATE (aime-victorieux).

Il n'est pas impossible non plus que Cour Cassikiaté ou Carsikiaté soit un nom de femme.

On a trouvé de plus une trompette de 1^m 44, composée de plusieurs pièces qui s'emboîtent les unes dans les autres, trois vases à manches plats semblables à celui sur lequel on lit : *Doiros Segomari ieuru Alisanu,* et plusieurs autres objets de moindre importance. (*Académie des inscriptions et belles-lettres.* — Séance du 12 juillet 1861. — Rapport de M. Mantellier.)

Espérons que ce trésor archéologique ne sera ni détruit, ni dispersé, ni enfoui au musée d'Orléans.

APPENDICE VII.

ADDITION AUX SÉQUANES.

P. 47.

Fragment ; ω π ο π   ici la pierre est cassée.

ι ๅ ⅓ z

On peut lire à rebours la fin de deux lignes en lettres grecques altérées.

... πυπω

... σεγι

Voy. *Segisama*, p. 60. Néanmoins, je suis énormément tenté de traduire en lisant de gauche à droite :

oh! oh!
1742

Cette inscription, plus que gauloise, a été déterrée au mont de Saint-Martin-sur-Faverney en 1836. D'ailleurs, qu'elle soit du dix-huitième siècle après ou avant J.-C., on a trouvé dans cette localité un buste de Diane, demibosse en pierre de grès ; une statuette en bronze de la même déesse; un petit Priape; des figurines de plusieurs espèces de gibier; le tout d'assez mauvais goût. Il y avait donc là un temple de Litavé (Diane gauloise). Plus tard ont succédé l'église paroissiale et le cimetière de Faverney.

J'attribue à la même main l'inscription célèbre qui fait le plus bel ornement du musée de Luxeuil :

LIXOVII THERM

REPAR LABIENVS

IVSSV C. IVL. CAES

IMP.

Comme il est assez d'usage que les pierres donnent les prénom et nom de *gens* des hommes libres romains, et de plus leurs titres et décorations, je penche à croire cette inscription moins authentique que la suivante, qui sert d'enseigne à l'établissement : *Luxovii Thermæ a Celtis olim ædificatæ, a T. Labieno jussu C. J. Cæsaris restitutæ, labe temporum dirutæ, sumptibus urbis de novo extructæ et adornatæ favente D. Delacorœ Sequanorum provinciæ præfecto, regnante adamatissimo Ludovico XV; anno MDCCLXVII.*

Il y en a de plus anciennes. Luxeuil est riche en antiquités depuis que les bains ne sont plus sous des hangars de bois, et on déterre tous les jours, avec des objets d'art et outils (bronze, poterie, pierre, etc.) incontestablement romains, des inscriptions authentiques. Je n'en veux citer que deux, qui peuvent nous apprendre du gaulois. Les deux fontaines minérales s'appelaient en gaulois, l'une la déesse Louc'hovios

(Luxeu, Luxeuil), l'autre la déesse Bric'hia (la Breûche, rivière); cette dernière source a été rebaptisée Hygie.

luSSOVIO	LVXOVIO
ET BRICIA	ET BRIXIAE
DIVIXTI	G. IVL. FIR
VS CONS IAVS *lisez Coustans?*	MARIVS
V. S. L. M.	V. S. L. M.

Remarquez le datif gaulois en A long, dans Bricia.

Orelli, d'après Caylus, a donné la dernière (*I. S.*, n° 2024) avec la variante *c. jul. firman. jussu. v.*, etc.

Dans le pays, on prononce Lûxeu, comme Baûme-les-Dames, Veûsou, Besâncon, avec un accent tonique circonflexe et très marqué.

La *Revue épigraphique dans la Haute-Saône*, par M. Ch. Longchamps, défend l'authenticité d'*ôpop...* et de *Lixovii-Labienus* avec un zèle digne d'une meilleure cause. Cette dissertation paraît en ce moment dans le *Journal de la Haute-Saône*. J'ai tiré le texte des deux dernières inscriptions citées de M. B. Aliès, *Etudes sur les eaux minérales... de Luxeuil* (Besançon, 1850).

APPENDICE VIII.

NOTE SUR LES ANCÊTRES DES BASQUES.

Le lecteur doit bien s'attendre à ne pas me voir débrouiller les origines de l'Espagne en quelques mots, quand Florez et Masdeu y ont consacré beaucoup de volumes. Je n'ai d'ailleurs que des notions de seconde main sur les travaux les plus récents. Mais il ne paraîtra point inutile aux commençants d'avoir sur ce sujet quelques notions élémentaires pour séparer ce qui est certain de ce qui semble douteux.

L'Espagne renfermait des Ibères, des Gaulois, des Phéniciens, et, ajoute encore Pline d'après Varron, des Persans. Les colonies phéniciennes, d'après Agrippa, le gendre d'Auguste, et auquel aboutissaient tous les renseignements géographiques et statistiques de son temps, dominaient sur toute la côte, depuis Cadix jusqu'à l'Ebre. On croit généralement que le reste du pays était partagé entre les Ibères et les Gaulois, et que souvent les deux races étaient mélangées.

On conjecture avec une grande probabilité que les Ibères proprement dits sont les ancêtres des Basques. Strabon dit expressément que les *Aquitani*, entre la Garonne et les Pyrénées, étaient plutôt Ibères que Gaulois. Il y a en effet un dialecte à part, en Gascogne et en Béarn, qui est, surtout à la prononciation, plutôt espagnol que languedocien (1). En outre, tous les noms de lieux anciens sont expliqués au moyen du basque par tous les érudits, entre autres par Guillaume de Humboldt, l'un des plus grands linguistes de notre siècle. On peut admettre que l'on se soit trompé sur quelques détails. C'est trop de scepticisme de douter de l'ensemble. Je regarde aussi comme prouvé que la plupart des noms de rivières et de montagnes s'expliquent par le basque mieux que par les radicaux indo-européens. Comme il n'en est pas ainsi, en général, des noms d'hommes, de dieux, et même de villes, je soupçonne que les ancêtres des Basques ont peuplé d'abord l'Espagne entière ou presque entière, mais qu'ils étaient ou asservis ou cantonés au temps de la domination romaine, et qu'en Espagne la langue latine n'a pas été seule à lutter contre leur nationalité presque éteinte. On a conjecturé que les ancêtres des Basques et ceux des Kabyles étaient deux peuples frères. Mais je ne sais pas encore jusqu'à quel point on a poussé la comparaison des deux langues.

Ce qu'il y a de certain, c'est qu'il y avait des Nectibères en Mauritanie, d'après Ptolémée. Mais n'y a-t-il point aussi les Ibères du Caucase? Strabon se demande si ce ne serait pas le même peuple que ceux d'Espagne : il dit que c'est douteux. Doutons aussi.

Quant aux colonies persanes, on ne sait où les placer, et on peut raisonnablement douter de l'exactitude du

---

(1) Le plus ancien texte en dialecte roman-gascon se trouve dans un *descort* de Rambaud de Vaqueiras, troubadour du douzième siècle. On y trouve déjà toutes les particularités du patois actuel. Il y a alternativement un vers provençal, un vers en français du Nord, un vers italien et un vers gascon.

renseignement, comme de celui de Salluste, sur les Mèdes de Numidie. Je n'y vois qu'un indice de plus que dans les langues espagnoles, outre les idiomes gaulois, et peut-être dans les langues africaines, il y a eu quelques idiomes d'origine indo-européenne. On peut déjà distinguer en gros, dans les noms propres espagnols, ce qui est basque, ce qui est punique et ce qui est indo-européen. Jusqu'à présent, dans l'indo-européen d'Espagne, on ne peut que deviner au hasard ce qui est gaulois, ce qui ne l'est pas.

On trouve en Catalogne et en Aragon des médailles qui ont été vulgairement attribuées à L. Afranius, le lieutenant de Pompée, contre César. Elles portent en bonnes lettres latines au ꝶ s. AFRA ; quelques-unes en lettres celtibériennes au droit : AFRA ꝶ ΥΝΟΦΡΔ (unophra). (D. Antonio Agustin lit : VNTIXV.) Le savant et circonspect Florez regarde ces dernières comme remontant à la plus haute antiquité. L'attribution de toutes à Afranius est certainement fort hasardée.

Les Ilergètes ont les médailles CEL avec une sorte d'apostrophe dans l'intérieur de L. Tête barbare ; devant, deux dauphins. Autre dauphin terminant la légende et faisant corps avec elle. ꝶ Cavalier casqué, palme à la main droite. En exergue, quatre lettres celtibériennes lues de manières différentes.

Ces médailles sont attribuées à l'antique Celsa (*Xelsa*, près de Sarragosse).

Chez les Edétani, nous trouvons la fameuse Saguntum (*Murviedro*). Tite-Live affirme que c'était originairement une colonie grecque, et que le nom est identique à Zacynthos (île de Zante). Dans les limites des Edétani, le fleuve Pallantia a une apparence grécoitalique; mais Bélia, Ebora, Bernama sont ou semblent des mots gaulois.

Au commencement du moyen-âge, on trouve une ville aujourd'hui inconnue de Caliabria, en Espagne. Ce mot apparaît pour la première fois sur une médaille du roi visigoth Witéric. ℞ CALIABRIA. P. C'était un siége épiscopal, comme on peut le voir abondamment prouvé dans la *España sagrada* de Florès, probablement situé entre Ciudad-Rodrigo et Almeida.

Avant les Volces-Tectosages, les Bebryces, peuple ibère, habitaient une partie de notre Languedoc. Il y avait, du temps d'Homère, des Bébryces en Asie-Mineure, conquis et remplacés plus tard par les Thraces bithyniens. Strabon croit fermement que les Bébryces de l'Iliade sont les pères de ceux des bords de l'Aude.

Que cela suffise pour les Espagnols, les *Aquitani* et les Bébryces.

Je range résolûment les Ligures, comptés ordinairement comme frères des Basques, parmi les peuples de la grande famille indo-européenne. Voici quelques résultats sommaires des recherches que j'ai faites à ce sujet.

On a de Pline l'Ancien deux mots ligures : *Asia* (espèce d'orge cultivée par les Ligures-Taurini, ou de Turin), et *Bodincus* (nom ligure du Pô, et signifiant *sans-fonds*). Strabon en donne un troisième : *gêgênioi* ou *gugênioi* (race de chevaux et de mulets particuliers à la Ligurie). Sur trois mots, dont l'un est douteux, il est impossible de décider dans quelle famille de peuples l'histoire doit ranger les Ligures. Mais on en a d'autres : ce sont les noms de peuples et de lieux des côtes de la Méditerranée, surtout des îles de Corse et de Sardaigne. Ils ont presque tous une physionomie gréco-latine des plus prononcées. Mais beaucoup de mots hébreux, arabes, etc., ont pris en français, en passant par le grec et le latin, une tournure toute française. En Corse : le mont *Rhoecius*; les peuplades des *Opini, Licnini, Titiani, Tarrabeni, Cervini, Mantini, Macrini*; les villes de *Mora, Albiana* (on peut induire d'un passage altéré de Strabon que les Ligures appelaient les Alpes *Albia*), *Panea, Palla, Palanta, Cœsia, Clunium*. En Sardaigne : les *Ilienses*, les *Valentiui*, les *Sulcitani*; les deux villes *OEnotrides, Ericinum, Cornus, Pupulum, Tilium, Bicea, Olbia*. Je ne cite pas tous les noms qui semblent purement latins ou grecs, mais seulement ceux des petites localités, des peuples, des monts et des fleuves.

En étendant cette liste au continent, j'aurais tout un dictionnaire ligure. Je montrerais que ces mots s'expliquent mieux par l'indo-européen que par le basque. La question n'aurait pas avancé. Citons néanmoins un mot qui paraît composé.

Intemelium est un mot probablement composé. Deux autres noms de villes nous donnent la même racine : c'est *Mastramela* d'Aviénus, et *Victoméla* (ΟΥΙΚΤ'ΟΜΕΛΑ) de Diodore de Sicile (nouveaux fragments des *Sentences*). On peut même conjecturer, d'après la place du fragment, que c'est Turin, prise et détruite par Annibal, comme nous le savons par Polybe. Quelle meilleure traduction peut-on donner à *Inte-melium* que *entre-les-frênes*? (*Inter*, latin; *étar*, gadalique; *mélia*, grec, *frêne*.)

Albia et ses composés se trouvent partout chez les

Ligures. Il y a une Albia en Corse; Albia Intemelium, Albingaunum, les Albiœci ou Albici, les Albes du continent. On peut induire de Strabon qu'en langues ligure et iapode, les Alpes s'appelaient monts *Albia*. Remarquez la ressemblance avec le latin *Albus*. Voici les paroles de Strabon, d'après C. Muller (IV, 1), c'est-à-dire autant qu'on peut les donner avec un texte altéré.

Τὰ γὰρ ᾿ΑΛΠΙΑ καλεῖσθαι πρότερον ᾿ΑΛΒΙΑ, καθάπερ καὶ ᾿ΑΛΠΙ᾿ΟΝΙΑ · καὶ γὰρ νῦν ἔτι ἐν τοῖς ᾿Ιάποσιν ὄρος ὑψηλὸν συνάπτον πως τῇ ῎Οκρα καὶ ταῖς ῎Αλπεσιν ᾿ΑΛΒΙΟΝ λέγεσθαι, ὡς ἂν μέχρι δεῦρο τῶν ῎Αλπεων ἐκτεταμένων.

Quant à ce mot *Alpiona*, est-il altéré? est-il gaulois? Je ne le trouve que dans Strabon. Nous savons par Servius, on pourrait presque dire par tous les bons auteurs latins qu'en gaulois, le radical *Alp.....* signifiait non-seulement les Alpes, mais toutes les montagnes à neige.

Ces indices ne me feraient nullement m'insurger contre la parenté des Ligures et des Basques, si nous n'avions, bien authentiques, bien irréfragables :

1° Un commencement de déclinaison ligurienne;

2° Un suffixe patronymique ligurien;

le tout national et indo-germanique sans être identique au latin, sur une des inscriptions latines les plus curieuses qui soient venues jusqu'à nous.

Je veux parler du jugement sur bronze qui détermine avec une précision toute romaine une partie des frontières des génois quelque temps avant la bataille d'Actium. Ces précieux restes de grammaire s'y dénichent dans des noms d'hommes et de lieux (Orelli,

I. S., n° 3121). Je ne donne point le texte à cause de sa longueur.

AFFIXES.

Accus. *Lemurim. Comberane,* torrents. *Berigleman*, montagne.
Ablat. *Lemuri. Comberanea, id.*

SUFFIXE.

Patronymique. *Ani, Anio,* au nominatif singulier.
(Mogo Meticanio, Meticoni filius. Plaucus Peliani, Pelioni filius.)

Le nom commun à toute la race ligure était celui d'*Ambrons*, plus intime que celui de *Ligures*, qui voulait probablement dire *assis, établis*, si l'on admet ce peuple dans la famille indo-européenne

Plutarque nous raconte (*Vie de Marius*, 19) qu'à la grande bataille, près d'Aix, des auxiliaires ligures, formant l'avant-garde de l'armée romaine, comme les Ambrons celle des Teutons, furent tout stupéfaits d'entendre le cri de guerre des ennemis : *Ambrônés! Ambrônés!* C'était justement le surnom général de tous les peuples qui, tribu par tribu, se nommaient *Ligures*. Ils s'écrièrent que c'était leur nom national.

Le texte est trop important pour ne pas être cité :

Τῶν δὲ Ἰταλικῶν πρῶτοι καταβαίνοντες ἐπ' αὐτοὺς Λίγυες, ὡς ἤκουσαν βοώντων καὶ συνῆκαν, ἀντεφώνουν καὶ αὐτοὶ τὴν πάτριον ἐπίκλησιν αὐτῶν εἶναι.

Il me semble que les anciens mettent les barbares Ambrons comme les Tiguriens helvètes un peu à part des Cimbres et Teutons. Exceptons néanmoins Festus, abrégé par P. Diacre : *Ambrones fuerunt gens quædam*

Gallica, qui subita inundatione maris quum amisissent sedes suas, rapinis et prœdationibus se suosque alere cœperunt. Eos et Cimbros Teutonosque C. Marius delevit. Ex quo tractum est ut turpis vitæ homines ambrones dicerentur. Quelle mer avait inondé les Ambrons? Ce ne peut être, à mon sens, que l'Océan germanique.

Les Ligures seraient-ils les mêmes que les Ombriens d'Italie que le vieux Caton croyait Gaulois? En se guidant uniquement sur la ressemblance des deux mots, on le dirait. Mais deux mots ne suffisent pas.

Les Ligures comprennent d'après l'accord de toutes les sources anciennes, outre les peuplades des Apennins jusqu'à l'Ombrie, les Taurini du Piémont, les Salluvii ou Salyes des environs de Marseille, les peuplades des Alpes maritimes, enfin les Corses et les Sardes. Ils avaient, dit Strabon (II, 29, p. 128) les mêmes mœurs que les Gaulois, mais c'était une autre race.

On cite ordinairement le texte de Sénèque (*Consolation à Helvia*, 8), pour prouver que les Liguriens sont frères des Basques :

Hæc ipsa insula (Corsica) sæpe jam cultores mutavit. Ut antiquiora quæ vetustas obduxit, transeam ; Phocide relicta, Graii qui nunc Massiliam colunt, prius in hac insula consederunt. Ex qua quid eos fugaverit incertum est. Utrum cœli gravitas, an præpotentis Italiæ conspectus, an natura importuosi maris? Nam in causa non fuisse feritatem accolarum, eo apparet, quod maxime tunc trucibus et inconditis Galliæ populis se interposuerunt. Transierunt deinde Ligures in eam, transierunt et Hispani, quod ex similitudine ritus apparet : eadem tegumenta capitum, idemque genus calceamenti quod

Cantabris est, et VERBA QUÆDAM ; *nam totus sermo, conversatione Græcorum Ligurumque, a patrio descivit. Deductæ deinde sunt duæ civ. rom. coloniæ, altera a Mario, altera a Sylla. Toties hujus aridi et spinosi saxi mutatus est populus.*

Mais pour ce qu'on veut tirer de ce texte que les Ligures étaient Basques, il faudrait d'abord prouver que les Cantabres et les Vascons étaient de même langue et même nation. Florez a fait un ouvrage exprès pour démontrer que les anciens ne nous apprennent rien de semblable. Je ne vois pas que, depuis cent ans, les Basques aient apporté le plus petit indice contre les conclusions de ce savant, digne émule de nos d'Anville et de nos Ducange. Disons plutôt que les Cantabres ont pu être de la même race que les Ligures. Ajoutons que les Ligures étaient frères des Osques, au midi, et des Gaulois, au nord, de même qu'ils sont aujourd'hui frères des Français, des Espagnols, des Grisons-Roumanches et des Valaques.

APPENDICE IX.

INSCRIPTIONS RUNIQUES EN VIEUX SCANDINAVE

Traduites par Olaüs Magnus.

UN PAÏEN?

1. Moi, Uffe, combattant pour la patrie, j'ai tué trente-deux champions, et je repose ici, tué par le champion Hrolf.

Ego Uffo pro patriâ certans XXXII campiones occidi, et tandem a Roluone campione occisus hic requiesco.

UN CHEVALIER?

2. Dompteur des méchants, défenseur des faibles, couvert de cicatrices et de vieillesse, ceint de mon épée, moi, Ingulfe, je gis ici.

Domitor violentorum ac defensor afflictorum, cicatricibus ac senectute plenus, gladioque cinctus, hic situs sum Ingoluus.

UN CHRÉTIEN?

3. Quand d'autres cherchent la gloire à la guerre, moi, Halsten, par mes travaux de paix, j'ai mérité une renommée immortelle.

Quum alii bellicis rebus gloriam quærerent, ego Halstenus pace operam navans, laudem merui immortalem.

APPENDICE X.

OPINION PROBABLE DES ANCIENS SUR LA RESSEMBLANCE DU GREC ET DU GAULOIS.

J'admire les anciens; et même je préfère l'Iliade à la Chanson de Roland, la Genèse de Moïse à la Symbolique de Creuzer. Mais j'avoue que je mets une ligne de Raynouard, d'E. Burnouf, de MM. Grimm, Diefenbach, Zeusz et Bopp, bien au-dessus de tous les ouvrages de linguistique venus jusqu'à nous, depuis la vénérable et immortelle antiquité.

Ce sera donc simplement par curiosité, et sans chercher à en tirer des conséquences, que nous allons nous faire une idée de l'opinion que les anciens avaient sur la langue qui ressemblait le plus au gaulois.

Ce qu'il y a de certain, c'est que les anciens paraissent croire qu'il y avait une grande ressemblance entre le gaulois et le grec. Pline, qui était né dans la Gaule cisalpine, dit presque que *druides* est dérivé du grec Δρῦς (chêne).

Strabon s'étonne qu'Ephore de Cumes ait donné aux Gaulois l'épithète de *Philhellènes* (IV, p. 199) :

φιλέλληνάς τε ἀποφαίνει τοὺς ἀνθρώπους, καὶ πολλὰ ἰδίως λέγει περὶ αὐτῶν οὐκ ἐοικότα τοῖς νῦν.

Ephore entendait sans doute que, malgré leur barbarie, ils étaient plus accessibles que d'autres aux communications du commerce et des idées, grâce à leur langue.

Lucien, dans son *Hercule gaulois* (qui est probablement l'exorde d'une leçon faite par lui dans une école de la Gaule), introduit comme chose toute simple un druide (1) qui lui adresse la parole en grec, et, ce qui est plus fort (2), avec une prononciation correcte.

Saint Jérôme, dans son *Commentaire sur saint Paul aux Galates*, préface (t. IV, p. 255 de l'édition des Bénédictins), dit que « l'Aquitaine se vante d'être grecque » d'origine. » On peut être à peu près sûr qu'il n'entend point, par ce mot, la Novempopulanie, mais bien les deux Aquitaines celtiques, ou il aurait parlé autrement que tous ses contemporains. Enfin, dans le *Querolus*, comédie dédiée à Rutilius, et écrite bien certainement dans la Gaule méridionale, il y a une allusion à cette prétention, quand le dieu lare dit à Querolus : « Si tu es riche, on t'appellera *patus*, car c'est ainsi » que parle aujourd'hui notre Grèce. »

Mes études m'ont conduit, en effet, à trouver que les déclinaisons gauloises ressemblent beaucoup aux déclinaisons grecques. Mais je crois que si nous avions des textes tudesques plus anciens, ce serait encore aux Germains que le vieux gaulois serait le plus proche parent. J'en juge ainsi, surtout par la difficulté qu'éprouvent les auteurs anciens à déterminer si un peuple est de race celtique ou germanique, et par les contradictions réelles ou apparentes que je rencontre dans les sources. Nous savons par César que Divitiac et Ario-

---

(1) φιλόσοφος τά ἐπιχώρια.

(2) ἀκριβῶς Ἑλλάδα φωνὴν ἀφιείς.

viste ne parlaient point la même langue. Mais peut-être les Cimbres et les Belges formaient-ils un anneau intermédiaire. On peut donc croire qu'il y a une demi-vérité dans ces vers de Scymnus de Chio (ou de l'anonyme dont le poème géographique a été imprimé sous ce nom), v. 183 :

>Χρῶνται δὲ Κελτοὶ τοῖς ἔθεσιν Ἑλληνικοῖς,
>ἔχοντες οἰκειότατα πρὸς τὴν Ἑλλάδα,
>διὰ τὰς ὑποδοχὰς τῶν ἐπιξενουμένων.

« Les Gaulois ont pris les mœurs des Grecs, familia-
» risés avec la Grèce par l'hospitalité dont ils usent en-
» vers leurs hôtes. »

C'est ainsi que Dion Chrysostôme, longtemps caché chez les Gètes, ou peut-être l'historien Dion Cassius (Jornandès, *De rebus geticis,* 3) avait trouvé que de tous les autres barbares, ce peuple était le plus semblable aux Grecs (1). Il est à peu près certain que les Gètes ne sont autres que les Visigoths, Ostrogoths, Gépides, Suédois, etc. On n'a qu'à parcourir la grande *Grammaire tudesque* de J. Grimm ; aux premières pages, on aura vu qu'au premier siècle de notre ère, ces peuples devaient ressembler assez intimement aux Hellènes, et Ovide n'a pas dû avoir beaucoup de peine à mettre sur leurs pieds des vers gètes.

On peut figurer ainsi qu'il suit la généalogie des principales langues indo-européennes, en commençant par le nord-ouest.

---

(1) *Nec defuerunt qui eos sapientiam erudirent. Unde et pene omnibus barbaris Gothi sapientiores semper extiterunt, Græcisque pene consimiles, ut refert Dio, qui historias eorum annalesque græco stylo composuit.*

Gaulois.

I. *Gadalique.* Langue de l'Irlande et de l'Ecosse au moyen-âge : d'où le gaél-irlandais et le gaél-écossais encore aujourd'hui parlés.

II. *Breton.* Divisé en :

1° Breton du nord (Cumberland) mort vers la fin du onzième siècle;

2° Cornwallien, mort en 1771;

3° Cambrien, vivant ;

4° Bas-breton, vivant, divisé en plusieurs dialectes, dont les deux principaux sont le léonnais et le vannetais.

III. *Belge,* à peu près semblable au breton, éteint à une époque inconnue (1).

IV. *Celte,* mort vers le temps de Clovis. On peut supposer que le bas-breton vannetais conserve plus de mots des anciens Armoricains que le dialecte léonnais, qui est beaucoup plus cambrien.

Tudesque.

I. *Saxon,* dialecte assez souvent très voisin du néo-celtique, a produit :

1° Le plat-allemand ;

2° Le néerlandais ;

3° L'anglais (idiome tout saxon pour la grammaire, très mélangé quant au lexique).

---

(1) Il y a dans quelques manuscrits de la loi salique des gloses intitulées *malb.*, qui ne sont dans aucun dialecte allemand connu. MM. Léo et Mone ont essayé de les expliquer par le néo-celtique, conjecturant que c'était le dernier soupir de la langue des Belges antiques. On peut aussi attribuer ce dialecte aux descendants des *Germani* des Ardennes. Le plus simple est d'y voir du franc salien altéré.

II. *Suève*, a produit le théotisque ou ancien haut-allemand, qui est devenu la langue littéraire de Luther et de Schiller. (Les Francs parlaient en partie le saxon, en partie le théotisque.)

III. *Gothique*, langue morte depuis plus de mille ans.

IV. *Scandinave*, ressemble beaucoup au gothique, avec des formes moins riches; s'est conservé assez bien dans l'islandais actuel.

Lettique.

Cette langue était parlée par les anciens Curlandais, Sémigalles, Prussiens, Lithuaniens. Elle ne s'est guère conservée que parmi les paysans de l'intérieur des terres. L'allemand, le polonais et le russe tendent à la détruire entièrement. C'est de toutes les langues connues, bien que ses textes ne soient pas anciens, celle qui ressemble le plus au sanscrit. Elle se rapproche aussi de l'ancien slavon par la grammaire, attendu que cette grammaire est toute sanscrite. (Malte-Brun a conjecturé, avec un peu d'audace, que les Lettes et les Latins étaient originairement le même peuple.)

Latin.

Cette langue a produit : l'*italien* (Romagne, Toscane, Rome, Naples, etc.) mélangé, selon les pays, de gaulois à Bologne, d'étrusque? à Florence, d'osque et de sabellien dans le midi. Comme c'est le romagnol qui a prévalu, à ce que nous apprend Dante Alighieri, dans sa *Lingua volgare*, il est d'autant moins étonnant que l'élément néo-celtique y soit assez marqué. Il est du reste incontestable que le latin vulgaire s'était, dès les temps anciens, permis de nombreux emprunts à la langue la plus parlée de l'Occident. L'italien est la langue nationale et littéraire de l'Italie, d'une moitié du Tyrol, de Trieste, de l'Istrie, des côtes de Dalmatie et des trois îles Sicile, Sardaigne et même Corse; tout ce qui suit, jusqu'à la langue d'oc, est patois.

Venète ou *vénitien*. Dialecte très distinct, mais aussi indo-européen que possible.

Sicilien, mélangé de grec et d'arabe.

Sarde, corse, génois et *piémontais*. Très rapprochés de la langue d'oc, surtout de celle de Marseille.

Langue d'oc. L'ancienne langue des troubadours renferme à peu près autant de mots gaulois que la langue d'oïl, environ un dixième. Elle a produit :

1. Le *provençal*;
2. Le *dauphinois*;
3. Le *savoyard*, qui comprend la Suisse romande, le Bugey, la Bresse et une partie de la Franche-Comté. Pour ce dernier point, un excellent travail de M. l'abbé Dartois met la chose hors de doute (*Mémoires* de l'Académie de Besançon, 1850);
4. Le *lyonnais*, presque mort;
5. Le *patois de la Haute-Auvergne*;
6. Le *limosin*, type de la langue d'oc ancienne;
7. Le *languedocien*.

(La langue d'oc s'étend moins loin qu'on ne croit généralement du côté de la Loire; mais elle avance assez loin dans le Jura et sur ses deux versants. Dans les pays gaulois, elle a une prononciation très analogue au français; italienne au contraire dans les pays grecs et ligures. En Languedoc, d'une ville à l'autre, il y a des nuances très fortes.)

8. Le *catalan*, parlé aussi en Roussillon;
9. Le *valencien* qui est comme le catalan l'un des dialectes les

plus semblables à celui des troubadours. L'Aragon parle en partie le valencien.

Le *gascon* et *béarnais* forment presque une langue à part, très voisine du castillan.

L'*espagnol* ou *castillan*. Mélange quant aux mots d'éléments basques et puniques, mais encore plus gaulois; l'arabe y est peut-être beaucoup moins fréquent qu'on ne croit.

Le *portugais* ne diffère presque du castillan que par la prononciation, qui a de grandes analogies avec la prononciation française.

Le *français*, autrefois langue d'oïl. Je divise la langue d'oïl en quatre dialectes :

1. Le *picard*, répondant à tous les anciens peuples de la Belgique romaine ;
2. Le *normand*, comprenant aussi le manceau, l'angevin, le breton-d'oïl ;
3. Le *français* proprement dit (Ile-de-France, Touraine, Orléanais, Berry, Champagne);
4. Le *poitevin*, intermédiaire entre la langue d'oc et la langue d'oïl ; mais la grammaire appartient au nord et non au midi ;
5. Le *bourguignon*, se rapprochant de la langue d'oc un peu moins que le poitevin.

De nos jours, le patois qui représente le mieux le picard, est celui de la grande forêt des Ardennes.

Celui qui représente le mieux le normand est celui du Bocage (autour de Vire).

Celui qui représente le mieux le poitevin est le vendéen.

Celui qui représente le mieux le bourguignon est celui des campagnes de la Haute-Saône, avec un accent tonique inusité dans toutes les langues de l'Europe latine, et portant ordinairement sur la première syllabe des mots.

Le *roumanche,* patois néo-latin des Grisons, très difficile et peu littéraire.

Le *rouman,* à l'autre extrémité de l'Europe; parlé en Valachie, Moldavie, Transylvanie, Hongrie orientale.

(C'est une langue toute néo-latine, mais à grammaire originale et beaucoup moins analytique. L'adjectif *ille* y est devenu suffixe et forme une nouvelle déclinaison, comme si nous mettions l'article à la fin des mots au lieu de le mettre avant.)

Grec.

Le grec moderne est bien plus semblable à l'ancien que l'italien de Rome ne l'est au latin.

Slavon.

1. Slavon proprement dit langue littéraire et liturgique du moyen-âge, divisée aujourd'hui en russe, rousniaque ou ruthène, serbe, etc.
2. Slave chrobate (bohèmes, croates, etc.).
3. Slave polonais.

Persan.

Cette branche a produit trois langues littéraires, le zend en Arie et Médie, le pelwi sous les Sassanides, dialecte des Perses proprement dits, et enfin le persan moderne.

Le plus grand poète persan, Firdousi, n'a admis dans ses vers que des mots d'origine pelwie, rejetant avec le dernier scrupule tout ce qui était arabe ou provincial.

Indien.

Le sanskrit a produit deux langues intermédiaires avec les langues et jargons contemporains : 1° le prâkrit, langue des femmes dans les drames indous ; 2° le pali, langue sacrée des bouddhistes. Le prâkrit et le pali sont non moins morts que le sanskrit.

FIN.

TABLE DES MATIÈRES.

	Pag.
Dédicace.	1

TEXTES.

	Pag.
Chapitre premier. — Grande-Bretagne.	1
Parques gauloises.	2
Chap. II. — Belgique romaine.	6
Toxandri (1 médaille?).	ibid.
Eburones (2 médailles).	7
Atrebates (3 médailles).	8
Nemetes.	9
Leuci (6 médailles).	11
Inscription de Scarpona.	ibid.
Temple de Nasium.	12
Pierre d'oculiste.	14
Remi (2 médailles).	16
Le dieu à trois têtes.	ibid.
Veromandui (2 médailles).	16
Chap. III. — Volcæ (4 médailles).	17
Inscription de Nîmes.	ibid.
Le dieu Bôkios et le bouc.	19
Inscription d'Anduze.	21
Mars-Leherennus.	22
Le dieu Arpeninos.	23
— Abellion.	ibid.
Lames de plomb d'Amélie-les-Bains.	25
Chap. IV. — Celtique de César.	29
Carnutes (2 médailles).	ibid.
Parisii (autels des nautes).	30
Cammos d'Autun.	35
Senones (4 médailles).	36
Hedui ou Ædui (7 médailles).	37
Le dieu Anvallonacos.	ibid.

20

	Pag.
Bas-relief et inscription de Pierre-Ecrite.........	37
La déesse Brigindone.......................	39
Andecamulos...............................	40
La Vénus gauloise...........................	41
Le dieu Alisanos............................	42
Le dieu Gobedbios..........................	43
Apollon-Bilinos.............................	44
Le dieu Moritasgos.........................	ibid.
Lingones (la déesse Daé Séquana)............	46
Sequani (1 médaille).........................	47
Explication du nom de Catulle................	ibid.
Helvetii (4 médailles; *Banira, Doninda, Iden*; Mercure matinal).................................	48
Allobroges (2 médailles; déesse Nidé? étymologie de Dauphiné)................................	51
Segusiavi (1 médaille; chiens ségusiaves, et *Vertragi*; Ogmios-Arus).............................	53
Le dieu Ségomon et le radical gaulois *seg*.......	56
Vocarana, Luccotina, Sefisu...................	61
Vocontii (2 médailles; 2 inscriptions gauloises)......	63
Minerve Bêlêsamé..........................	64
Mercure Tooutis ou Teutatès.................	65
Arverni (1 médaille).........................	70
Cadurci (1 médaille).........................	71
Bituriges Cubi (2 inscriptions gauloises; 7 médailles).	ibid.
Déesse Tavsia?.............................	72
Mercure Cambotir?.........................	74
Déesses Solimâra et Soulé....................	75
Bituriges Vivisci.............................	76
Divona et lact d'Ausone.....................	ibid.
Marcellus Empiricus........................	77
Rosus ou *Stolpus*...........................	79
Arithmato.................................	ibid.
Matougénos................................	ibid.
Corcus....................................	80
Gaioscia, Gæsus............................	82
Textes grecs (Toanados, Tousanados)...........	ibid.
Textes gaulois (Dam, Gasaria, Rica, etc.)........	83
Emploi des caractères grecs par les Gaulois......	87
Pictavi (2 inscriptions; 1 médaille).............	88
Lame d'argent de Poitiers....................	ibid.

	Pag.
Formules antiques de Caton, Pline l'Ancien	93
Hymne des frères Arvales	ibid.
Rune du captif	94
Rune des blessures	ibid.
Haute-borne de Fontaine (en Lorraine)	95
— du Vieux-Poitiers	96
Médaille de *Duratius*	97
Santones (2 médailles)	ibid.
Arc de triomphe de Saintes	98
Turones (2 médailles)	99
Tombeau de Sdebdas	ibid.
Rinionibolitituri	101
Andes ou *Andecavi* (1 médaille)	ibid.
Aulerci (3 médailles)	102
Veliocasses (3 médailles)	103
Lixovii (1 médaille)	104
Veneti (1 inscription?)	105
L'œuf druidique	106
CHAP. V. — GAULOIS TRANSALPINS (16 médailles gauloises incertaines)	108
Le dieu *Latobius*	ibid.
Athirias Athirim	109
Stratos, Vadnaios, Ugnelt, Sosus	ibid.
Ercod, Nino, Abuds	110
Durnocoou Dubnorex	111
Cakils, Coriliccoc	113
Légendes latines *binetn, pate*	114
Cecos Cæsar	ibid.
Etymologie de Lyon, Armorique, Auvergne, Rhône, par l'auteur de l'*Itinéraire de Bordeaux à Jérusalem*	115
Citation de Pline l'Ancien sur les noms gaulois de la marne en général, de ses trois espèces en particulier	117
CHAP. VI. — PEUPLES DES ALPES (3 inscriptions latines)	118
CHAP. VII. — GAULOIS CISALPINS (1 médaille gauloise; inscriptions latines)	120
Tatinos	ibid.
Vecco et Becco	ibid.
Vercingétorix, Cingétorix, *Cingii, Atecingi*	122
Les fées gauloises	123

		Pag.
Chap. VIII. — Gaulois d'Espagne (2 médailles)		128
Chap. IX. — Cimbres et Teutons		131
Aduatiques		133
Chap. X. — Cimmériens		135
Chap. XI. — Gaulois des Alpes juliennes et du Danube (11 médailles)		137
Chap. XII. — Illyriens (2 médailles)		142
Cinq médailles incertaines entre les Illyriens, Gaulois, Thraces, etc.		144

LINGUISTIQUE.

Chapitre Ier. — Prononciation des populations d'origine gauloise		145
Chap. II. — Prononciation gauloise		149
Chap. III. — Règle des mutes		153
Chap. IV. — Versification gauloise		157
Chap. V. — Ecriture gauloise		161
Chap. VI. — Déclinaison néo-celtique		164
Chap. VII. — Esquisse conjecturale des premiers linéaments d'une grammaire gauloise		181
Deux inscriptions dites *gnostiques*		182
Affixes. — Déclinaisons		183
Exemple de déclinaison gauloise sur une inscription latine		199
Remarques		ibid.
Nombres (duel et singularissime)		200
Explication par le gaulois de l'inscription d'Anduze		201
Sens d'Iden		202
Genres		ibid.
Noms propres		ibid.
Adjectifs		ibid.
Article		203
Noms personnels		ibid.
Affixes. — Conjugaisons		204
Suffixes		206
Elision de voyelles		211
Changements de voyelles		212
Préfixes		ibid.
Règles pour les mots composés		214
Syntaxe		215

	Pag.
Chap. VIII. — Celtique et gallique des auteurs anciens...	216
Chap. IX. — Lexicologie gauloise................	218

Appendice I. — Description de l'Irlande par Ptolémée.... 223
   Côtes septentrionales................................. *ibid.*
      Cap Nord. — Cap Venniknion. — Embouchure du Vidouas. — Embouchure de l'Argitas. — Cap Rhobogdion. — Les Venniciens. — Les Rhobogdiens.
   Côtes occidentales................................. 224
      Embouchure du Rhavios. — Nagnata, ville. — Embouchure du Liboios. — Embouchure de l'Ausobas. — Embouchure du Sênos. — Embouchure de l'Iernos. — Cap Ouest. — Les Erdines. — Les Nagnates. — Les Autères. — Les Ganganes. — Les Vélibores.
   Côtes méridionales sur l'Océan Verginios............ 225
      Embouchure du Dabronas. — Embouchure du Bargos. Cap Sacré. — Les Guternes. — Les Vodies. — Les Brigants.
   Côtes orientales sur l'Océan Ivernos................ 226
      Embouchure du Modonos. — Manapia, ville. — Embouchure de l'Obocas. — Eblana, ville. — Embouchure du Boubindas. — Cap Isamnion. — Embouchure du Vindérios. — Embouchure du Logias. — Cap Rhobogdion, et les Rhobogdies. — Les Volounties, Blanies, Caoukes, Manapies. — Les Coriondi.
   Villes de l'intérieur................................ 227
      Rhigia[1], Raiba, Labêros, Macolicon, Rhigia[2], Doûnon, Ivernis.
   Iles voisines...................................... *ibid.*
      Eboudai. — Rhikina. — Maléos. — Epidion. — Monabia. Mona. — Edros. — Limnon.
Appendice II. — Le plus ancien irlandais comparé aux langues anciennes................................. 229
   Noms de nombres................................. 230
   Pronoms... *ibid.*
   Prépositions...................................... 231

	Pag.
Conjonctions	231
Substantifs	ibid.
Adjectifs	235
Verbes	ibid.
Mots irlandais et gothiques	235
APPENDICE III. — CHOIX DE MOTS ET SUFFIXES FRANÇAIS ET BAS-BRETONS	239
Idiotismes communs au bas-breton et au français	274
APPENDICE IV. — ALESIA; IN ALISIIA; ALESI	275
APPENDICE V. — ADDITION AUX BELGES	278
APPENDICE VI. — ADDITION AUX CARNUTOS	279
APPENDICE VII. — ADDITION AUX SÉQUANES	282
APPENDICE VIII. — NOTE SUR LES ANCÊTRES DES BASQUES	286
APPENDICE IX. — INSCRIPTIONS RUNIQUES EN VIEUX SCANDINAVE	294
APPENDICE X. — OPINION PROBABLE DES ANCIENS SUR LA RESSEMBLANCE DU GREC ET DU GAULOIS	295

FIN DE LA TABLE.

ERRATA.

Page 4, ligne 14, au lieu de *Januaria*, lisez *Portière*.
Page 16, ligne dernière, avant *Ver(omandui)*, ajoutez *C(amulo)* ou *C(ives)*.
Page 24, ligne 22, au lieu de n° 7, lisez n° 5.
Page 94, ligne 13, au lieu de *licus liens*, lisez *liens liaient*.
Ibid., ligne 17, au lieu de *vuorun*, lisez *vuorun*.
Page 126, ligne 15, au lieu de *valis*, lisez *falis*.
Page 242, ligne 11, au lieu de *Yverdun*, lisez *Yverdon*.

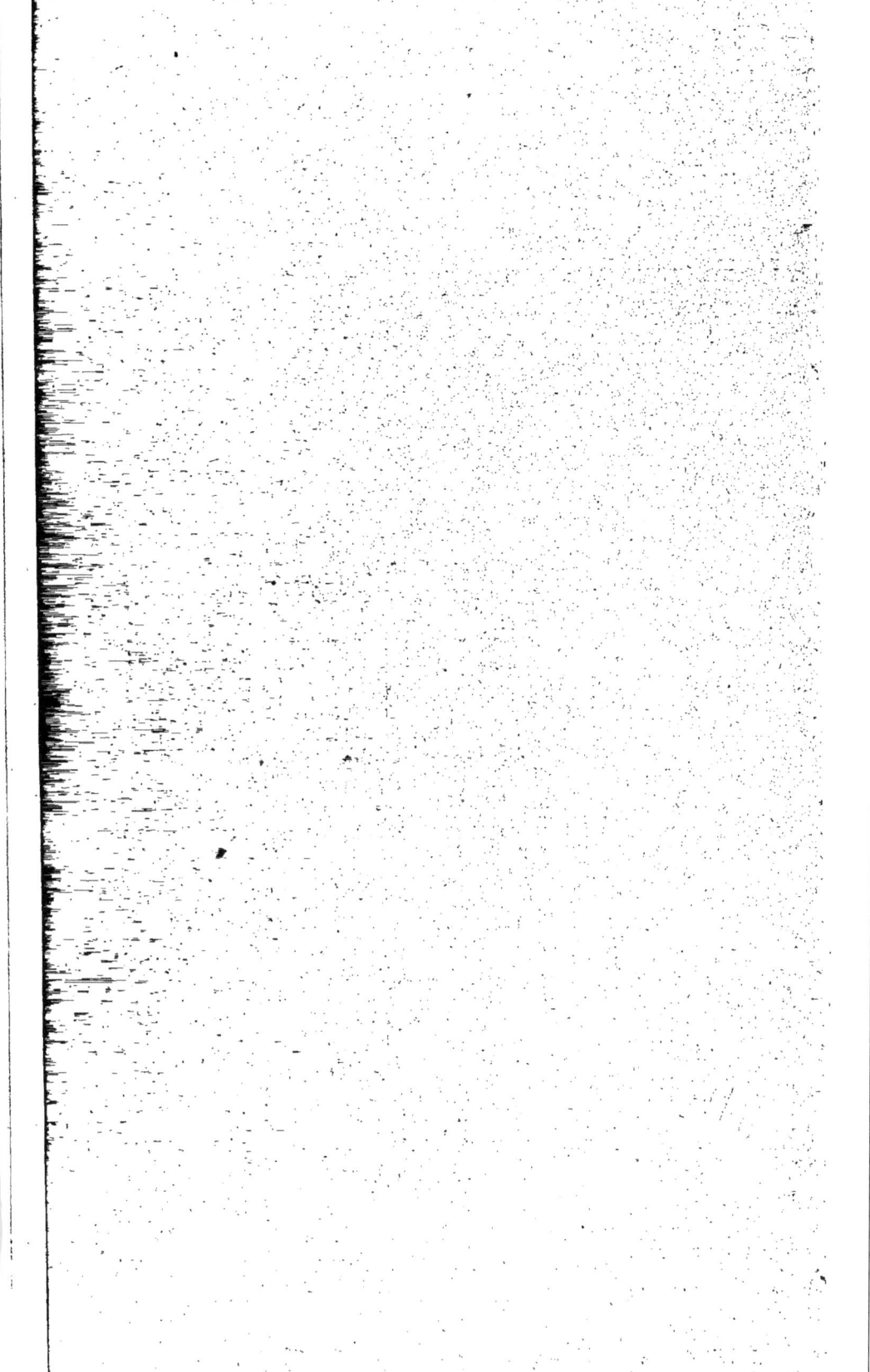

OUVRAGES DU MÊME AUTEUR :

Dissertation sur le roman de Roncevaux.
Cours d'histoire de France (2ᵉ édit.). — Prix : 5 fr.
La Féodalité et la Royauté françaises. — Prix : 50 c.
Discours (sur l'ancienne constitution de la France). — Prix : 50 c.

PUBLICATIONS DE M. HENRI WEIL,
Professeur de littérature ancienne à la Faculté des lettres de Besançon.

Æschyli Tragœdiæ, vol. Iᵉʳ, in-8°. — **Orestea.**
GIESSEN ; RICKER, éditeur.

Théorie générale de l'accentuation latine, un vol. in-8°, par
WEIL et BENLŒUW.
PARIS ; DURAND, éditeur.

www.ingramcontent.com/pod-product-compliance
Lightning Source LLC
Chambersburg PA
CBHW070625160426
43194CB00009B/1369